2021 한국경제 대전망

2021 ECONOMIC ISSUES & TRENDS

2021
한국경제 대전망

이근 · 류덕현 외 경제추격연구소, 서울대 비교경제연구센터 편저

21세기북스

3대 진퇴양난과 3가지 트렌드

| 안팎의 진퇴양난

일 년 전 출간된 《2020 한국경제 대전망》의 키워드는 '오리무중속 고군분투'였다. 오리무중은 대외적으로는 미중 간 무역 협상의 영향이나, 일본의 한국에 대한 수출 규제 등 불확실성을 지칭한 것이었고, 고군분투는 대내적으로 한국경제가 주위의 원군 없이 그야말로 고립무원의 상황에서 분투하고 있는 모습을 의미했다. 그러면 2020년의 실제 상황은 어떠했나. 아시다시피 1월 말 코로나의 급속한 전파는 오리무중을 무색케 하는 설상가상이었고, 한국경제는 고군분투 끝에 기진맥진이 되었다. 전반적으로 상황이 예상을 넘어 악화되면서 모든 경제 전망이 헛수고가 되어버렸다.

2021년을 바라보는 대전망의 키워드는 무엇이라고 해야 할까. 장고 끝에 정한 키워드는 '진퇴양난'이다. 한국을 포함한 세계경제는 당분간 코로나에서 벗어나지 못하고 경제활동 재개와 사회적 거리두기 및 경제봉쇄lock-down 속에 일진일퇴를 거듭할 것이다. 본문에 소개된 대니얼 해머메시Daniel Hamermesh 교수는 경제봉쇄를 해제해 얻을 수 있는 편익에 비해 비용이 훨씬 클 것이라서 경제봉쇄를 섣부르게 해제하는 것이 얼마나 조심스러운지 지적한다.

진퇴양난을 구체화하면 세 가지를 꼽을 수 있다. 첫째, 수출과 해외 공장에 대한 의존도를 급격히 낮춰, 내수에 집중하거나 리쇼어링 정책을 추진하기가 불안하다. 그렇다고 해외의존형 경제와 생산 시스템을 계속 유지하기에는 외부 여건이 매우 좋지 못하다. 둘째, 미중 갈등 상황에서 밀어붙이는 미국에 섣불리 동조하기도, 커가는 중국 시장을 무시하기도 어렵다. 마지막으로, 정부는 경제 위기 상황이니 재정을 과감히 투입해야겠는데, 재정적자와 국가 채무 증가를 고려하지 않을 수 없다. 이 세 가지 진퇴양난 속에서 적절한 균형을 갖춘 돌파구를 찾아내는 것이 2021년 한국경제 최대의 도전이 될 전망이다.

세 가지 도도한 흐름: 디지털화, 탈세계화, 큰 정부

이런 진퇴양난의 상황들을 무색케 하는 도도한 흐름이 존재한다. 첫째는 코로나가 촉발한 비대면 디지털화이고, 둘째는 세계화의 퇴조, 셋째는 정부 역할의 증대이다. 이 책에서는 세 가지 흐름을 순차적으로 다룬다.

비대면 디지털화라는 트렌드는 2020년 기업 가치 순위에서 약진한 카카오, 네이버 등을 보면 금방 알 수 있다. 언택트 비즈니스와 재택 중심 생활은 시장과 개개인의 경제생활을 바꾸고 있다. 그

래서 이 책은 코로나 이후의 경제와 삶의 패러다임 변화라는 주제를 가장 앞부분에 배치하여 새로운 형태의 기업과 일하는 방식의 출현 및 강화, 디지털 금융과 소비생활 그리고 교육의 비대면화 및 디지털화를 다룬다. 마지막 5부에서도 이러한 추세에 대한 산업별 전망을 다룬다.

특히 1980년에서 1994년 사이에 태어난 밀레니얼 세대와 1995년 이후 태어난 Z세대를 합친 MZ세대에 주목한다. 이들은 전체 인구의 34%에 해당하고, 기업 구성원의 60%를 차지한다. 이들은 코로나가 지속되는 기간에도 비대면 채널을 통해 소비 활동을 지속하였으며, 비대면 소비가 타 연령층으로의 확산되는 데 허브 역할을 하며 생산과 소비 영역을 주도하는 중심 세대로 등장하였다. 특히 이들이 일하는 방식은 재택근무 → 다양한 원격근무 → 유연근무를 넘어서 스마트 워크로 진화할 것으로 예상된다. 스마트 워크란 앞의 세 업무 형태를 아울러 시간과 장소에 얽매이지 않고 보다 효율적으로 업무를 수행할 수 있는 미래 지향적 근무 형태를 칭한다. 즉, 재택근무, 원격근무, 모바일 근무, 거점 오피스 등 활용 가능한 모든 디지털 기술을 동원한 가장 유연한 형태의 근무 형태를 말한다. 그리고 이런 진화에 따라, 포스트 코로나 시대 노동시장은 기존의 연공서열형에서 과업 중심의 직무급제로 전환될 것으로 예상된다. 이런 진화와 전환에 대한 준비가 필요하다.

두 번째 흐름은 세계화의 퇴조이다. 2008년 월스트리트발 금융위기는 금융 세계화 퇴조의 시작이었고, 그로부터 정확히 10년 후에 시작된 미중 무역전쟁은 무역 세계화의 퇴조이며, 마침내 코로나 위기는 생산까지도 탈세계화시키고 있다. 미중 갈등은 기본적으로 중국의 부상에 대한 기존 강대국 미국의 견제이고, 미국은 기존 지배적 가치인 개방과 세계화까지 뒤집으면서 중국을 주저앉히려 하고 있다. 2부는 이런 흐름과 그 속에서 주요국의 경제 상황을 전망한다.

미중 갈등과 패권 전쟁이라는 환경 속에서 기업들이 중국에서 이탈하는 정도는 제각기 다르겠지만, 기업들은 신규 투자를 할 때 지정학적 위험을 더 심각하게 고려하고 생산자와 소비자와의 거리를 단축시키면서 가치사슬을 근거리화, 단순화하려는 노력을 할 것이다.

그러나 무역 갈등으로 인한 글로벌 공급망GVC 불확실성의 증가가 코로나 이후 어두워진 기업의 시계視界를 더욱 불투명하게 만들면서 기업의 투자 결정을 지연시키는 결과를 초래할 가능성이 높다. 이것은 세계경제가 코로나로부터 회복하는 데 큰 걸림돌이 될 것이다. 특히 미중 간에 디커플링이 진행되면서 글로벌 공급망이 양분되고 세계 무역이 감소하면 가장 큰 피해가 예상되는 국가는 한국이다. 한국이 이런 진퇴양난에서 좌충우돌하지 않기 위해서는 몇 가지 원칙과 가치를 천명하고, 이에 따라 행동하고 여기에 동조하는 세력과 연대해야 한다. 가령 시장경제와 자유무역, 다자주의, 인권, 민주주의, 주권 등의 가치에 입각해 이런 가치에 가장 친화적인 유럽연합 및 동남아와 연대하여 미중 강대국 사이에서 위치를 확보해야 한다. 다자주의의 핵심은 세계무역기구WTO, 세계보건기구WHO, 유네스코UNESCO 등 유엔 산하기구를 포함해 자유무역 및 경제협력 기구들의 역할 보존 및 증대 등일 것이다.

국제통화기금IMF은 코로나의 영향으로 2020년 세계경제가 -4.9% 성장할 것으로 전망한 바 있는데, 이 숫자는 국제통화기금이 세계경제 성장률을 발표한 1980년 이후 경기가 가장 심각하게 침체되었다는 걸 보여준다. 2008년 미국에서 시작된 금융위기가 전 세계로 확산되었던 2009년에도 세계경제 성장률은 -0.1%에 그쳤었다. 국제통화기금은 2021년에는 세계경제가 5.8% 성장할 것으로 예상하고 있다. 물론 코로나가 점차 사라질 것이라는 전제가 충족되어야 한다.

미국경제는 경제봉쇄의 영향으로 2020년 2분기 실질 GDP가 37.7%나 대폭 감소했지만 하반기에 반등을 시작해 2020년 전체로는 감소 폭이 크게 줄어든 -5.6%를 기록할 것으로 예상된다. 나아가 2021년에는 4.2% 성장률을 보이며 회복 국면에 진입할 수 있는데, 이것도 물론 코로나의 여파가 더 이상 늘어나지 않을 때를 예상한 경우이다. 장단기금리역전이 발생할 경우 경기침체로 이어지는 경우가 많은데, 2020년 2월 말부터 3월 초 사이 이러한 금리 역전이 잠시 나타났으나 곧 회복되어 7월까지도 장기금리가 단기금리를 0.5%p 정도 상회하고 있다. 다시 말해 이자율 기간구조 역시 추가적인 경기침체를 암시하지는 않고 있다. 즉, 이번의 경기침체가 완전히 코로나라는 외생적 요인으로 생긴 것이기 때문에

2020년 말에서 2021년 초 사이에 치료법이 상용화되고 백신이 나온다면 경기회복에 큰 도움이 될 것으로 예상된다. 2부의 세계 및 주요국 경제 전망은 4부 금융자산 시장에 대한 전망과도 연관되어 있다.

도도한 흐름의 마지막은 정부 역할의 증대이다. 코로나 이후 거대 항공사나 자영업자 모두 정부에 의존하게 되었다. 이에 1930년대 대공황에 대한 대응으로 미국에서 실시된 뉴딜이, 한국에서 소환되어 그린 뉴딜, 디지털 뉴딜, 사회안전망 뉴딜이라는 세 얼굴을 가지고 등장하였다. 거시경제정책 차원에서 보면 이런 변화는 금리 중심의 통화정책보다 재정정책의 역할 증대를 의미한다. 당장 한국에서는 정부지출 규모 및 국가채무 증대의 적정성에 대한 논쟁, 그리고 기본소득 논쟁이 시작되었다. 또한 부동산 시장에서도 정부 개입이 시장을 안정화시키는지, 오히려 불안정화 또는 교란시키는지에 대한 논쟁이 있다.

2020년 한국 정부는 경제 위기를 극복하기 위해 네 차례 추가경정예산을 집행하는 등 적극적인 재정정책을 펼쳐왔다. 이에 따라 GDP 대비 국가채무비율 43.9%와 관리재정수지 적자비율 5.9%도 역대 최고치를 기록할 것으로 전망된다. 물론 지금 늘고 있는 국가채무비율은 조심스럽게 관리하고 살펴봐야 할 것이지만 규모 자체가 문제는 아닌 측면이 있다. 즉, 2019년 국가채무비율 37.2% 가운데 일반회계 적자보전용인 적자성 채무가 차지하는 비중은 57%이고, 융자금 및 외화자산 등 대응자산이 있어 별도의 재원 조성 없이 국가가 자체적으로 상환할 수 있는 금융성 채무가 차지하는 비중은 43%이다. 또한 국가채무가 늘어나는 속도가 빠른 편이지만 국가재정의 건전성 척도 중 하나인 국채이자 부담은 낮은 편이다. 즉 과거 4~5% 이자율에 발행되던 국채와 지금 1%대에 발행되는 국채에 대한 부담은 상당히 다르고, 상당한 기간 국채이자율이 경상성장률보다 낮은 수준으로 유지될 것으로 전망되므로 국채에 대한 이자 부담이 크지 않다고 할 수 있다. 다만 원화가 국제통화가 아닌 상황에서 향후 4~5년 내 국가채무비율이 급증한다면 국가 신용등급이 강등될 수 있다는 우려가 존재한다. 1997년에 터진 외환위기는 국가 신용등급 강등에서 시작되었음을 잊지 말아야 한다. 결국 향후에 이 채무비율을 얼마나 낮출 수 있느냐가 관건인데, 여기에는 2008년 글로벌 금융위기와 2011년 유럽발 재정위기 극복 과정에서 국가채무비율이 높아졌다가 다시 낮아진 독일의 경험을 참고할 수 있다. 그러나 성장률 제고를 위해서 푸는 재정지출의 승수효과가 1이 채 안 되는 여건에서(재정 1조 원을 풀 때 늘어나는 국민소득이 1조 원이 안 된다는 뜻) 결국 민간 투자의 활성화로 연결되어야 하는데, 2021년 예산운용 계획에는 이런 부분에 대한 고려가 잘 보이지 않아 얼마나 승수효과를 낼지 의문이다.

3부의 추산에 따르면, 국민 1인당 월 30만 원(연 360만 원)의 기본소득을 지급하기 위해서는 개인과 법인 모두 지금보다 세금을 58% 더 내야 하고, 월 50만 원(연 600만 원)의 기본소득을 지급하기 위해서는 개인과 법인 모두 지금 내고 있는 세금의 두 배를 부담해야 한다. 즉, 의미 있는 수준의 기본소득은 지출 구조조정이나 '부자 증세'로는 재원을 마련할 수 없고, 중산층과 빈곤층 역시 상당한 수준의 세금 부담을 감내해야 한다. 경제학자들은 이와 같은 대규모 증세가 고용, 투자, 소비 등 경제활동 전반에 큰 비용을 발생시킬 것이라 예상하고, 결국 기본소득이 과연 이 비용을 상쇄하는 후생의 증가를 가져다줄 것인지 확신하지 못한다. 더군다나 학자들 사이에는 기본소득이 기존의 복지제도에 비해 빈곤층의 소득보장, 소득재분배, 사각지대 해소 및 경기부양 효과 그 어느 것에서도 우월한지에 대해 아직 만족할 만한 합의가 없다. 그럼에도 근로의욕이 왕성하고, 노동시장 진입에 어려움을 겪고 있는 청년층에 한정하여 정교한 기본소득제를 도입하고, 노년층은 전통적 복지제도를 활용하는 절충안은 좀 더 연구해볼 만하다고 하겠다.

최근 논란이 된 부동산 시장의 정부 개입에 대해 4부에서 꼽은 키워드가 '한계에 도달한 주택수요 억제' → '주택공급 부족이라는 원죄' → '시장변동 최대 변수인 정부 정책'이라는 것은 많은 점을 시사한다. 주식시장에 대해서도 공매도 제한을 포함해 정부가 직·간접적인 역할을 했다. 그동안 추진해온 배당 성향 제고 정책 덕에 드디어 한국의 배당 성향이 30%대에 진입했고, 2018년에는 처음으로 배당수익률이 은행의 저축성예금 금리를 넘어서기 시작했다. 2020년 6월 예금금리가 1% 이하로 낮아진 이후 그 격차는 더 커졌고, 이러한 추세는 장기적으로 지속될 가능성이 높다. 즉,

2020년 이후 주가의 상승 추세는 세계적으로 나타난 실물과 자산의 거대한 비동조화Great Decoupling 속에 유동성 장세가 큰 요인이지만, 한편으로는 이렇게 배당수익률이 금리보다 높아진 것이 작용했다는 점은 향후 자산운용에 유용한 지침이 되는 포인트이다.

▎ 한국경제의 리스크와 돌파구

요약하면 한국경제나 세계경제 모두 진퇴양난 상황에 처해 있고, 이런 상황에서 비대면 디지털화, 탈세계화, 정부 역할 증대라는 세 가지 트렌드가 도도히 흐르고 있다. 이런 트렌드 속에서 2020년 한국경제는 몇 십 년 만에 처음으로 명목 기준, 실질 기준의 1인당 소득이 모두 감소하는 상황을 맞았다. 하지만 일본경제 추락의 골은 더 깊어서, 2020년 한국의 1인당 소득은 임진왜란 이후 처음으로 일본을 넘어섰고(2부 6), 2021년에는 그 격차를 좀 더 벌릴 것으로 보인다. 코로나 발발 이후 한국경제의 성장 전망이 다른 선진국들보다 낮다고는 해도 낙관만 할 수는 없다. 2021년에 예상되는 리스크 요인들은 어떤 것들이 있을까? 코로나 백신과 치료제가 신속히 공급되지 않는 한 바이러스의 재확산 속도와 규모가 가장 큰 리스크 요인이다. 또 다른 리스크는 코로나로 풀린 유동성이 자산시장, 특히 부동산 시장에 들어가 거품을 키우는 일이다. 즉, 초저금리 상황의 자산시장에서 사람들은 먼 미래에 대한 기대에 과도하게 의존해 움직이기 마련이므로 국내외에서 좋지 않은 뉴스가 생길 때 시장이 크게 변동할 수 있다. 이런 리스크 요인들을 통제하기 위한 금융규제가 중요하다. 아울러 코로나 위기를 넘기기 위한 불가피한 유동성 공급도 기업과 가계의 대출 의존도를 높일 수밖에 없으므로, 이후 회복 과정에서 일종의 '대차대조표 불황'을 가져올 위험이 있다. 즉, 경제주체들이 빚을 너무 많이 지게 되면 위기 이후 흑자가 발생하고 현금 흐름이 개선됐을 때에도 빚을 갚느라 신규 투자나 소비를 꺼리는 수요 위축 현상이 지속될 수 있는 것이다. 이런 리스크 요인들을 잘 넘긴다면 2021년 한국경제는 또 다른 도약의 기회들을 맞이할 수 있다. 세계화의 퇴조라는 흐름은 양적 성장, 가격 경쟁보다는 질적 성장, 품질 경쟁을 유도하는 요인이다. 나라 간의 장벽을 넘기 위해서는 대체 불가능한 새로운 기술과 질적 우월성의 확보, 즉 혁신이 더욱 필요한 상황이다. 5부에서는 그러한 방향으로의 기회들을 살펴본다.

이상 큰 주제와 이슈들을 개략적으로 살펴보았지만, 이 책은 기본적으로 경제전문가 28명의 글을 모은 것이기에 각각의 글들을 읽어보면 매우 다양한 견해와 깊이를 만날 수 있다. 또한 필자들의 정치적 스펙트럼도 다양하기에 글에 대한 최종적 판단은 독자의 몫이다. 다만 아래 이름이 열거된 대표 저자들은 각기 다른 장을 맡아 주관적 서술을 줄이고 객관적인 사실 중심으로 서술되도록 조정하고 개입했다는 걸 밝힌다. 또한 각 글들은 앞부분에 이름이 쓰인 개별 필자의 판단과 책임 아래 출판되며, 이 프로젝트를 지원한 경제추격연구소나 서울대 비교경제연구센터의 공식적 견해가 아님을 밝힌다.

진퇴양난에 처한 한국경제와 기업 및 경제인들이 갈팡질팡하지 않고 각자의 돌파구를 찾아나가는 데 이 책이 유용한 지침과 도움이 되었으면 하는 바람이다. 《2017 한국경제 대전망》 출간 이후 현재까지 이 시리즈의 출판을 해오며 제작에 애쓰신 21세기북스의 김영곤 사장께 감사드린다.

2020년 10월
필자 28명을 대신하여
이근, 류덕현, 김호원, 최영기, 김주형, 송홍선

차례

1부

코로나 이후
경제와 삶의 변화

언택트, 미래는 어떻게 다가오는가

▶▶ 송홍선(자본시장연구원 펀드연금실장)

코로나가 우리 삶에 던진 화두는 '안전'이다. 정체 모를 외계인 같은 코로나의 출현으로 우리의 일상은 '안 만나고 안 다니는' 안전 제일주의로 바뀌었다. 예전이라면 이 정도의 소통 단절로도 삶이 고립되고 경제는 붕괴했을 것이다. 그러나 4차 산업혁명의 초연결성은 언택트untact라는 새로운 차원의 삶과 경제활동을 가능하게 하고 있다. 디지털 혁명으로 시작된 언택트가 코로나라는 외계인과 조우하여 새로운 삶과 문화, 경제를 만들고 있는 것이다.

1부에서는 언택트 삶과 언택트 경제가 어떻게 전개되고 있는지, 비즈니스 방식, 소비 방식, 일하는 방식, 교육 방식, 재테크 방식 등으로 나누어 자세히 살펴본다. 변화에 대한 단순 묘사를 넘어 각 분야에서 언택트를 통한 패러다임의 변화가 어떠한지, 앞으로 어떤 방식으로 변화의 깊이를 더할지에 대한 통찰을 제시한다.

소비에서는 안전소비와 비대면소비가 분명한 트렌드가 되는 가운데 MZ세대가 이 트렌드를 주도하고 있다. 그간 고성장하던 외식 트렌드는 퇴조하는 대신 홈술, 홈바, 홈베이킹 같은 '홈코노미'

가 확산되며 비즈니스 지형까지 바꾸고 있다. 코로나가 지속되면서 이 같은 트렌드는 액티브 시니어인 베이비부머로 점차 확산되고 있다.

코로나는 경직된 노사관계로 변화의 속도가 가장 느리던 일하는 방식에도 급격한 변화를 가져왔다. 재택근무, 원격근무, 분산근무 등 공간적 제약을 뛰어넘는 새로운 근무 형태가 전격 도입되는가 하면 유연근무, 자율근무처럼 시간적 제약을 벗어나는 변화도 나타나고 있다. 이 같은 변화는 노사관계에서 새로운 균형점을 암시해 임금 형태의 변화로 가는 전조가 될 수 있다. 전망대로 이제는 직무급제를 준비해야 할 때이다.

근무 형태 변화는 근로자 자녀의 온라인 개학과도 관련이 깊다. 코로나가 아니었으면 현장 교육 중심이라는 전통의 벽은 오랫동안 허물어지지 않았을 것이다. 물론 준비 없이 맞은 온라인 개학은 수업의 질, 교육 격차 등의 문제를 드러내 '온라인 교육=AI 교육'이라는 이상과는 거리가 있었지만, 코로나 이후의 AI 교육을 위한 인프라를 심는 과정임은 분명해 보인다. 이제 '지능형 개인교습 체제ITS, intelligent tutor system' AI 교육으로 수업의 질을 높이고, AI 개인교사로 교육격차를 줄이며, 교사들의 하이터치 학습과 온라인

교육을 조화시키려는 교육 정책의 의지와 지원이 정말 중요한 시점이 되었다.

언택트 변화의 속도가 가장 빠른 분야는 금융이다. 버전으로 말하면 뱅킹 4.0에 해당한다. 핀테크fintech와 빅테크bigtech 흐름은 우리의 경우 그간 전통 금융의 주변에 머물렀지만 코로나와 함께 급속히 성장하고 있다. 오픈뱅킹, 마이데이터, 마이페이먼트를 결합하는 디지털 금융혁명은 스마트폰 앱 하나로 원하는 모든 금융회사와 거래를 열어 이체하고, 결제를 하는 것은 물론, 자산관리 서비스를 받으며 원하는 상품에 투자할 수 있는 시대를 현실화하고 있다.

이렇듯 홈코노미, 디지털교육, 디지털금융 등에서 언택트가 확산하면서 비즈니스 지형도 뿌리부터 변하고 있다. 언택트의 수혜는 디지털 플랫폼 비즈니스에서 두드러진다. 제공하는 상품과 서비스에 사실상 제한이 없다 보니 이제 누구도 대적할 수 없는 생태계의 강자가 되고 있다. 쇼핑부터 엔터테인먼트, 교육, 뉴스, 금융, 결제까지 원스톱으로 서비스되고 있다. 이에 대응하는 전통 채널의 위기대응 전략도 주목할 만한데, 온·오프라인 채널 상품을 온라인으로 소비할 수 있는 온·오프라인 결합 플랫폼O4O 등장이 그중 하나다. 공유경제 분야에서는, 락다운과 안전소비로 기존의 숙박, 운송 비즈니스는 성장을 멈춘 대신 배달 플랫폼과 연계한 비용 절감 모델인 공유주방 같은 새로운 모델이 빠르게 성장하고 있다.

1 코로나에 대응하는
비즈니스의 신풍경

▶▶ **김준연(소프트웨어정책연구소 책임연구원)**

    비즈니스 측면에서 코로나는 일종의 환경 요인으로서 비대면 기술에 대한 수요 증가와 디지털 전환digital transformation을 가속화할 것이라 전망된다. 일찌감치 디지털 전환을 선제적으로 대응한 기업들은 코로나가 오히려 기회의 요인으로 작용해 '코로나 특수'를 누릴 것이며, 반대로 디지털 전환 준비가 부족한 기업들은 '코로나 탓'에 재앙적 수준의 '성장 빙하기'에 진입할 것으로 예상된다. 이와 함께 코로나로 인해 세 가지 트렌드, 무인화와 비언어적 소통, 그리고 홈코노미home-economy가 생겨났는데, 이러한 비즈니스 환경 변화에 기업은 어떤 노력과 전략을 갖추어야 할까?

코로나 시대의 3대 뉴노멀: 무인화, 비언어 소통, 홈코노미

코로나가 우리 사회에 불러온 가장 큰 변화는 '언택트' 현상의 출현이다. 언택트는 부정 접두사 '언un'과 접촉을 의미하는 '콘택트 contact'의 합성어로 생산, 소비 그리고 일상의 생활에서 비대면 방식을 선호하는 사회·경제적 현상이다. 정부 주도의 '사회적 거리 두기'와도 일맥상통한다. 코로나로 촉발된 언택트는 우리 사회에서의 무인화, 비언어적 소통 그리고 홈코노미와 같은 새로운 트렌드를 확산시키고 있다.

▶ 삶에 파고 드는 무인화의 트렌드

코로나로 인한 인간의 이동 제한 및 사회적 거리두기를 통한 '비대면 트렌드'의 확대가 AI(인공지능), IoT(사물인터넷) 기술과 만나 우리의 삶 곳곳에 온라인과 무인화無人化, un-manned 트렌드를 침투시키고 있다. 특히 무인화 기술은 인간의 노동력을 최소화하며, 자동화 시스템으로 비용 절감은 물론 새로운 서비스를 제공하는 혁신의 시대를 개척하고 있다. 가장 대표적인 것이 바로 무인 편의점과 무인 할인점이다. 현재 CU, 세븐일레븐, GS25가 무인 편의점을 운영하고 있는데, 아직은 실험적 성격이 강하지만, 향후 AI 기반의 바이오 인식, 상품 이미지 인식 스캐너, 자동 발주 시스템 등과 결합하면서 미래 '신新 유통 플랫폼'으로 발전할 것이다.

▶ 일상을 채우는 비언어적 소통과 실감 경제

코로나가 일상화되면서 비대면화 트렌드로 인한 비언어적 소통 방식도 삶을 바꾸고 있다. 물리적 공간의 사용이 줄어들면서 대면보다 비대면으로 소통하고, 대면 위주의 업무, 교육, 지인 만남을 줄이는 대신, 사람들은 온라인 소통의 비중을 늘리고 있다. 오프라인에서만 가능할 것 같았던 회의나 컨퍼런스콜·진료·재판 등에도 비대면 방식이 검토되거나 실행되고 있다. 사람들이 비대면 서비스에 차츰 익숙해지면서, 차라리 대면 대화 과정이 없는 게 오히려 더 편하다는 최근의 설문 결과도 있다. 대면회의나 출장이 줄어들다 보니 현업에서 집중력이 증가하고, 자투리 시간을 활용한 SNS로도 충분히 회의를 대체할 수 있다는 점에서 시간의 효율적 관리와 생산성도 올라간다는 의미다. 이는 비언어적인 상황이 오히려 언어적 소통보다 효율적이라는 코로나의 역설인 셈이다.

최근 확대된 재택근무, 원격회의, 컨퍼런스와 의료분야, 심지어 인테리어와 부동산 비즈니스에서도 가상현실VR과 증강현실AR 등 이른바 확장현실XR 기술을 활용한 체험 기반의 서비스 이용이 가능하다. 사회적 거리두기로 스포츠 경기 관람이 중단되었지만, 가상공간에서는 시공간을 초월한 실감나는 경쟁이 진행되고 있고, 바이러스의 위험으로 여행은 중단되었지만, XR 기술을 통해 지구상의 모든 곳을 방문할 수 있다. XR 기술을 적용해 산업, 사회, 문화 등 다양한 분야에서 비언어적 표현과 소통으로 새로운 가치를 창출하는 경제를 실감 경제immersive economy라고 하는데, 코로나 위기를 헤쳐 나가는 우리 사회는 XR 기술에 의해 사용자의 오감을 통한 경험 효과를 극대화시키고, 사용자의 주의 집중과 몰입의 수준이 크게 향상되면서 비대면 상황에서도 적극적인 의사소통이 가능해지는 실감 경제로 이행하고 있다.

▶ 홈콕, 홈쿡, 홈트로 확대되는 홈코노미

비대면 생활이 일상화되면서 집안에서 다양한 생산 활동(재택근무)과 소비 활동이 전개되는 홈코노미가 확산되고 있다. '홈home'과 '이코노미economy'의 합성어인 홈코노미는 대부분의 경제 활동이 집에서 이루어지는 트렌드를 말한다. 소비의 만능키가 된 스마트폰만 있으면 무엇이든 구매하거나 즐길 수 있다. 집 밖으로 나가지 않아도 괜찮다. 스마트폰에 접속하는 순간 그 자리가 식당이 되고, 카페가 되고, 마트가 되고, 영화관이 된다. 의식주와 여가까지, 대부분의 소비 활동이 집 안에서 해결된다. 다양한 생필품 주문이 가능한 대형마트부터 신선한 식재료와 식품을 새벽배송하는 스타트업까지, 스마트폰 서비스 앱은 우리의 먹거리 걱정을 덜어주고 있다. 식재료뿐 아니라 다양한 종류의 조리된 음식을 주문하는 것도 일상이 됐다. 음식 배달 앱에 접속하면 도심 내에 있는 웬만한 맛집 음식을 주문할 수 있으며, 커피나 디저트도 선택할 수 있다. 영화관에 갈 필요도 없다. 넷플릭스나 유튜브를 비롯한 OTTOver the Top 서비스 앱에 접속해서 영화와 드라마, 다큐멘터리 등 다양한 영상 콘텐츠 시청이 가능하다. 심지어 세탁기가 없어도 빨래를 걱정할 필요가 없다. 세탁 서비스 앱에 접속해 서비스를 신청하고 예약 시간 전에 세탁물을 문 앞에 내놓으면 다음 날 세탁된 옷이 배달된다. 이제 집이 그야말로 가장 안전한 내 생활공간이자 소비생활의 중심이 됐고, 일터와 생활공간의 경계가 모호해지며 직주근접과 더불어 직주일체형 생활 패턴이 점차 우리의 삶을 변화시킬 것이다.

▌끊임없이 진화하는 공유경제

코로나의 강한 전염력 탓에 타인과 공간이나 차량, 물건 등을 나눠 쓴다는 개념 자체가 거부감을 일으키는 상황이다. 일각에서는 포스트 코로나 시대에는 공유경제가 사라질 것으로 전망한다. 《이노베이션 바이옴The Innovation Biome》 저자 쿠마르 메타는 심지어 "코로나19 이후 공유경제의 시대가 가고 고립경제의 시대가 올 것"이라고 전망했다.

한편 자원을 나눠 쓰면서도 공유경제의 핵심 중 하나인 '접촉'을 극복하는 대안을 찾은 기업들은 코로나로 인해 오히려 승승장구하고 있다. 코로나를 뛰어넘는 공유경제의 비밀병기는 바로 '비대면'이다. 대표적인 사례가 바로 공유 주방이다. 공유 주방은 주방 공간을 여러 사업자가 함께 쓰면서 초기 비용을 아낄 수 있어 사용자가 늘고 있는데, 사용 후 위생소독을 철저히 진행하는 덕분에 비대면 서비스인 배달 수요 급증과 맞물려 오히려 이용객이 늘었다. 국내 배달형 공유 주방 '위쿡딜리버리'는 코로나 사태 이후 입점 문의가 세 배 이상 늘었으며 코로나가 확산되기 이전인 1월 대비 3월 매출은 24.6% 늘었다고 한다.

버스·지하철 등 대중교통을 이용하는 대신 혼자 탈 수 있는 자전거나 킥보드의 공유 모델 역시 코로나로 때아닌 특수를 맞았다. 킥보드는 개방된 야외 공간에서 이용하는 데다, 코로나 이후 원거리 외출은 자제해도 동네 상권이나 거점 오피스 등 근거리 이동 수요는 여전하다는 점, 또 그간 약점으로 지적돼온 킥보드의 하드웨어 성능이 나날이 개선되고 있는 점 등이 강점으로 작용하면서 오히려 수요가 늘고 있다.

공유 오피스의 경우, 위워크가 미국에선 상장에 실패했지만, 진화한 공유 오피스는 오히려 잘 나가고 있다. 주요 고객인 벤처 창업이 꾸준히 증가하고 있는 데다, 코로나 사태 이후 비대면 근무 확산에 따른 거점 사무실 수요도 늘고 있으며, 사무 공간의 공유 외에 보육 서비스, 공유 주방 등과 같은 패키지형 공유 서비스를 제공하고 있어 코로나에도 성장이 꾸준하다. 최근 오픈해서 인기를 끄는 공유 오피스 '스파크플러스'가 여기에 해당되는데, 공유 주방 '먼슬리키친'이 스파크플러스 공유 공간에 입주해 있어서, 공유 오피스 입주 직원과 인근 지역에 홀 식사는 물론 포장과 배달 서비스를 제공하는 국내 최초 '인빌딩 푸드코트형 공유 주방' 모델이 되었다. 영국의 '서드 도어'는 오피스와 보육 서비스를 패키지로 또는 따로 이용할 수 있으며, 일본은 관광지, 휴양지에 근무 환경을 패키지로 제공하는 '워케이션workation' 모델을 선보이고 있다. 워케이션은 일work과 휴가vacation의 합성어로, 코로나로 인해 휴가를 못가는 이들을 위한 '휴양지 사무실'이다. 휴양지에서 낮에는 일을 하고 저녁이나 주말에는 휴가를 즐길 수 있다.

이 밖에 영상회의 등 비대면 서비스와 방역 기능을 강화한 '공유 공방', '공유 미용실', 도심에서 물류 창고를 대여해주는 '공유 창고' 등도 코로나 위기를 뛰어 넘는 새로운 공유경제 모델로 주목받고 있다. 비대면을 적극 활용한 공유 서비스는 코로나에 오히려 특수를 누리고 있는 셈이다. 국내에서도 유사한 패키지형 공유 오피스 서비스인 '패스트파이브'가 올해 여의도를 포함해 신규 지점 여덟 개를 오픈해 연내 27호점까지 지점을 확장할 계획이다. 이들 공유 오피스의 평균 공실률은 3~5% 수준으로, 같은 시기의 서울 오피스 공실률 8.6%보다 훨씬 낮다.

| 플랫폼 비즈니스, 코로나 시대에 전성기를 맞이하나?

비대면, 무인화, 비언어적 소통 등 코로나가 등장시킨 새로운 요구에 전통 개념의 비즈니스는 주춤하는 반면, 플랫폼 기반의 서비스는 진가를 발휘하고 있다. 흔히 말하는 가치사슬이라는 개념은 원자재의 구매, 가공, 완제품 생산을 거쳐 소비자에게 판매하는

전 과정에서 투입되는 비용을 최소화하는 것이 주된 전략이지만, 플랫폼은 다양한 참여 그룹 간에 재화와 용역의 교환과 연결을 통해 기존에 없던 새로운 가치를 창출하는 것을 핵심으로 하고 있다. 플랫폼에 참여하는 기업 간에는 수직적 위계 관계가 덜하고, 수평적 협력관계를 지향한다는 점에서 기존 기업 간 하청·도급과는 차별화된다.

국내의 대표적 플랫폼 기업은 네이버와 카카오다. 이들은 코로나 사태에 대응하기 위해 자사의 플랫폼에 '금융-결제-쇼핑-엔터테인먼트-뉴스 콘텐츠 등으로 이어지는 생태계를 구축하면서 코로나를 일종의 비대면 서비스 통합의 기회로 활용하고 있다.

네이버는 이용자들의 자산을 묶어둘 수 있는 '네이버통장'을 출시하고, 연동된 결제 플랫폼 내에서 쇼핑·콘텐츠 등의 소비를 창출시킴으로써 언택트 특수를 극대화하고 있다. 특히 최근 '홈콕'족의 증가 추세에 따라 20여 개가 넘는 유통·물류 업체와 협력해 실시간 상품을 소개하는 네이버 라이브 커머스를 출시했고, 게임, 웹툰 등 엔터테인먼트의 경우에는, 주로 북미와 일본 등 해외에서도 이용이 증가하는 추세다.

카카오도 카카오톡, 카카오뱅크, 카카오페이를 일종의 콘텐츠 소비·결제 플랫폼으로 통합하고 카톡 선물하기, 톡스토어, 메이커스 등 카카오커머스와 연계해 플랫폼 생태계를 확장하고 있다. 코로나로 증가한 온라인 쇼핑으로 카카오커머스의 1분기 전체 거래액이 전년 대비 55% 증가하면서 코로나가 일등공신 역할을 톡

톡히 했다는 평가다. 이 기업들은 코로나로 인한 언택트 문화에 누구보다 신속하게 적응하면서 기업의 스케일업(규모 성장)을 추진하고 있는 것이다. 플랫폼 기업에 코로나는 플랫폼 확장의 기회가 된 셈이다.

외식업은 코로나의 직격탄을 맞은 대표적인 영역이지만, '배달의민족'과 같은 음식 배달과 음식 유통 플랫폼은 매출이 급속도로 증가하고 있다. 새벽배송 시장의 포문을 연 '쿠팡'과 '마켓컬리' 또한 코로나 특수를 누리는 대표적인 기업이다. 이들은 디지털 플랫폼에 기반한 D2C direct to customer 형태의 비즈니스 모델로 방대한 공급망과 사용자의 다양한 수요를 직접 매칭하면서 유통의 혁신을 이끌고 있다.

한편 플랫폼은 다양한 참여 기업을 양산하는데, 가장 작은 단위의 참여 기업이 바로 1인 소호라 불리는 크리에이터다. 집에서 보내는 시간의 증가로 홈트레이딩, 홈술, 홈뷰티 등 디지털 홈코노미 열풍이 불면서, 유튜브 등에서 크리에이터가 제작하는 콘텐츠의 이용 빈도도 덩달아 빠르게 증가하고 있다.

유튜브 크리에이터는 거의 모든 분야에서 활동한다. 집 안에서 하는 근력운동을 의미하는 '홈트 home+training 분야'의 최강자는 250만 명이 넘는 구독자를 보유한 '땅끄부부' 채널이다. 평범한 30대 중반 부부가 운영하는 채널이지만, 코로나 이후 그야말로 벼락스타가 됐다. 사회적 거리두기 때문에 수영장과 헬스장 등 공공 운동 시설물이 속속 문을 닫자 밖에 나가기를 포기한 사람들이 집에서 운동하기 시작하면서 구독자 수가 급속도로 증가했다. 때마침 리오넬 메시, 손흥민 등 세계적인 축구 선수들도 '홈트 챌린지' 영상을 속속 올리며 이를 권장하자 홈트에 대한 관심은 가히 폭발적으로 커졌으며 온라인에서도 홈트 상품이 불티나게 팔려나가고 있다. G마켓 통계에 따르면, 3월 한 달간(2020년 3월 6일~4월 5일) 홈트레이닝 관련 상품은 전년 동기 대비 약 30% 증가했는데, 윗몸일으키기, 벤치프레스 등 '싯업벤치' 매출 증가율은 245%에 달했고, 아령(65%), 케틀벨(44%), 덤벨(39%) 등도 크게 늘었다.[1]

요약하면 디지털 경제가 부상하면서 크게 주목을 받은 플랫폼 비즈니스는 비대면, 비언어적 소통과 홈코노미라는 코로나 시대의 3대 뉴노멀 시기에 '보이지 않는 새로운 손'의 역할로서 기능하며, 플랫폼 비즈니스 혹은 플랫폼 경제의 전성기를 촉진할 것으로 보인다.

| 비대면과 무인화에 최적화된 O4O

코로나는 온라인과 오프라인의 관계도 변화시켰다. 그동안 온라인online과 오프라인offline의 관계는 온라인화, 즉 오프라인이 온라인으로 전환된 O2Ooffline to online의 개념이었는데, 이제 무인화 트렌드로 오프라인을 위한 온라인, 즉 O4Oonline for offline 형태로 진화하고 있다.

비대면과 무인화 측면을 강화한 롯데쇼핑의 '롯데ON'이 대표적이다. 백화점·마트·슈퍼·롭스·하이마트 등 롯데그룹의 전국 1만 5,000여 개 오프라인 매장을 온라인 플랫폼과 연계해, 소비자가 주문한 상품을 단 2시간 안에 배송하는 바로배송, 출근 전에 배송되는 새벽배송, 온라인에서 주문하고 인근 오프라인 매장에서 바로 찾을 수 있는 스마트픽으로 세분화해 서비스하고 있다. 기존의 온라인 플랫폼과 오프라인의 유통망을 통합하지 않고서는 제공하기 어려운 서비스다. 패션업체 'LF'의 오프라인 매장 LF몰 스토어는 온라인에서 주문하고, 구매 상품을 매장에서 바로 찾아가는 비대면 서비스인데, 매출이 전년 동기 대비 70%나 증가하며 코로나 사태에 오히려 승승장구하고 있다.

O4O의 원조는 미국의 아마존Amazon이 출시한 무인 편의점 '아마존 고Amazon Go'다. 매장은 비록 오프라인의 형태지만 운영에 아마존의 AI와 IoT 기술을 대거 반영했다. 이렇게 타인과의 접촉을 최소화하는 비대면 모델은 따로 줄을 설 필요도 없어서 포스트 코로나 시대에 적합한 모델이다. O2O는 온라인이 오프라인을 대체하는 것으로 이해되어, 온라인 매출이 성장하면 역으로 오프라인 매출은 그만큼 줄어들 것이라는 우려가 있다. 그러나 O4O는 온라인과 오프라인 비즈니스의 상생을 추구한다는 면에서 차별점이 있다.

이뿐만 아니라 '드라이브스루'형 O4O 서비스도 등장하고 있는데, 경기, 부산 등 지방자치단체의 공공도서관에서는 도서관 홈페이지에서 사전에 예약하면, 건물 안에 들어가지 않고도 정문 앞이나 주차장 등 지정된 장소에서 신청한 책을 대여할 수 있는 비대면 도서 대출·반납 시스템을 도입하고 있다. 노량진 수산시장은 방문 전에 앱에서 주문을 하면 남1문 앞에서 횟감을 가져갈 수 있는 O4O 드라이브스루 픽업 존을 마련했다.[2] 대표적인 숙박 중개 플랫폼 '야놀자' 역시 오프라인 숙박 시장에 진출해 무인 숙박 시설 '코텔'을 만들었는데, 예약-투숙-결제-퇴실의 전 과정에 대면 서비스가 최소화되어 있다.

| 코로나, 위협이 아니라 도약의 기회가 되다

코로나에 오히려 진가를 발휘하는 기업의 특징을 기존 기업론으로 살펴보면 몇 가지 신선한 측면이 있다. 첫째, 전통 기업론에서는 비용을 절감할 수 있다는 점이 기업 조직이 존재하는 이유라고 보았지만, 공유경제와 플랫폼 기업들은 비용 최소화를 지향하기보다 외부 자원과의 연결과 새로운 가치 창출을 지향한다. 또한 대부분의 산업과 기업은 산출량을 늘려갈수록 평균 비용이 떨어지다가(규모의 경제), 어느 수준 이상이 되면 오히려 평균 비용이 증가한다(규모의 불경제). 그런데 플랫폼의 경우에는 참여자 관리와 상호 커뮤니케이션이 자동화되면서, 규모가 커져도 규모의 불경제가 나타나지 않고 오히려 창의적 조합과 가치 창출에 유리한 상황이

된다. 또한 플랫폼을 활용한 1인 기업은 기업 조직으로 있으면 비용이 줄어든다는 기존의 관점을 무색하게 만든다. 이 특징이 코로나라는 상황에서 새로운 서비스를 창출하면서 빛을 발한 것이다.

둘째, 기존 기업론에서는 기업이 성장하는 동기를 기업 내부 자원의 활용에서 찾는다. 그러나 공유경제는 내부 자원이랄 게 별로 없고, 핵심 자원과 서비스가 오히려 외부에 있으며, 이들과의 연계와 통합이 성장의 핵심으로 이해된다. 플랫폼은 바로 외부와의 연결을 지원하는 인프라로 기능한다.

비대면이라는 새로운 수요에 대응해서 산업과 사회의 다양한 부분을 디지털 전환이라는 패러다임으로 바꿔나가는 다양한 사례는, 코로나 위기를 어떻게 대응하느냐에 따라 위협이 아닌 도약의 기회가 될 수 있음을 시사한다. 앞서 소개한 플랫폼과 공유경제와 같은 디지털 비즈니스는 전통 산업과 융합해서 경쟁력을 회복하는 데 도움을 줄 수 있으며, 플랫폼의 수평적 관계성은 대기업과 중소기업 간 양극화를 해소하고 상생 협력하는 차원에서 대안이 될 수 있다. 그리고 플랫폼과 공유경제에 뛰어드는 창업 기업의 사례도 역시 새로운 일자리 창출 문제를 시급히 해결해야 하는 한국 경제에 시사하는 바가 크다.

2 재택근무에서 스마트 워크로

▶▶ **임지선**(육군사관학교 경제법학과 조교수)

| 언택트 근무 환경의 가속화

코로나는 직장인들의 근무 형태를 변화시키고 있다. 드라마앤컴퍼니가 직장인 소통 앱 '리멤버 커뮤니티' 이용자 1,000명을 대상으로 '코로나가 미친 영향'에 대해 설문조사를 했는데, 직장인들이 느끼는 가장 큰 변화는 재택·유연근무 등 근무 형태의 변화(52.5%)였다. 절반 이상의 직장인들이 코로나로 인한 기업의 근무형태 변화를 코로나 이후 직장 내에서 일어난 가장 큰 변화라고 응답한 것이다.

'코로나 이후 근무 형태가 변했는가'라는 더 구체적인 질문에는 전체 응답자의 61.3%가 '그렇다'고 응답했으며, 직장인의 22.2%가 유연·단축 근무제 시행을, 19%가 전원 재택근무 시행을, 17.2%가 일부 인원(임산부, 유증상자)을 대상으로 한 재택근무의 시행을 경험했다고 응답했다.[3]

변화의 바람은 일단 해당 변화에 능동적으로 대처할 수 있는 주요 기업들에서부터 시작되었다. 현대·기아차는 2월 27일부터 본사 등 서울·경기 지역 근무자를 대상으로 자율적 재택근무에 돌입했으며, 계열사인 현대모비스는 아예 직원들을 둘로 나누어 격일 재택근무를 실시했다. SK그룹은 필수 인력을 제외하고 재택근무를 실시했으며, SK하이닉스는 임신부 직원에게 2주간의 특별휴가를 제공했다. 삼성그룹과 LG그룹은 임신부 위주의 재택근무를, 코로나 사태로 가장 타격이 컸던 대한항공은 임신부는 필수로, 나머지는 자율적으로 재택근무를 시행했다. 두산그룹은 출퇴근 시간을 자율로 하는 유연근무제를 확대 운영하고 가능한 한 재택근무를 하도록 하는 방안을 내놓았다. GS건설 또한 직원을 두 개 조로 나누어 시차를 두고 출퇴근하도록 했는데, 임신부와 어린아이를 돌봐야 하는 직원은 신청을 받아 집에서 근무할 수 있도록 조치했다. 신한은행은 본점에서 4~5개씩 조를 짜서 재택근무를 실시했고, KB국민은행도 본점 직원 약 15%가 재택근무에 들어갔다. 게임 업체 엔씨소프트는 코로나가 가장 심각했던 지난 2월 27일부터 3월 2일까지를 전사 유급 특별 휴무로 지정했고, 네이버는 2월 26일부터 28일까지 필수 인력을 제외하고 전원 재택근무를 시행했다.[4]

기업의 근무 형태, 어떻게 변화할까?

그렇다면 최근 이슈가 되고 있는 재택근무, 유연근무, 스마트 워크smart work, 리모트 워크remote work와 같은 다양한 근무 형태의 차이는 무엇이며, 이들 사이에는 어떠한 관계가 존재할까?

재택근무는 말 그대로 사무실로 출근하지 않고 집에서 일하는 근무 형태다. 근로자 중심의 근무 방식이며 굳이 회사로 출근하지 않아도 되기 때문에 근로자가 이동하는 데 드는 비용과 시간을 단축할 수 있다. 요즘같이 맞벌이 부부가 증가하는 시대에 일과 육아를 병행할 수 있다는 장점도 있다. 반대로 일과 육아, 일과 생활이 분리되지 않는 것이 단점이다. 재택근무를 하기 위해서는 집과 회사가 통신 수단을 통해 어떤 식으로든 연결되어 있어야 하는데, 여기서 등장하는 개념이 리모트 워크다. 리모트 워크는 2011~2012년에 사무실 임대료와 주거비가 턱없이 비싼 미국 실리콘밸리에서 기업이 다양한 지역의 인재와 협업하기 위해 도입한 것에서 유래되었다.

리모트 워크는 기업의 필요에 의해 생겨난 근무 형태라고 할 수 있지만, 근로자 입장에서의 장점도 분명 존재한다. 업무 도구가 PC를 포함해 모바일까지로 확장되면서 근로자는 언제 어디서든 업무 처리가 가능한 환경에 놓였으며, 시공간에 구애를 받지 않고 효율적으로 일할 수 있는 기술적 환경을 갖추게 되었다. 단, 리모트 워크를 하는 구성원들은 언제 어디서든 연결되어 있어야 하는 '연결의 의무'를 부여받으며, 이는 반대로 자신의 삶과 일이 분리되지 못하고 끊임없이 이어져 있다는 것을 의미하기도 한다.[5]

2016년 고용노동부의 근무 혁신 실태 조사와 2016년 한국노동연구원의 스마트 기기 사용 실태 조사에 따르면 직장인의 74%는 퇴근 후에도 업무 지시와 자료 요청에 시달리고 있으며, 이 중 60%는 극심한 스트레스에 고통받고 있다고 응답했다. 본인이 먼저 업무 연락을 한다고 답변한 경우도 67%나 되었고, 스마트 기기 이용으로 발생하는 초과 근무 시간은 주 11.3시간에 달했다. 프랑스에서는 이러한 일과 이후의 통신기기를 통한 업무 지시가 문제시되어 2016년 세계 최초로 '로그오프법'이 제정되었으며 직원들이 퇴근 후 회사와 '연결되지 않을 권리'를 보장받았다. 이 법은 전화, 이메일, SNS, 회사 내부 전산망 등 모든 소통 경로에 의한 업무 지시를 금지하며 50인 이상 모든 기업에 적용된다.

한국에서도 몇몇 기업(CJ그룹의 '퇴근 후 주말에 문자 등 업무 지시 금지 캠페인') 및 관공서(광명시 '직원인권보장선언')에서 퇴근 이후 업무 지시를 금지하는 움직임이 있었지만, 아직까지 별도의 법이 제정되어 시행되고 있지는 않다. 하지만 연평균 근로시간이 2,124시간으로 경제협력개발기구OECD 회원국 평균보다 연 2개월이나 더 일하는 대한민국이야말로 해당 제도의 도입이 시급하다.

통신 기술의 발달이 기업의 리모트 워크와 재택근무를 아무리 원활하게 만든다 하더라도 제도가 뒷받침되지 않는다면 기업이 다양한 형태의 근무를 받아들이기 어렵다. 따라서 유연근무제의 도입은 이러한 시공간의 제약을 더욱 확실하게 해소하는 계기가 될 수 있으며, 구체적으로 기존의 '9 to 6'에 묶여 있는 기업의 근로시간에 대한 제약을 개인의 상황에 맞게 조절할 수 있도록 도와주고 있다. 유연한 근무를 위해 현재 활용 가능한 제도는 다음과 같다.

① 1일 8시간의 근무 시간을 준수하면서 근로자의 필요에 따라 근무 시간을 조정하는 시차 출퇴근제
② 근로자의 재량에 따라 업무를 수행하는 경우 노사가 합의한 근로 시간을 인정해주는 재량근무제
③ 전일제 근로자보다 짧게 일하면서 기본적인 근로 조건을 동등하게 보장해주는 시간선택제
④ 주 평균 40시간을 유지하며 1일 근무 시간은 자율적으로 조정하는 선택근무제
⑤ 통신 수단이나 컴퓨터를 이용해 주 1일 이상 자택이나 원격근무용 사무실에서 업무를 처리하는 재택 원격근무제

지금까지는 완전히 근로자의 시간에 맞춰 근무를 조정해주는 ②번 형태의 근무보다는 정해진 근무 시간에서 시간대를 약간씩 조절하는 ①, ③, ④번의 방법들이 주로 사용되었으며, 코로나는 그동안 거의 도입되지 않았던 ⑤번의 근무 형태를 가속화시키는 결과를 가져왔다.

유연근무제를 가장 활발하게 사용하고 있는 네덜란드의 제도를 눈여겨볼 필요가 있다. 네덜란드의 경우 근로자가 일정 조건을 충족하는 경우 근로시간 단축 또는 연장을 신청할 수 있는 권리를 부여하는데, 이때 임금은 새로운 근로시간에 맞추어 조정되지만 조직 내 지위가 달라지지는 않는다.[6] 여기서 중요한 사실은 임금이 감소하더라도 조직 내 지위는 달라지지 않는다는 것이다.

한국에서 유연근무제의 도입이 어려웠던 이유 중 하나가 바로 이 '낙인 효과'이다. 한국에서는 근무 시간을 조정하거나 단축하는 경우 임금에는 별다른 영향이 없는데 반해, 회사 내에서 승진이나 진급에 관심이 없는 사람이라는 '낙인'이 찍혀 실제 승진이나 진급이 어려워진다. 따라서 네덜란드와 같이 임금과 직위를 분리해 근무 시간에 맞는 임금을 지급하되 직급상의 불이익은 주지 않는 분리형 제도를 도입하게 된다면, 많은 사람들이 필요에 따라 유연근무제를 더욱 적극적으로 선택할 수 있을 것이다. 이것이 네덜란드에서 원격 근무를 포함한 유연근무제가 지속적으로 도입·확산될 수 있는 이유이며, 기술적 환경만큼은 세계 그 어떤 나라보다도 효과적으로 유연근무를 시행할 수 있는 한국도 네덜란드처럼 제도적인 디테일을 살릴 필요가 있다.

▶ 새로운 형태의 기업이 등장하다

기존의 전통적인 직장은 사무실 중심의 '9 to 6'의 고정된 근무 형태를 가지고 있다. 하지만 디지털 기술의 발달은 개인이 언제 어디서든 가장 효율적인 방법으로 업무에 임할 수 있게끔 일하는 방식을 바꾸고 있다. 원격 근무(재택근무)는 사무실이라는 공간의 제약을 완화할 수 있으며, 유연근무는 '9 to 6'라는 시간상의 제약을 완화할 수 있다. 다만 재택근무를 위해서는 리모트 워크라는 '원격 근무'가 가능해야 하며, 유연근무를 위해서는 앞에서 말한 기술적 부분과 제도적 부분이 함께 충족되어야 한다.

마지막으로 스마트 워크는 이 모든 것을 아우르는, 즉 시간과 장소에 얽매이지 않고 효율적으로 업무를 수행할 수 있는 근무 형태를 총칭한다. 유연근무와 거의 동일한 개념으로 사용될 수 있으나 미래지향적이다. 결과적으로 스마트 워크는 재택근무, 원격 근무, 모바일 근무, 거점 오피스 등 디지털 기술을 사용해서 활용 가능한 모든 방법을 동원해 달성하고자 하는 가장 유연한 형태의 근무 형태를 말하며 가장 이상적인 만큼 실행의 난이도도 가장 높다.

많은 사람들이 기업이 아닌 개인 중심으로 일하는 방식의 변화가 궁극적으로 기업이라는 조직의 해체를 가지고 올 수 있다고 예상한다. 미국 경영대학원 입학위원회GMAC의 산기트 초우플라 Sangeet Chowfla 회장은 "19세기는 민족국가의 시대, 20세기는 기업과 기구의 시대, 21세기는 1인 기업의 시대가 될 것이다"라는 말을 남겼으며, 2015년 세계과학정상회의에서 테크숍의 뉴턴Jim Newton 회장 역시 "앞으로는 1인 기업 시대가 올 것"이라고 전망했다. 《4차 산업혁명은 일자리를 어떻게 바꾸는가》의 저자 손을춘은 "1인 기업은 변화에 빠르게 대응할 수 있으며, 공유 플랫폼은 이러한 1인 기업가의 활동을 원활하게 할 수 있다"라고 1인 기업의 성장 가능성을 압축해 설명했다.

지금은 전통적 노동시장에서 탈락한 이들이 이른바 '긱 이코노미gig economy'라는 이름 아래 플랫폼 노동시장에서 임시 고용자로 활동하지만, 이러한 긱 이코노미는 단순히 저임금 노동시장을 넘어 전체 노동시장으로 확대될 수 있다. 디지털 기술의 발달은 이미 전 산업에 걸쳐 기술적 환경 변화를 가속화하고 있으며, 변화된 기술적 환경에서 필요한 노동자의 능력은 시시때때로 변화하기 때문이다.

기존 노동자의 숙련된 지식은 더 이상 높은 부가가치를 창출할수 없다. 대신 새로운 노동자의 숙련되지 않은 지식이 더 높은 부가가치를 창출한다. 근로자들은 이제 자신의 오래된 지식을 판매하기 위해 새로운 시장을 개척해야 하고, 새로운 프로젝트를 향해 이동해야 한다. 이것이 '디지털 노마드'로서의 삶이고, 디지털 노마드가 되지 못하는 노동자는 자신의 높은 생산성과 임금을 유지하기 어렵다. 공유 플랫폼의 발달은 새로운 일을 찾아 늘 헤매야 하는 디지털 노마드들을 인도할 것이고, 해당 과업에 가장 적합한 노동자를 매우 낮은 비용으로 빠르게 찾아줄 수 있다.

이러한 공유 플랫폼 발달에 따른 정보 탐색 비용의 하락과 숙련 근로자의 낮은 생산성 문제는 기업의 근로 계약을 장기가 아닌 단기 형태로, 풀타임이 아닌 파트타임의 형태로 전환시킬 것이다. 직무 중심의 1인 기업은 특정 프로젝트를 중심으로 모여 일을 처리하고 흩어지는 프로젝트형 기업으로 생성과 소멸을 반복할 가능성이 높다.

과업 중심 직무급제로의 전환이 시작되다

국제노동기구ILO 자료에 따르면 코로나가 야기한 글로벌 경기침체는 전 세계적으로 실업자 수를 최소 530만 명에서 최대 2,470만 명까지 발생시킬 것으로 예상된다. 그 결과 근로자들의 노동 시간과 임금의 감소가 예상되는데, 이로 인한 불완전 취업 또한 대대적으로 증가할 것이다. 특히 이번 사태의 경우 경기침체 시 충격을 완충해주는 자영업자들의 역할마저 기대하기 어렵기 때문에 그 피해가 더 커질 수 있다.[7]

2019년 OECD 자료에 따르면 해마다 온라인 노동이 26% 이상 성장하고 있다. 아마도 2020년은 코로나로 대면 업무가 마비됨에 따라 온라인 소비 및 온라인 노동에 대한 수요도 폭발적으로 증가할 것으로 예상된다. 이는 온라인 소비가 증가하고 오프라인에서의 고용이 사실상 어려워지면서 직업을 잃은 실직자 및 구직자들이 플랫폼 노동시장으로 몰릴 가능성이 높기 때문이다.

플랫폼 노동은 이렇게 진입이 쉬운 특징 때문에 노동자 상당수가 낮은 임금과 열악한 근로 환경에 놓여 있다. 배달 대행과 돌봄 노동이 대표적인데, 이들은 공급 과잉으로 인해 낮은 임금을 받고 있으며, 고용주가 없기 때문에 위험에서 보호받을 수 없다. 책임을 물을 수 있는 사용자도 없다. 재난문자가 날아와도 생계를 위해 일을 그만둘 수 없지만, 감염에 취약한 노약자를 돌보면서도 손소독제 하나 공급받지 못한다. 이 모든 것이 이들의 법적 지위와 관계되어 있는데, 이들은 실제 노동자임에도 불구하고 현행법상 임금근로자가 아닌 개인사업자로 분류되기 때문에 제도권 내에서의 보호를 받을 수 없다.[8]

그렇다면 이들을 보호할 수 있는 방법은 무엇일까? 코로나가 발병하기 전에도 플랫폼 노동자의 처우 개선 문제에 대한 부분은 끊임없이 제기되어왔다. 포괄적 사회보장제도가 그 하나의 방편이 될 수 있다.[9] 하지만 아직까지 이 부분에 대한 사회적 논의가 활발하게 진행되지 못했으며 이렇다 할 사회적 합의도 도출되지 못했다. 그러던 중에 코로나는 이들의 취약성을 다시 한번 드러내는 계기를 만들었고, 각국은 고용보험의 사각지대에 놓인 노동자들에 대한 법적·제도적 지원 방법에 대해 심각하게 고민하기 시작했다.

한국 정부도 드디어 코로나가 터진 지 3개월 만인 지난 6월 1일 '복지 사각지대'에 있는 일정 소득 이하의 영세 자영업자, 특수고용직, 프리랜서, 무급휴직자를 위해 3개월간 50만 원씩 총 150만 원을 지원하는 긴급 고용안정 지원금을 마련했다. 사실상 플랫폼 노동자를 위한 조치라고 할 수 있다.[10]

전문가들은 플랫폼 노동의 증가가 코로나 이후에 '뉴노멀'로 자리 잡게 될 가능성이 높다고 말한다. 그리고 정규직 근로자를 대상으로 하는 호봉제 역시 코로나 이후에는 과업을 중심으로 하는 직무급제로 전환될 가능성이 높다. 다시 말해 지금의 노동시장은 플랫폼을 매개로 한 과업 중심 직무급제로의 전환을 눈앞에 두고 있다. 따라서 현재 중요한 것은 개인이 학습을 통해 기업이 필요로 하는 새로운 기술을 습득하고 이것을 온라인 플랫폼을 통해 자유롭게 사고팔 수 있는 제도와 환경을 구축하는 것이다.

플랫폼 노동의 확대와 직무급제라는 종착역에 다다르기 전에 해결되어야 하는 문제가 있다. 바로 회사라는 물리적 공간에 꽁꽁 묶여 있는 근무를 지금보다 느슨하게 풀어주면서 개인이 직업 이동을 준비할 수 있는 휴게 시간과 학습 시간을 확보해주는 것이다. 기업의 재택근무, 리모트 워크, 유연근무 도입이 첫 번째 도화선이 될 수 있으며, 정부가 나서 2020년 초부터 공공기관에 검토하거나 도입하기로 한 직무급제로의 전환은 민간 기업에 직접적인 영향을 줄 것이다. 양질의 시간제 일자리가 늘어나고 개개인에게 충분한 학습 여건이 보장된다면 노동자가 현재보다 더 나은 일자리로 이동하는 것이 불가능한 일만은 아니다.

사람이 움직이면 기업이 변하고 기업이 변하면 산업이 살아난다. 코로나로 인과관계는 뒤바뀌었지만, 언택트 사회는 시작되었고 변화의 바람은 불고 있다. 그리고 우리는 그 풍랑 위에 던져졌다. 가라앉고 있는 타이타닉 호에서 끝을 기다릴 것인가? 아니면 새로운 삶을 기약하며 저 풍랑 위로 몸을 던질 것인가? 우리에게 남겨진 얼마 남지 않은 시간 동안 나를 지킬 조그만 보트라도 만들어 풍랑 위로 뛰어들어야 하지 않을까?

3 금융의 디지털 전환과 시장 변화

▶▶ **조영서**(신한DS 부사장)

코로나로 인한 금융의 변화

코로나가 가져온 사회 전반의 충격과 변화는 산업과 고객의 행동을 완전히 바꾸어놓았다. 영국 일간지 《가디언The Guardian》이 제1차, 2차 세계대전 등과 같이 20세기 이후 인류에게 가장 큰 영향을 준 여섯 번째 사건으로 코로나 사태를 선정한 것만 봐도, 코로나 사태는 인류의 삶을 본질적으로 바꾼 큰 사건이라 할 수 있다. 이렇게 과거와는 전혀 다른 세상을 경험한 인류에게 코로나 이후 삶은 이제 뉴노멀이 되었다. 이번 코로나로 인한 사회 변화의 특징 중 하나는 불가역성으로, 인류의 삶이 코로나 이전 방식으로 돌아가지 않을 것이라는 점이며, 다른 하나는 생존을 위한 비대면 문화로 소비의 디지털화와 기업의 디지털 전환이 가속화할 것이라는 점이다.

▌금융 소비자의 행태 변화

2020년 5월 정부에서는 재난기본소득과 소상공인 지원 대출 등을 온라인으로 신청할 수 있도록 했다. 모바일 간편 결제나 대출 신청 등에 익숙하지 않고, 불안하다는 이유로 모바일 앱의 사용을 꺼리던 50대 이상 금융 소비자들도 정부의 애플리케이션을 활용해 재난지원금을 신청하는 등 인터넷을 적극적으로 이용하는 모습을 볼 수 있었다.

이것은 구매력이 큰 50대 이상 소비자들의 이커머스e-commerce 사용 경험이 충분히 쌓였기 때문이다. 사회적 거리두기로 오프라인 매장에 갈 수 없게 된 50대 이상 소비자들이 '배달의민족', '마켓컬리', '로켓프레시(쿠팡)' 등 배달 앱 서비스를 사용하며 디지털 환경에 익숙해졌다. 또한 금융의 디지털화로 전 세대에 걸쳐 모바일 뱅킹 사용이 증가했으며, 특히 50대 이상의 비중이 늘어나고 있다. 인터넷 전문은행 카카오뱅크의 경우도 2020년 5월의 신규 가입 고객 중 18%가 50대 이상이었다.

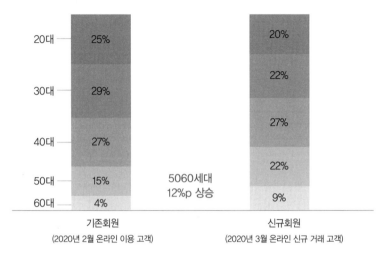

[도표 1-1] 코로나로 인한 온라인 결제 이용 연령대 비중 변화

20대 25% 20대 20%
30대 29% 30대 22%
40대 27% 40대 27%
50대 15% 50대 22%
60대 4% 60대 9%

5060세대 12%p 상승

기존회원
(2020년 2월 온라인 이용 고객)

신규회원
(2020년 3월 온라인 신규 거래 고객)

자료: 신한카드

전통적인 대면 채널의 이용도는 급감하고 있다. 2019년 상반기 국내 4대 시중 은행들이 지점을 총 88개나 축소했고, 2020년 상반기에만 126개를 추가로 축소했다. 금융 당국은 일자리 축소 등을 우려하고 있지만 은행의 순이자 마진 감소와 고객의 비대면 금융 서비스에 대한 니즈로 지점 축소는 계속해서 빠르게 진행될 것으로 예상된다.

▎비대면 중심의 디지털 전환 가속화

코로나로 인해 금융기관 직원들의 근무 방식도 크게 바뀌고 있다. 대부분의 금융사에서 화상회의가 보편화되고 있으며, 기존에는 망 분리로 인해 어렵다고 여겼던 콜센터의 재택근무도 원격근무 환경을 구축하면서 가능해지고 있다. 스페인 BBVA 은행[11]은 문서 공동 작성, 이메일, 화상회의, 업무 일정 및 성과 관리 등을 클라우드 환경에서 제공하는 업무 생산성 솔루션인 구글의 G 스위트G Suite[12]를 도입했는데, 이를 통해 직원들은 시간과 장소에 제약 없이 사무실과 동일하게 업무를 수행할 수 있다. 이와 같은 비대면 협업 솔루션 도입을 통해 재택근무는 물론, 본점과 지점 간 온라인 회의나 수백 명 규모의 동시 화상 회의가 가능하다. 코로나로 망 분리 규제가 점차 완화된다면 국내 금융 기관들도 빠르게 재택 및 원격 근무 환경으로 전환할 것이다.

금융 기관의 디지털 전환[13]도 더욱 가속화되고 있다. 금융 소비의 디지털화로 금융 기관들의 전체 기업 활동에서 디지털 영역이 차지하는 비중이 크게 늘어났다. 주요 마케팅 채널은 TV나 신문에서 인스타그램, 유튜브 등으로 바뀌고 있다. 금융 상품이나 서비스도 '온라인 전용', '모바일 전용'으로 출시하며, 변화된 고객 행태에 대응하고 있다. 금융 앱은 기존 고객 서비스나 간단한 업무 처리 기능부터 상품의 판매는 물론, 게임, 운세, 티켓 예매 등 각종 비금융 부가 서비스 콘텐츠도 제공하기 시작했으며, 이에 따라 모바일

[도표 1-2] G 스위트 중 화상 회의 및 컨퍼런스를 지원하는 구글 미트의 화면

금융 앱 내에서의 편의성이 극대화된 고객 경험의 정교한 설계가
더욱 중요해졌다.

혁신 금융을 위한 정부 정책의 변화

민간뿐 아니라 정부도 많은 부분에서 디지털 금융 혁신을 위
한 제도를 도입하고 있다. 정부는 인터넷 전문은행의 도입에 이어,
'오픈뱅킹'[14]과 '마이데이터'[15] 정책들을 연이어 시장에 내놓았다.

2019년 10월 30일 시범 서비스를 거쳐, 12월 18일 전면 시행된
오픈뱅킹은 하나의 금융 앱에서 다른 은행의 계좌 조회는 물론, 이
체까지 하는 서비스로, 유럽연합의 PSD2payment service directive 2
제도[16]의 지급지시업이 일본을 거쳐 한국에 들어온 것이다. 한국
의 경우 93%가 넘는 높은 예금 계좌 보유율과 이체 및 조회 등의

기본적인 은행 업무 인프라가 이미 금융결제원으로 집중화되어 있어 오픈뱅킹의 본보기라 일컬어지는 영국에서보다 그 파괴력이 클 것이라는 예측이 많았다.

실제로 2020년 6월까지 한국의 오픈뱅킹 현황을 보면, 시행 8개월 만에 세계 어느 국가보다도 성공적으로 활성화되었음을 알수 있다. 전체 경제 활동 인구의 72%인 2,032만 명이 가입했으며, 등록된 계좌도 6,588만 좌에 달한다. 한국의 경우, 시범 시행 기간을 포함해 약 8개 월만에 일평균 API application programming interface 이용이 650만 건에 달했다. 2018년 1월부터 오픈뱅킹을 시행한 영국이 일평균 650만 건까지 도달하는 데 1년 8개월의 시간이 걸린 것을 감안하면 굉장히 빠른 확산이다.

2020년 하반기 카카오뱅크의 오픈뱅킹 서비스 개시와 향후 저축은행, 카드사 등 제2금융권의 진입은 오픈뱅킹을 더욱 확산시킬 것으로 예상된다. 이 과정에서 주목해야 할 것은 시범 서비스 시행 이후, 오픈뱅킹 서비스 가입 건의 79%가 기존 은행이 아닌 빅테크와 핀테크 플랫폼을 통해 이루어졌다는 것이다. 네이버 파이낸셜이나 카카오페이와 같은 플랫폼 기업들이 모바일 앱상의 고객 경험 설계 노하우를 바탕으로 모기업인 네이버나 카카오의 브랜드 파워를 등에 업고 기존 금융권의 오픈뱅킹 앱을 압도했다.

정부의 또 다른 디지털 혁신 금융 정책인 '마이데이터'는 사전 수요 조사를 통해 116개의 기업이 신청 의사를 밝혔으며, 정부는 심사를 거쳐 2021년 2월에 기존 마이데이터와 유사한 서비스를 제공 중이던 40개 기업에 라이선스를 부여할 계획이다. 마이데이터는 금융 데이터의 소유권을 고객에게 돌려준다는 철학에 기반한 것으로, 금융 기관이 아니더라도 사업자에 선정되면 고객의 금융 정보를 모든 타 금융 기관으로부터 수집해 활용할 수 있게 된다. 이를 바탕으로 데이터를 활용한 맞춤형 금융 상품 추천은 물론, 개인 자산관리 서비스PB, private banking 등이 비대면으로 가능해진 것이다.

이러한 마이데이터를 통해서 지출 관리, 자동 저축, 자산관리, 대출 비교, 보험 상품 비교 등 대부분의 금융 서비스가 하나의 플랫폼에서 가능해질 것으로 보인다. 특히 가계부 작성, 지출 카테고리별 예산 목표 설정 등 지출 관리는 고객이 날마다 일상적으로 사용할 가능성이 크기 때문에, 마이데이터 플랫폼의 가장 중요한 기반 서비스가 될 것이다. 고객의 잉여 자금을 파악 자동으로 잉여 자금에 대한 최적의 저축 상품을 추천하고, 보유 금융 자산에 대해서 로보어드바이저robo-advisor를 통해 최적의 투자 포트폴리오를 제공해줄 것이다.[17]

그뿐만 아니라 고객은 언제든지 필요 자금을 위한 대출 상품 비교 서비스를 이용할 수 있다. 현재도 대출 비교 서비스를 제공하는 15개가량의 혁신 금융 사업자는 신용 대출을 제공하는 데 그치지만, 앞으로 마이데이터 플랫폼상에서는 대면 프로세스가 반드시 필요했던 부동산 담보 대출 등도 100% 비대면 비교 판매가 가능해질 것으로 보인다. 또한 각종 위험 보호를 위한 보험 상품을 비

[도표 1-3] 타임라인을 통해 지출 관리 서비스를 제공하는 매니가(Meniga)[18]

교·추천할 수 있으며, 은퇴 재무 설계와 은퇴 이후까지의 자산관리 서비스도 제공될 것이다.

요약컨대 마이데이터 플랫폼을 통해 고객은 사회 초년생, 중장년을 거쳐 은퇴 후까지 은행, 카드, 증권, 보험 등 모든 금융 영역에 걸쳐 생애 주기 금융 서비스를 제공받을 수 있다. 모든 금융 생활이 하나의 마이데이터 앱에서 가능해진 것으로, 필연적으로 거대 금융 플랫폼의 등장이 예상된다. 따라서 신한, KB 등 기존 금융권은 물론 네이버 파이낸셜, 카카오페이와 같은 빅테크, 그리고 토스나 뱅크샐러드 같은 핀테크 기업들이 마이데이터 사업자가 되기 위해 경쟁하고 있으며, 바야흐로 '플랫폼 전쟁'이 막 시작되고 있다.

미래 금융 산업의 구조적 변화

그렇다면 오픈뱅킹과 마이데이터로 촉발된 거대 금융 플랫폼의 등장은 금융 산업에 어떤 변화를 초래하게 될까? 기존의 은행, 카드, 증권, 보험 등 각 업종 내에서 제조와 판매를 동시에 수행했던 모습에서 거대 플랫폼 사업자와 금융 제조사로 분리되는 현상이 일어날 것이다. 그리고 이에 따라 금융 산업은 세 가지 기업 형태로 재편될 가능성이 크다.

첫 번째 기업 형태는 거대 금융 플랫폼 기업이다. 이들은 금융 데이터에 검색, 커머스, 통신 등 이종 데이터를 결합해 고객의 전 생애 주기에 관한 모든 금융 자문을 해주는 개인 금융 자산관리자가 될 것이다.[19] 이들의 가치 창출의 원천은 데이터이며, 다양한 고객 데이터 분석을 통해 개인 맞춤형 혜택을 제공하게 될 것이다. 고객 데이터가 집적될수록 개인화 수준이 뛰어난 상품과 서비스가 제공되며 이는 고객의 유입 증가를 가져온다. 고객의 유입 증가는 다시 더 많은 고객 데이터 축적을 가능하게 함으로써 이른바 데이터의 선순환 구조가 만들어진다. 이러한 기업에게는 데이터 분석과 처리 역량이 가장 중요하며, 수천만의 고객에게 맞춤형 초개인화 서비스를 자동화해 제공하기 위해 AI 알고리즘과 클라우드 역량을 갖추어야만 한다.

두 번째 형태는 금융 상품의 생산을 담당하는 금융 제조 전문 기업이다. 기존에는 금융 회사 하나가 영업, 마케팅, 상품 개발

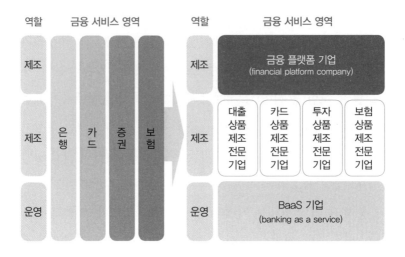

[도표 1-4] 금융 산업의 구조 개편

및 후선 업무 운영에 이르기까지 모든 업무를 담당해왔다. 그러나 금융 산업의 제조·판매 분리로 은행, 카드, 증권, 보험 각 업종에서 탁월한 전문성을 지닌 회사들만이 고객 접점 채널을 소유한 금융 플랫폼 기업들에 상품을 제공하는 역할을 하게 될 것이다.

이러한 현상은 이미 일어나고 있다. 신용카드의 상업자 표시 신용카드PLCC가 대표적인 예다.[20] 주요 카드 회사들은 최근 배달의민족, 스타벅스 등의 사업자에게 전용 신용카드 상품을 제공하고 있다. 영업, 마케팅, 브랜드는 사업자가 맡고, 카드 회사는 상품 제조 및 운영을 담당한다. 카드뿐 아니라 은행과 증권, 보험 등 모든 금융 분야에서 이와 같은 제조 전문 기업이 나타날 것이 예상된다. 이러한 기업들은 탁월한 고객 심사 역량으로 대손 비용 등 리스크

비용을 최소화하고, 기존 오프라인 인프라 축소를 포함한 운영비용을 절감해 상품의 가격 경쟁력을 갖추어야만 한다.

세 번째 형태는 금융 서비스에 필요한 백엔드back-end 시스템을 구축해 제공하는 것을 전문으로 하는 서비스형 뱅킹BaaS, banking as a service 기업이다.[21] 금융 서비스를 위해서는 전문화된 소프트웨어 및 하드웨어 시스템이 필요하다. 예를 들어 고객에게 새로운 콘셉트의 참신한 대출 상품을 제공하는 핀테크 기업은 신용 평가, 대출 실행, 계좌 관리 등의 필요한 업무 시스템 전체를 새롭게 구축해야만 한다. 바로 BaaS 기업이 이와 같은 백엔드 시스템을 필요로 하는 기업에 서비스를 제공하는 기업이다. 금융 서비스에 특화된 서비스형 소프트웨어SaaS, software as a service의 한 형태로 볼 수 있는데,[22] 클라우드 환경에서 원하는 금융 서비스에 맞추어 시스템을 구성할 수 있으며, 오픈 API를 통해 손쉽게 관련 핀테크 앱 등에 서비스를 추가하거나 변경할 수도 있다. 이미 해외에는 SAP[23], Fidor[24], BBVA 등이 이와 같은 금융 시스템을 핀테크 기업들에 제공하고 있다. BaaS 기업은 금융에 특화된 효과적이고 안정적인 시스템을 제공해야 하므로, 금융 프로세스에 대한 높은 이해도와 뛰어난 시스템 아키텍처 설계 역량을 갖추어야만 한다.

[도표 1-5] **코로나 이후 금융 산업의 주요 변화 트렌드**

❶ 금융 소비의 언택트(untact)와 기업들의 일하는 방식의 디지털화 가속

❷ 금융 서비스의 초개인화와 PFM(personal financial manager)으로의 발전

❸ 비대면 자산관리를 통한 프라이빗 뱅킹(private banking) 서비스의 대중화

❹ 거대 금융 플랫폼(mega financial platform)의 등장

❺ 금융산업의 제조와 판매 분리 현상으로 인한 산업 구조 재편

금융 산업 대변혁에 대비하라

앞으로 10년 뒤에 2020년을 돌아본다면 대한민국 금융사에 있어 가장 큰 구조적 변화의 원년으로 기억될 것이다. 금융 산업에 예외 없이 닥쳐온 4차 산업혁명과 코로나로 인한 금융 소비자들의 행태 변화 및 금융사들의 디지털 전환 가속화에 더해, '플랫폼 전쟁'을 촉발시킬 마이데이터 사업까지 눈앞에 두고 있기 때문이다.

금융 데이터 산업의 본격적인 시작으로 금융에 있어 초개인화가 가능해질 것이다. 개인화된 금융을 은행, 카드, 증권, 보험 등 모든 영역에서 제공하는 것이 가능해지고, 개인 금융 자산관리 서비스를 누구나 손쉽게 받을 수 있게 되면서, 금융 소비자에게는 프라이빗 뱅킹 서비스가 대중화되는 계기가 될 것이다. 데이터 경쟁력을 지닌 기업이 거대 금융 플랫폼 기업으로 등장할 것이며, 금융에 있어서 제조·판매 분리 현상이 일어날 것이다.

모든 금융 기업이 거대 금융 플랫폼이 될 수는 없다. 기존의 금융사들은 이미 보유한 금융 분야 전문성에 디지털 역량을 극대화해, 경쟁력 있는 금융 제조 전문 기업이나 BaaS 기업으로 빠르게 전환하는 것 또한 전략적으로 고민해야 한다.

선결 과제는 디지털에 적합한 문화와 인재를 갖추고 과감하게 내부 변화를 추진할 준비를 하는 것이다. 기존에 금융 회사가 가지고 있던 대면 영업, 보수적인 리스크 관리 역량이 아니라, 창의적인 조직문화, 애자일 조직, 디지털 인재 등과 같은 디지털 컴퍼니들이 가지고 있는 디지털 시대에 맞는 새로운 경쟁력을 갖추는 데 힘써야 한다. 중국 최대 전자상거래 업체 알리바바의 창업자 마윈馬雲이 말한 바와 같이 이제는 "경쟁자의 강점을 이용해 경쟁자에 맞설 때"다.

정부도 금융 산업의 구조 변화를 준비해야 한다. 개별 금융사가 아닌 금융 플랫폼에 집중된 개인의 금융 데이터가 유출되었을 때는 엄청난 피해가 발생할 것이다. 따라서 개인정보 보호를 위한 다른 새로운 제도를 마련할 필요가 있다. 또한 데이터는 미래 디지털 금융에서 가장 핵심적인 자원인 만큼 '데이터 상호주의'에 입각해 금융권과 비금융권의 데이터가 수집, 결합될 수 있도록 데이터 거래소 등과 같은 제도적 기반을 마련해야 한다. 앞으로 대면 채널의 의존도가 극단적으로 낮아짐에 따라, 필연적으로 기존 금융 산업 종사자 중 일부는 일자리를 위협받게 될 것이다. 따라서 기존 금융 종사자들이 새로운 디지털 금융 실무자가 될 수 있도록 직무의 재배치나 재교육 등이 필요하다. 이러한 인적 자원의 전환은 산업 단위로 발생할 것이기 때문에 단일 금융 기관이 이를 관리하는 것이 어려울 수 있다. 정부가 이러한 상황에 대비해 금융 기관의 인적 자원 전환의 소프트랜딩을 도울 수 있는 인센티브나 사회안전망 제도를 마련해야 한다.

4 디지털 소비를 선도하는
MZ세대의 등장

▶▶ **옥경영**(숙명여자대학교 소비자경제학과 교수)

❘ 회복되지 않는 소비 심리 위축

민간 소비가 지속적으로 위축되고 있다. 코로나로 시장에서의 소득 여건은 더욱 악화되었고 이로 인해 소득이 더 크게 감소되면서 전반적인 소비 불안이 계속되고 있다.

민간 소비는 전기 대비 1분기 -6.5%로 급감했다가 2분기 1.4%로 다소 회복되었으나, 2019년과 비교하면 여전히 4.8%, 4.1%가 감소한 것으로 나타난다. 소매 판매(전기 대비)는 1분기 -6.4%에서 2분기 6.5%로, 전년 동기 대비 1분기 -2.9%에서 2분기 1.9%로 급격했던 감소를 다소 회복하고 있는데, 이것은 5월에 전 국

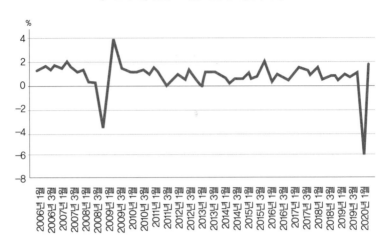

[도표 1-6] 민간 소비증가율 추이(전기 대비)

자료: 통계청(http://kostat.go.kr)

민을 대상으로 지급된 14조 3,000억 원 규모의 긴급재난지원금
(4인 기준 100만 원)의 효과가 일시적으로 나타난 것으로 보인다.

하반기에도 코로나의 여파는 꺾이지 않았다. 2020년 8월부터
대도시 중심으로 사회적 거리두기가 다시 강화되면서 소비 활동
의 범위가 다시 축소되었다. 정부 기관이나 주요 경제 단체들은 하
반기 민간 소비의 회복을 기대하며 여러 정책을 제안하고 있으나
회복을 위해서는 시간이 더 필요할 것으로 보인다.

기획재정부는 2020년 민간 소비가 전년 대비 1.2% 감소할 것으
로 보고 있으나, 하반기에 이루어질 재정 확대와 소비 활성화 대
책의 효과에 따라 2021년에는 4.5% 증가할 것으로 전망한다. 국
회 예산정책처는 올해 민간 소비가 0.9% 감소할 것으로 예측하고

있으며, 2020~2024년 5년간 1.8% 수준의 저성장이 지속될 것으로 본다. 주요 경제 기관들은 올해 민간 소비에 대해 더 부정적으로 전망하는데, 한국개발연구원KDI은 -2.1%, 국가미래연구원은 -4.6%, LG경제연구원은 -2.8%로 제시하고 있다.[25]

소비 심리 불안의 두 가지 원인, 경기침체와 가계부채

민간 소비의 회복이 어려운 이유는 소비자들이 시장경제에 대해 느끼는 심리적 불안이 여전히 존재하고 있으며, 그 수준도 심각하기 때문이다. 실제로 2020년 상반기 소비자심리지수CCSI는 글로벌 금융 위기(2008년 12월, 67.6) 이후 최저 수준을 나타내고 있다.[26] 2020년 1월 104였던 소비자심리지수는 코로나가 시작된 2월 97을 시작으로 3월 78, 4월 71까지 하락하다가, 5월 78, 6월 82, 7월 84로 차츰 개선되고 있다.[27]

그러나 2월 이후 수치가 계속해서 100 미만이라는 것은 경기를 비관적으로 생각하는 소비자가 낙관적으로 보는 소비자보다 많다는 것을 의미한다. 또한 소비자심리지수를 구성하는 지수들 중 6개월 후 소비 상황에 대한 소비자들의 전망을 나타내는 생활형편 전망 CSI(소비자동향지수), 가계수입 전망 CSI, 소비지출 전망 CSI, 향후 경기 전망 CSI 등의 7월 결과치가 1월보다 모두 하락하고 있는데 이것은 소비자들이 하반기에도 코로나 이전으로 경기가 회복

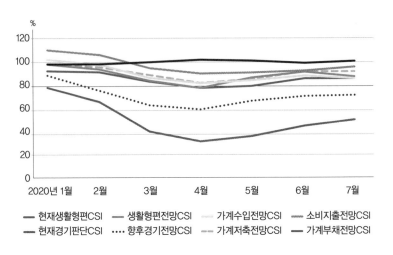

[도표 1-7] 소비 심리지수 추이(전월 대비)

범례:
— 현재생활형편CSI　— 생활형편전망CSI　가계수입전망CSI　····· 소비지출전망CSI
— 현재경기판단CSI　···· 향후경기전망CSI　--- 가계저축전망CSI　— 가계부채전망CSI

자료: 통계청(http://kostat.go.kr)

하지 못할 것이라고 생각하고 있다는 의미이다.

소비 심리를 불안하게 하는 가장 큰 요인은 코로나로 경기 회복이 지연되고 기업 생산 활동이 저하되면서 발생하는 고용 부진이다. 고용 부진은 소득을 감소시키고 소비 침체를 유발할 수 있다. 실제로 7월 실업자 수는 113만 8,000명으로 전년 동월 대비 4만 1,000명(3.7%) 증가했는데, 이 수치는 통계가 작성되기 시작한 1999년 7월 147만 명 이후 가장 크다. 이러한 추이는 당분간 지속될 것으로 보인다.

소비 심리를 불안하게 하는 또 다른 요인은 가계부채다. 코로나로 인한 실직이나 소득 감소, 금리 인하 등의 금융 환경이 부채를 증가시키는 요인으로 작용하고 있다. 1분기 가계부채는 1,611조

3,000억 원으로 전년 동기 대비 4.6% 증가했고, 7월 기준 가계 대출 증가폭은 조사를 시작한 2004년 이후 사상 최대 수준이다. 또한 가계가 감당할 수 있는 부채 비율을 나타내는 처분 가능 소득 대비 가계부채비율은 163.1%로, 역시 조사를 시작한 2007년 1분기 이후 최고치를 나타내고 있다. 가계 소득이 감소하는 상황에서 발생하는 가계 대출은 대출 상환 여력을 어렵게 하고 금융 리스크를 유발할 수 있는데, 이 경우 가계 경제가 더욱 악화되어 소비 또한 더욱 감소할 수밖에 없다.

코로나 이후 소비 패턴의 변화

코로나로 발생한 민간 소비 감소가 2021년에는 회복될 수 있을까? 민간 소비는 국내 경기 상황에 따라 회복을 가늠하는 것이 일반적인데, 국내외 주요 경제 기관들은 2021년에는 국내 경제가 본격적으로 회복을 시작할 것으로 예측한다.

아시아개발은행ADB은 2020년 한국의 국내총생산GDP 성장률을 비교적 긍정적인 1.3%로 보고, 2021년에는 2.3%로 전망하고 있다. 스탠다드앤푸어스S&P는 2020년 GDP 성장률을 -1.5%로 보지만, 2021년에는 5% 수준으로 상승할 것으로 예상하고 있다. 국제통화기금IMF은 2020년 한국의 구매력평가PPP 기준 1인당 실질 GDP(물가 수준을 반영해 국민의 실제 구매력이 개선되었는지 나빠졌는지를 보여주는 지표)가 전년 대비 1.3% 감소할 것이라고 하면서, GDP가 2021년 말 코로나 이전 수준으로 회복되고 PPP 기준 1인당 실질 GDP도 3.3% 수준으로 증가할 것으로 전망한다.

▶ 소비의 중심 키워드, 안전

　전반적으로 소비가 위축된 상황에서도 니즈 변화에 따라 활성화되고 있는 영역은 안전과 관련되어 있다. 코로나로 소비자의 위생과 안전에 대한 수요가 크게 증가하면서 이와 관련된 라이프스타일이 확산되고, 구매 의사 결정에서 주요한 선택 기준이 되었다.

　타인과의 대면이 발생하지 않는 안전한 여가 공간으로 집이 선호되고 집에서 지내는 시간이 늘면서 위생 관련 가전제품들이 특수를 맞았다. 클린 가전제품인 정수기, 의류관리기, 건조기, 공기청정기, 식기세척기 등의 구매가 증가하고 있다. 실제로 3월 신한카드 이용 금액은 이전 3개월에 비해 의류관리기 267%, 건조기 42%, 공기청정기 21%가 증가했다. 특히 정수기는 집에서의 안전한 여가를 즐기는 소비자들에 의해 구매가 증가했는데, 3월 SNS에서의 키워드 언급량을 보면 이전 3개월에 비해 홈카페 53%, 홈술 및 홈바 26%, 홈베이킹은 20%가 증가했다.[28]

　건강한 라이프스타일을 위한 홈트레이닝도 확산하고 있다. 홈트레이닝이 활성화되는 이유는 홈트레이닝을 원하는 사람들이 쉽게 학습할 수 있는 온라인 콘텐츠가 증가하고, 사람들이 자신에게 맞는 온라인 트레이닝 프로그램 등을 선택해 운동할 수 있기 때문이다. 홈트레이닝이 확산하면서 관련 용품에 대한 수요도 커지고 있다. 3~4월 필라테스 및 요가 용품 구매는 전년 동기 대비 128% 증가했고, 러닝머신은 266%, 스테퍼는 162%, 덤벨이나 아령은 140% 증가했다.[29]

안전한 소비를 중심으로 하는 라이프스타일은 소비 공간이 다시 외부로 확대되더라도 지속될 것이다. 소비자들이 외부 점포나 방문 공간을 선택하는 기준으로 안전한 환경과 위생적인 서비스를 더욱 중요하게 여겨 이러한 니즈를 충족시킬 수 있는 공간을 제공하기 위한 노력이 소비를 활성화시키는 데 긍정적인 영향을 미칠 것으로 보인다.

▶ 비대면 소비의 가속화

코로나로 두드러지게 나타나고 있는 소비 환경 변화는 비대면 소비의 가속화라고 할 수 있다. 대면으로 이루어지던 소비 활동들이 제한되면서 비대면 소비가 일상적인 영역에서 소비 전 영역에서 빠르게 확대되고 있다.

소매 판매에서 온라인 쇼핑 및 음식 배달 서비스 매출이 증가 추이를 보이고 있다. 온라인 쇼핑 거래액의 경우 2020년 6월 12조 6,711억 원으로 코로나가 확산되기 전인 1월 12조 3,047억 원보다 증가했으며, 상품군으로도 음식 서비스, 음·식료품, 생활용품, 가전·전자통신 기기 등 다양한 영역에서 증가했다. 특히 음식 서비스의 경우 코로나와 관계없이 매월 지속적으로 증가하고 있으며,

[도표 1-8] **상품군별 온라인 쇼핑 거래액**(전년 동월 대비)

■ 증감액	상품군	■ 증감률
4,770	음식서비스	61.5
4,104	음·식료품	39.4
3,877	생활용품	48.9
3,584	가전·전자·통신기기	29.7
2,209	의복	20
1,620	자동차 및 자동차용품	165.9
1,582	농축산물	61.6
1,565	기타	74.9
1,484	컴퓨터 및 주변기기	38.4
1,317	가구	49.1
1,280	스포츠·레저용품	35.8

억원: 4,000 3,000 2,000 1,000 0 -1,000 -2,000

-60 -40 -20 0 20 40 60 80 100 %

보도자료, 2020년 6월 온라인 쇼핑 동향 및 2사분기 온라인 해외 직접 판매 및 구매 동향, 2020.08.05.

자료: 통계청

6월에는 경우 전년 동월 대비 61.5%나 증가했다.[30]

오프라인 중심으로 이루어지는 업종의 경우 혁신기술을 바탕으로 비대면 서비스를 제공하는 무인 유통 환경이 주목받고 있다. 출입통제와 신원인증이 이루어지는 스마트 게이트, 셀프 계산과 무인 결제가 이루어지는 무인 계산대, CCTV 보안시스템 등 스마트 기술을 바탕으로 셀프 주문과 계산이 기계를 통해 이루어지는 무인점포가 확산되고 있는데, 무인점포는 앱과 앱에 등록한 신용카드를 통해 자동으로 계산까지 되는 스마트 점포로 더욱 발전할 것이다.

비대면 소비 환경에 대한 소비자 경험은 코로나 이후에도 지속될 것이다. 서울연구원에 따르면, 코로나로 비대면 소비 활동을 경험한 사람은 서울 시민의 74.7%이고, 매주 평균 2.3회 음식과 쇼핑에서 이루어지고 있으며, 비대면 소비 활동 유경험자의 80.1%가 코로나가 진정되더라도 비대면 소비를 계속하겠다고 응답했다.[31] 이제 비대면 소비는 대면 소비와 더불어 일상적인 소비 환경이 되고, 비대면 관련 기술 혁신에 힘입어 더욱 확대될 것으로 보인다.

MZ세대, 코로나 이후 주요 소비자가 되다

비대면 소비가 확대되면서 모바일 쇼핑이나 웹 쇼핑 등 비대면 소비 환경에 익숙한 MZ세대가 주목해야 할 소비층으로 떠올랐다. MZ세대는 1980년에서 1994년 사이에 태어난 밀레니얼 세대와 1995년 이후에 태어난 Z세대를 합친 것으로, 전체 인구의 34%, 기업 구성원의 60%를 차지한다.[32] 소비뿐 아니라 생산 영역까지 주도할 중심 세대라고 할 수 있다. 이들은 코로나가 지속되는 기간에도 비대면 채널을 통해 소비 활동을 지속했으며, 비대면 소비가 타 연령층으로 확산되는 데 허브 역할을 하고 있다.

MZ세대는 비대면 상황에서도 원하는 것을 즐기는 성향을 지녔다. 집에서 다양한 경험을 즐기며 여가를 보내는 데 적극적이다.

그리고 집에서의 여가를 가상공간을 통해 확장시켜나간다. 집이 주는 물리적인 한계는 온라인 가상공간에서의 관계 맺기를 통해 즐거움을 증가시킨다.

이들은 안전하면서도 즐거움을 충족시킬 수 있는 혼자 하는 등산이나 한적한 곳으로의 캠핑 등 오프라인 공간에서의 비대면도 즐긴다. 최근 이와 관련된 제품들의 소비가 증가했는데, 2020년 상반기 기준 20, 30대의 등산용품 구매가 87% 급증했고, 캠핑 등 아웃도어 용품 구매도 33% 증가했다.[33] 이들이 주도한 소비 트렌드는 40~60대로 확산되고 있는데, 실제로 3월 배달 앱 이용 고객 중 29%가 40~60대로 전년 동월 대비 6% 증가했으며, 3월 신한 카드를 통해 처음으로 온라인 결제를 이용한 고객 중 50대와 60대는 31%로 전년 동월 대비 12% 증가했다.[34]

코로나 이후 확장된 비대면 소비 환경은 MZ세대와 더불어 전 연령의 일상으로 확산될 것으로 전망된다. 이러한 변화가 소비의 새로운 기회가 되기를 기대한다.

5 코로나 이후
교육 패러다임의 변화

▶▶ 이주호(KDI국제정책대학원 교수)

6·25 전쟁 때도 교육을 멈추지 않은 한국에서 코로나 때문에 초·중등학교 개학이 5주나 연기되었다. 이후에도 사회적 거리두기로 대학을 포함한 교육기관이 온라인 수업에 의존하지 않을 수 없게 되었다. 1665년 영국에서 흑사병이 돌아 케임브리지 대학교가 문을 닫았을 때 당시 교수로 있던 아이작 뉴턴은 대학에 나가지 못하고 집에서 그의 운동 법칙과 미적분학을 발견했다. 위기는 준비된 사람이나 사회에는 오히려 기회일 수 있다.

코로나 바이러스가 촉발한 AI 교육 혁명

AI 교육 혁명은 AI 시대에 필요한 역량을 키워주기 위해 가르치는 내용을 바꾸는 동시에 가르치는 방식까지 AI 기술을 활용해 바꾸는 것이다. 코로나 바이러스는 AI를 활용해 학습 방식을 근본적으로 바꿀 계기를 제공했다. 온라인 학습에 대한 수요가 폭증하면서 그 비중이 세계 교육의 2.3%에서 2026년 11%로 급증할 것으로 예상되며, 온라인 학습 시장 역시 1조 달러(1,200조 원)에 이를 것이라는 전망이다. 이것은 미국의 도소매업에서 이커머스e-commerce의 비중이 11%인데 전체 교육에서 온라인 학습이 차지하는 비중도 그와 비슷하게 성장한다는 뜻이다. 온라인 학습의 정점은 AI 교육이며 그중에서도 가장 주목받는 것은 AI 개인교사라고 할 수 있는 '지능형 개인교습 체제ITS' 혹은 '맞춤 학습 체제adaptive learning system'다.

수학을 예로 들면, ITS는 수학에 소질이 있고 기초가 있는 학생에게는 난이도를 빠르게 높여가며 어려운 문제를 풀 수 있도록 하는 반면, 실력이 부족한 학생에게는 난이도를 완만하게 높이면서 전혀 다른 유형의 문제를 학습하게 한다. 지금처럼 교사가 교실의 모든 학생들에게 똑같은 내용을 전달하는 강의는 수학을 잘하는 학생에게는 재미가 없고 수학을 못하는 학생에게는 어렵다. ITS는 강의의 근본적 한계를 극복한다. 그렇다고 교사의 역할이 줄어들지는 않는다. 예를 들면 교사는 강의에서 벗어나, 학생들이 프로젝트 팀을 구성해 좀 더 현실적인 문제를 수학 원리로 해결하도록 돕는 새로운 역할을 맡는다. 다시 말해 ITS가 강의 부담을 줄여주면, 교사는 학생과의 인간적인 연결을 강화해 인성과 창의력 등 고차원적 역량을 키우는 '하이터치 학습'에 집중할 수 있다. AI는 교사를 대체하는 것이 아니라 교사가 새로운 역할을 맡도록 지원하는 것이다.

ITS 외에도 AI를 활용한 교육 혁신은 다양하게 일어나고 있다. 대화 방식의 DBTS$^{dialogue\text{-}based\ tutoring\ system}$, 학생이 스스로 지식을 구성하도록 환경을 제공해주는 ELE$^{exploratory\ learning\ environments}$, AI 언어학습, 작문을 자동으로 채점하는 AWE$^{automatic\ writing\ evaluation}$, 챗봇^{chatbot}, 가상현실과 증강현실 등이다. AI 교육이 빠르게 발전하면서, 아이들 모두가 자신의 개별 학습 데이터를 축적해 최적의 학습 경로를 적시에 제공해주는 'AI 학습 친구'를 갖고, 모든 교사가 담당 학생 모두에게 최적의 개별화된 학습 경로를 디자인할 수 있도록 도와주는 'AI 조교'를 갖는 시대가 곧 올 것이다. 시험에 의해 쉽게 측정할 수 있는 역량은 AI에 의해 쉽게 대체된다. 궁극적으로는 교육 변화를 가로막는 고부담 시험 체제를 AI가 제공하는 지속적 맞춤 평가 체제가 대체할 때까지, AI 교육은 낡은 교육 체제를 끊임없이 변화시킬 것이다.

▌온라인 개학에서 AI 교육 혁명으로

코로나 바이러스로 실시된 온라인 개학은 그동안 학교 현장에 존재하던 온라인 학습에 대한 장벽을 순식간에 허물었다. 교육계가 합심해 학교 교육을 이어나간 놀랄 만한 저력은 K-에듀의 가능성을 충분히 보여주었다. 특히 온라인 학습에 대한 장벽이 매우 높았기 때문에 역설적으로 변화의 폭도 컸으며, 그동안 국제적으로 뒤처졌던 온라인 학습을 따라잡을 좋은 기회가 왔다.

한국이 AI 교육 혁명을 선도할 수 있으려면, 온라인 개학을 통해 교육 현장에서 일어나고 있는 창의적 변화가 지속되도록 지원하는 정부의 역할이 매우 중요하다.

첫째, 온라인 개학 때 각자의 집에서 활용했던 네트워크-디바이스-플랫폼-콘텐츠가 등교 후 학교 교실에서도 가능하도록 해야 한다. 정부도 모든 학교에 무선 인터넷이 설치 가능하도록 지원하겠다고 발표했다. 그리고 모든 학생이 본인의 디지털 디바이스를 학교에 가져와서 수업하는 'BYOD^bring your own device' 정책을 도입해야 한다. 학습 격차 해소를 위해 소외계층 학생에게는 인터넷 접속은 물론 디바이스, 플랫폼, 콘텐츠 구입을 적극적으로 지원해야 한다.

둘째, AI 교육 혁명은 에듀테크 산업의 발전 없이 불가능하다. 에듀테크 기업이 사교육뿐 아니라 공교육에도 진입할 수 있도록 해야 한다. '교육 서비스는 무료'라는 인식부터 바꾸어야 한다. 교육부와 교육청이 콘텐츠와 플랫폼을 정당한 가격으로 구매하도록 예산을 확대하고, 학교 혹은 교사 단위로 콘텐츠와 플랫폼의 라이선스 구입을 바우처 형식으로 지원하며, 에듀테크 기업이 교사와 협업해 ITS와 같은 다양한 AI 에듀테크 상품을 디자인하도록 테스트베드를 제공해야 한다. 특히 학습 플랫폼을 이용해 학습 데이터 수집이 쉽게 이루어져야만 개개인에게 최적의 학습 경로를 제공하는 AI 교육의 핵심 가치를 실현할 수 있다. 따라서 교육용 데이터를 수집하고 제공하고 활용하는 법적 근거를 시급히 마련해야 한다.

셋째, 교사에게 힘을 실어주는 생태계를 조성해야 한다. 고무적인 일은 44%의 교사들이 온라인 개학 이후에도 원격 수업에 활용할 생각이라고 답한 것이다. 그러나 아직 준비가 충분치 않은 교사에게 일률적으로 AI 교육을 강제할 수는 없다. 교대와 사범대학 교과 과정에서부터 교사들이 AI 교육을 할 수 있도록 준비시키고, 준비된 교사부터 AI 교육을 통해 교육 격차를 줄여갈 수 있도록 교사에게 힘을 실어주는 생태계를 조성해야 한다.

AI 개인교사로 온라인 교육 격차를 해소하다

코로나 이후 가장 심각한 교육 문제는 교육 격차의 확대다. 학교가 원격 개학과 사회적 거리두기로 온라인 수업에 크게 의존하면서 저소득 가정과 소외계층 학생이 제대로 학습하지 못하고 있다. 온라인 수업을 제대로 시행하기 위해서는 인터넷 연결, 디지털 기기, 학습 플랫폼, 디지털 학습 콘텐츠 등 학습 환경이 잘 갖추어져야 한다. 동시에 학부모와 교사는 디지털 환경에서도 학생에게 학습 동기를 부여하고, 원격으로도 잘 지도할 수 있어야 한다. 그만큼 학습 격차가 벌어질 요인이 많은 것이다. 이 문제를 그대로 방치하면 사회의 형평성과 이동성이 향후 감당하지 못할 만큼 심각하게 훼손될 수 있다. 따라서 교육 격차를 해소하는 가장 확실한 방법은 모든 학생이 AI 개인교사와 학습할 수 있는 환경을 보장하는 것이다.

국내 사교육 시장에서는 이미 AI 개인교사가 탑재된 태블릿 상품들이 학습지를 빠르게 대체하고 있다. 네이버 커넥트재단은 수학 과목의 대표적 글로벌 AI 개인교사인 칸아카데미를 한국어로 번역해 무료로 배포하고 있다. 특히 코로나가 모든 교사에게 온라인 수업을 경험하도록 함으로써 AI 개인교사 활용에 한걸음 더 다가가게 만든 긍정적인 측면이 분명히 있다. 그러나 여기서 멈추지 말아야 한다. 이제 학교에서도 온라인 수업 도입을 넘어서서 모든 학생이 AI 개인교사와 맞춤 학습을 할 수 있도록 새로운 도전에 나서야 한다. 이 도전이 성공한다면 교육 격차를 획기적으로 줄일 수 있고, K-에듀가 글로벌 교육을 선도할 수 있다.

코로나로 글로벌 교육 격차가 심각하게 악화되고 있지만 어느 나라도 이 문제를 푸는 해법을 내놓고 세계를 이끌어가지 못하고 있다. 한국이 AI 개인교사를 활용해 국내 교육격차를 성공적으로 해소하는 모범을 보일 뿐 아니라 글로벌 교육 격차 해소에도 적극적으로 기여한다면 K-에듀를 통해 소프트파워 강국으로 부상할 수 있다. 물론 미국과 영국이 여전히 AI 개인교사 분야의 선두 주자다. 최근에는 중국도 AI 교육 기업에 엄청난 투자를 하면서 탄생한 유니콘 기업들이 세계 교육 시장을 넘보고 있다.

그러나 한국도 강점이 있다. 첫째, 훌륭한 교사 인력을 보유하고 있다. 교사가 AI 개인교사에게 지식 전달과 같은 일들을 맡기고, 자신은 프로젝트 학습과 멘토링이라는 인간적인 연결을 강조하는 방향으로 역할을 바꿀 수 있다면 한국은 전 세계에서 교육 격차를 가장 빠르게 줄이는 모범을 보일 수 있다.

둘째, 한국은 세계 최초로 5G를 상용화하고 최고의 디지털 기기를 생산하는 IT 강국이다. AI 개인교사는 개발이 완료된 분야가 아니어서 다양하고 고도의 기능을 수행할 수 있는 AI 개인교사를 지속적으로 만들어내야 한다. 국내 교육계가 산업계와 적극적으로 협업해 세계적으로 스마트한 AI 개인교사를 만드는 생태계를 조성할 수 있다면, 오프라인과 온라인으로 국내 교육 기관에 등록하는 해외 유학생이 대폭 증가할 수 있다. 국산 학습 플랫폼과 콘텐츠가 역시 국산 디지털 기기, 네트워크, 패키지와 함께 세계로 진출하는 것도 가능하다.

　미래학자 존 나이스비트John Naisbitt는 기술이 발전할수록 인간은 인간을 건강하고, 창의적이며, 열정적으로 유지시킬 하이터치와 조화해야 한다고 지적했다. AI 하이테크 학습도 교사가 학생을 멘토링하거나 프로젝트 학습을 코치하는 하이터치 학습과 조화를 이루지 않으면 성공할 수 없다. 한국은 이미 네트워크, 디바이스, 플랫폼, 콘텐츠 등에 골고루 경쟁력을 갖춘 하이테크 국가이며 어느 나라보다 우수한 교원을 가진 하이터치 국가다. 교육을 이념과 정쟁에서 분리하고, 관료주의를 과감히 걷어내며, 학교와 대학이 사회와 세계를 향해 쌓았던 높은 담을 낮춘다면, K-에듀가 하이터치·하이테크로 세계의 교육 위기를 해소하고 AI 교육 혁명을 선도할 수 있다.

2부

세계화 퇴조와
각국 경제

코로나가 끝나면 세계경제는 원래의 자리로 돌아갈 것인가?

▶▶ 류덕현(중앙대학교 경제학부 교수 겸 교무처장)

2020년이 코로나로 시작하여 코로나로 끝나고 있다. 조기 종식의 기대는 멀어졌다. 2021년까지 방역과 봉쇄의 세상이 이어지는 것이 아닌지 두려운 마음이다. 그러나 모든 위기는 지나간다. 각국에서 백신과 치료제가 개발 중이며, 나라별로 방역과 경제를 조화시키는 균형점을 찾아갈 수도 있다. 그리고 위기 후에는 반등의 시간이 온다. 사업을 하는 기업도, 일자리를 찾는 청년도 지금부터 그 반등을 준비해야 한다. 골이 깊었던 만큼 반등도 힘차기를 기원한다.

코로나가 끝나고 경제가 되살아난다고 해도 2021년의 세상이 코로나 이전으로 돌아가는 것은 아니다. 1997년 외환위기가 그랬고, 2008년 글로벌 금융위기가 그랬다. 외환위기 이후 한국은 개발 연대의 패러다임에서 벗어나 이른바 신자유주의 시장질서를 수용했다. 글로벌 금융위기 이후 세계경제는 뉴노멀이라는 새로운 상황에 직면했다. 2021년을 준비하는 것은 한편으로는 유례없는 경기위축 이후의 반등을 준비하는 것이지만, 동시에 코로나가 만들고 촉진한 새로운 변화와 구조를 이해하고 적응하는 것이기도 하다.

코로나 이후 세계경제 변화의 중심에는 세계화의 퇴조와 미중의 패권 경쟁이 자리 잡고 있다. 두 가지 모두 코로나 이전부터 시작된 것이지만 코로나가 그 변화를 더 격렬하고 돌이킬 수 없게 만들고 있다. 무엇보다 글로벌 가치사슬이 큰 충격을 받았다. 글로벌 금융위기 이후 보호주의 정서의 확대, 트럼프 집권 이후의 미국 우선주의, 미중 갈등과 디커플링 등 변화 속에서 글로벌 가치사슬은 이미 약화되고 있었다. 그런데 코로나를 계기로 아예 물리적으로 단절되어버렸고 그 결과 세계는 극심한 무역 위축을 경험하고 있다. 앞으로 비교우위가 있는 곳이면 어디든 달려간다는 기업 전략은 변할 수밖에 없다. 코로나를 계기로 해외 생산이 내포하고 있던 위험이 과도할 정도로 부각되었기 때문이다.

코로나로 움츠러든 기업들은 비용이 더 들더라도 안심할 수 있는 조달선과 생산기지를 찾게 되었다. 각국 정부도 리쇼어링과 국내 공급망 확충을 국가적인 위험회피 전략 차원에서 장려하게 된다. 그리고 이러한 저변의 정서 변화를 바탕으로 자유무역, 다자체제, 지역통합의 목소리나 그 제도적 기초는 약해질 것이다. 우리는 이 불가피한 변화를 수용하고 적응해야 하겠지만, 다른 한편으로는 글로벌 가치사슬의 유지와 확대라는 세계경제의 공공재를 지키기 위해서도 노력해야 할 것이다.

미중 갈등도 코로나를 계기로 새로운 국면을 맞고 있다. 특히 양국의 내부적 경제 위기로 기존의 관세전쟁 등은 해결 없는 소강상태를 맞은 반면, 첨단기술을 둘러싼 미국의 대중국 견제와 중국의 반발은 더욱 강력해지고 있다. 이미 기술 패권 경쟁의 초점이 되어 있는 5G와 반도체 등의 분야에서는 화웨이 등을 대상으로 전례 없는 개별 기업 제재가 진행되고 있다. 코로나를 둘러싼 양국민의 감정 악화는 이 갈등에 정치적 기름을 붓고 있다.

기술 패권 경쟁은 양국을 넘어 제3국의 기업과 정부의 의사결정에도 심각한 불확실성을 안겼다. 이제 미국과 중국이 전략적 관심을 갖는 미래 신기술·신산업 분야의 진영화·블럭화·디커플링은 피할 수 없어 보인다. 기존 제조업 글로벌 가치사슬은 약화의 위기를, 미래 신산업 플랫폼과 생태계는 분리의 위기를 맞이한 것이다. 이제 미래를 준비하는 신산업 기업들은 두 개의 시장과 두 개의 기술을 준비해야만 한다. 다층적이고 전략적인 의사결정도 필수적이다. 지정학까지 이해해야 투자할 수 있는 시대가 된 것이다.

전례 없는 위기를 맞아 주요국들의 경제정책도 심각한 도전에 직면했다. 당장의 위기에 대응하기 위한 정책은 사실 그 선택의 폭이 넓지 않다. 방역과 봉쇄로 인해 경제활동이 물리적으로 제한되는 상황에서는 경제주체의 생존을 우선해야 하기 때문이다. 주요국은 모두 적극적인 재정정책과 금융정책을 펼치고 있지만 그 비용이 만만치 않다. 즉 글로벌 금융위기 이후 형성된 양적완화, 제로금리, 재정악화라는 특수한 경제 상황을 정상화함으로써 전통적인 정책 공간을 확보하려던 각국의 장기적인 노력은 코로나 위기 때문에 원점으로 돌아가버렸다. 그만큼 미래는 더 불투명해졌다.

미국에서는 2021년 강력한 반등에 대한 기대가 높다. 그렇지만 낙관과 기대의 반대편에는 언제나 불안과 실망이 기다린다. 실물경제과 자산시장의 괴리가 극단적으로 벌어진 상황에서 빠르게 반등되지 않는다면 불안과 실망이 미국과 글로벌 자산시장에 대한 심각한 충격 요인으로 돌변할 것이다. 일본에서는 아베노믹스라는 장기간의 경기부양 실험이 아베의 퇴장과 코로나 경제 위기로 제대로 평가도 받지 못하고 퇴장할 운명에 처했다. 인구 고령화 흐름 속에서 임금 상승을 통해 지속가능한 가계 소비의 기반을 확충해야 한다는 과제는 아직도 해법을 찾지 못하고 있다.

문제는 한국이다. 2020년 한국은 방역과 경제의 균형을 찾은 몇 안 되는 나라로 평가된다. 철저한 방역을 통해 최소한의 재정 개입으로 경제 상황을 관리하는 데 성공했다. 다만 한국 역시 코로나가 장기화될 경우에는 이 성공이 지속된다는 보장이 없다. 2021년에도 방역, 거리두기, 적극적 정부 개입의 부담은 지속될 것이다. 과거 한국은 경제 위기 때마다 수출을 적극적으로 확대하며 위기를 극복해왔다. 그러나 코로나 시대에는 그런 전략이 불가능하다. 글로벌 가치사슬의 퇴조, 미중 대결구조의 고착화, 신산업 플랫폼의 디커플링, 세계경제 성장의 불안 속에서 수출과 내수의 새로운 균형점을 찾고 내수 기반을 확충하기 위한 구조전환 노력이 필요한 상황이다.

내수 시장의 육성이 중요하다는 것이 기업 전략과 정부 정책의 시야를 국내로 좁히는 것을 의미하지는 않는다. 수출시장 개척과 글로벌 경쟁력 강화를 위한 진취적, 개방적, 혁신적 전략과 정책의 기조를 잃지 않으면서 국내와 해외 모두에서 성장 동력을 발굴하고 유지해야 한다.

1 미중 무역 갈등과 글로벌 가치사슬의 변화

▶▶ 송의영(서강대학교 경제학부 교수)

▌무역과 글로벌 가치사슬의 팽창

1990년부터 세계 금융 위기가 발발한 2008년에 이르는 기간은 제2차 세계대전 이후 세계 무역의 규모가 가장 빠르게 증가한 기간이다. 무역이 GDP에 비해 두 배나 빠르게 증가해 세계 무역이 세계 GDP에서 차지하는 비중은 1990년 39%에서 2008년 61%로 급등했다.

무역학자들은 무역 팽창의 가장 중요한 원인으로 글로벌 가치사슬의 발달을 꼽는다. 무역 자유화, 수송비 감소, IT 기술의 발달에 힘입어 하나의 완성품에서 발생하는 부가가치가 한 국가에 집

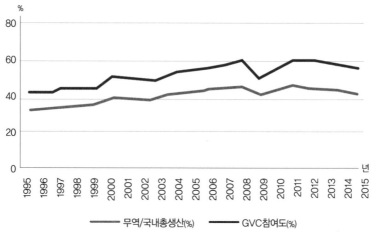

[도표 2-1] 무역과 글로벌 가치사슬의 확산

무역/국내총생산(%)   GVC참여도(%)

자료: World Bank, OECD TiVA

중되지 않고 최적 조건을 가진 여러 국가에 쪼개져 생산되는 생산
체제가 형성되었다. 글로벌 가치사슬이 발달하면 소재와 부품이
여러 나라의 국경을 반복 통과하면서 상품이 완성된다. 때문에 생
산된 부가가치에 비해서 무역량이 더 늘어나게 된다. 무역에서 국
경을 2회 이상 통과한 중간재가 차지하는 비중으로 글로벌 가치
사슬의 발달 정도를 측정할 수 있는데, 도표 2-1은 무역이 GDP에
비해 급증했던 기간에 각국의 평균 글로벌 가치사슬 참여도 또한
동반 상승했음을 보여주고 있다.

　1990년부터 2008년 사이에 세계 무역 무대에서 벌어졌던 또 다
른 중요한 현상은 중국의 부상이다. 중국은 선진국과 연결된 글로
벌 가치사슬의 일부가 됨으로써 개발도상국이 직면한 자본과 기

술 부족, 상품 개발 능력 부족의 문제를 해소하면서 중진국으로 고속 성장했다. 1990년대에 미국 중심의 북미 사슬과 독일 중심의 유럽 사슬로 구성되었던 가치사슬이 현재는 북미 사슬, 유럽 사슬, 그리고 중국을 중심으로 하는 동북아 사슬로 구성된 3극 체제를 이루고 있다. 그리고 이 세 개의 지역 사슬 중심에 중국이 있다.

한국도 중국과의 분업을 통해 글로벌 가치사슬에 적극 참여했다. 한국의 제조업은 노동집약적 공정은 중국에 넘기고 자본과 기술집약적 공정에 집중하면서 전통적 중화학공업에서 국제 경쟁력을 유지했다. 그 결과 무역이 GDP에서 차지하는 비중은 1990년대 중반부터 급증하기 시작했다. 2015년 부가가치로 따진 한국의 수입의존도는 26%, 수출의존도는 31%에 이르렀다. 또한 부가가치 수입과 수출에서 모두 중국이 20% 이상을 차지하면서 한국의 가장 중요한 무역 파트너가 되었다.

▎보호무역 강화로 글로벌 가치사슬의 위기가 시작되다

글로벌 가치사슬의 수준은 2008년 세계 금융 위기와 함께 일시 급락했다가, 세계경제가 회복되면서 위기 이전의 수준으로 복귀했다. 그러나 과거의 증가세가 계속 이어질 것이라는 예상은 실현되지 않았고 10여 년이 지난 지금도 무역/GDP 비율과 글로벌 가치사슬 참여도는 2008년 수준에 머무르고 있다(도표 2-1).

이러한 현상의 원인으로는 통신과 수송 수단의 발달이 한계에 이르러 글로벌 가치사슬의 발달 자체가 한계에 도달했다는 주장이 있고, 3D 프린팅, 로봇공학, AI의 발달로 노동집약적 공정을 개발도상국에 이전하는 글로벌 가치사슬의 동인이 사라졌다는 주장도 있다. 그러나 미래의 글로벌 가치사슬에 가장 큰 위협이 되는 것은 심화되고 있는 민족주의다.

세계 금융 위기 이후 10년 동안 미국과 유럽에서 발생한 아이러니한 현상은 지속적인 소득 분배 악화와 장기 불황으로 심화된 서민들의 경제적 좌절감이 내적인 계급 의식 강화와 경제정책의 진보화로 연결된 것이 아니라 대외적인 민족주의와 보호주의 강화로 이어진 것이다.

도널드 트럼프 미국 대통령은 중국과의 무역으로 큰 타격을 입은 백인 노동자들의 박탈감을 인종주의로 변환시킴으로써 대통령에 당선됐다. 유럽에서는 급증한 이민에 대한 반감이 계급 의식을 약화시키고 인종적 정체성을 강화시켰다. 동시에 동북아시아에서는 부국강병형 민족주의가 재등장했다. 시진핑 중국 국가주석은 경제적 성공을 이데올로기화해 강력한 국가주의 정권을 창출하려고 하고 있고, 아베 전 일본 총리는 장기적 경제 침체로 인한 자존감의 상실을 복고적 우파 민족주의로 극복하려고 했다.

유럽에서는 유럽연합이라는 자유주의적 통합 체제가 보호무역의 발흥을 억제하고 있으나, 미국에서는 트럼프 정부 아래서 보호무역 체제가 탄생했다. 첫째로 트럼프는 2018년 자신의 권력 기반인 백인 노동자를 위해 중국뿐 아니라 우방에도 칼끝을 겨누는 철강 알루미늄 관세를 부과했다. 우방 국가들이 생산한 철강이나 자동차의 수입이 미국 안보에 중대한 위협이 된다는 것이다. 트럼프는 2020년에도 일시 완화되고 있던 철강 알루미늄 관세를 다시 강화했다.

둘째로 트럼프는 미중 관세 전쟁을 개시했다. 미국은 중국이 보조금, 강제 기술 이전, 지식재산권 보호 등의 불공정 무역 문제를 해결하지 않으면 중국으로부터의 모든 수입에 45%의 관세를 부과하겠다고 위협했다. 이러한 중국 문제는 대부분의 선진국들이 심각한 불만을 느껴왔고, 세계무역기구 체제의 큰 약점이기도 하다.

그러나 이에 대한 트럼프 정부의 접근 방법은 이전 정부보다 훨씬 공격적이었다. 트럼프는 2018년 여름 미국 정부가 WTO를 대신하겠다는 미국 무역법 301조를 재가동하면서 관세 전쟁을 시작했고, 2019년 12월 WTO 분쟁 해결 장치를 마비시켰다. 악화일로에 있던 관세 전쟁은 2020년 1월 중국이 미국 농산물을 대량 구매한다는 약속을 하면서 1단계 합의가 성사된 이후 현재 평균 관세율 22~24%에서 휴전 상태다. 정치와 경제를 결합시키는 강력한 위협에 바탕을 둔 미국의 협상 방식도 문제지만 관세 전쟁의 목적도 명확하지 않았다. 미국의 제조업을 보호하는 것이 목적인지, 아니면 중국 문제의 해결을 통해 미국의 다국적 기업들에게 선물을 주는 것이 목적인지 불분명했다.

미국 보호무역의 세 번째 갈래는 미중 기술 패권 전쟁이다. 많은 분석가들은 미국이 중국경제를 선진국의 글로벌 가치사슬에서 분리해 중국의 산업 고도화를 지연시킴으로써 자국의 기술과 군사력 패권을 연장시키는 것이 이 전쟁의 목적이라고 해석한다.

최근 이러한 목적을 추구하는 움직임이 미국의 의회와 정책 엘리트들 사이에서 여야를 가리지 않고 세력을 확장하고 있다. 이에 따라 미국은 정보통신기술ICT 산업에서 중국 기업에 대한 수출 규제와 수입 규제를 강화했고, 중국 기업이 미국의 기술 기업을 인수하는 것을 제한하는 조치도 강화했다. 그리고 2020년 코로나 대유행 이후 미국 경제가 침몰하고 미국인의 중국인에 대한 감정이 악화되자 규제의 강도를 더 빠르게 높이고 있다. 미국 정부는 2020년 6월 중국 인민해방군의 통제하에 있다고 판단되는 중국 기업 20개를 발표해 이들에 대한 금융 제재 가능성을 암시했다.

중국 기업을 선진국 글로벌 가치사슬에서 도려내려는 가장 구체화된 조치는 중국의 통신장비 기업 화웨이에 대한 제재다. 미국은 화웨이의 장비를 미국과 우방의 5G 네트워크에서 제거하기 위해 우방에 주권 침해에 가까운 외교적 압력을 행사하고 있다. 호주, 캐나다, 일본에 이어 2020년 7월에는 영국과 프랑스가 이 압력에 굴복했으며 다른 유럽 국가들도 이에 동조할 조짐이다. 그뿐만 아니라 2020년 8월에는 세계의 모든 기업이 미국 기술을 사용해 제조한 반도체를 화웨이와 관련된 기업에 수출하기 위해서는 미국의 사전 승인을 받도록 하는 강경 조치를 단행했다. 이는 화웨이의 스마트폰과 5G 장비 공급 능력을 고사시키기 위한 조치다. 동시에 트럼프는 미국의 안보에 위협이 된다는 이유로 중국의 동영상 앱인 틱톡TikTok을 미국 기업에 강제 매각하라는 행정명령을 내리고 중국의 메신저 앱 위챗WeChat에 대한 사용 금지 명령도 발동했다.

트럼프는 자신의 정치 기반인 백인 노동자, 금권을 갖고 있는 다국적 기업, 그리고 세력을 확장하고 있는 대중국 매파 정치 엘리트들이라는 세 개 세력 사이를 오락가락하며 재선 가능성을 높이기 위해 혼란스러운 무역 게임을 해왔다. 그리고 코로나에 대한 대응 실패로 지지도가 추락하자 반중국 선동 정치로 인기를 만회하려고 안간힘을 쓰고 있다. 이 기조는 2020년 11월로 예정된 대통령 선거까지 점점 강화될 조짐이다.

▎글로벌 가치사슬 디커플링의 위기

2021년 무역 갈등이 어떤 양상으로 전개될지 전망하기는 어렵다. 미국 대선의 결과를 예측하기 힘들고, 코로나가 초래할 인명과 경제적 피해가 어떤 강도로 얼마나 오래 지속될지 정확히 알 수 없기 때문이다. 코로나로 의약품 관련 분야에서 자급화와 글로벌 가치사슬의 분절 경향은 강화되겠지만 백신과 치료제 선점을 위한 국가 간의 경쟁과 갈등도 나타나고 있어, 이것이 얼마나 글로벌 무역 규범을 파괴하고 다자주의 체제에 손상을 가할지 가늠하기 어렵다.

그러나 미국과 우방과의 무역 갈등이 전반적으로 격화될 가능성은 높지 않다. 또한 미국과 중국과의 무역 갈등도 그 형태가 관세 전쟁에 국한된다면 재발하더라도 당사자들을 제외한 제3국 경제에 미치는 영향은 제한적일 것으로 보인다. 또한 민주당 후보인 바이든이 대선에서 승리할 경우 이 두 전선의 긴장 상태는 2021년부터는 완화될 수 있을 것으로 기대된다. 바이든은 폐기된 아시아와 유럽과의 지역 무역 협정 논의를 재개하고, 다자체제 개혁 문제에서도 동맹과의 공동 전선을 추구할 것을 시사하고 있다. 대중국 관세에 대해서도 즉각적 인하는 어려워도 지금보다 규칙을 존중하는 갈등 해소 방식을 모색할 것으로 기대된다.

그러나 중국과의 기술 패권 전쟁은 누가 대선에서 승리하든 미국 무역 정책의 상수가 될 것이다. 화웨이 문제에서 구체화되고 있는 기술 전쟁은 앞으로 보안 장치, 소프트웨어, 클라우드, AI, 항공우주 등으로 확산될 가능성이 높다. 이 과정에서 제3국이 미국의 압력에 굴복해 중국 기업에 해가 되는 조치를 취할 경우 중국은 보복에 나설 것이다. 즉 미중 무역 갈등은 친미 동맹과 친중 동맹 간의 갈등으로 비화되고, 글로벌 가치사슬이 친미 블록과 친중 블록으로 양분되는 양상을 초래할 수 있다.

이러한 글로벌 가치사슬의 디커플링은 당장은 안보와 밀접한 관련이 있는 일부 산업에서만 발생할 전망이지만, 미중의 상호 갈등과 보복이 증폭되면서 광범위한 산업 분야로 확산될 가능성도 배제하기 어렵다. 현재 세계경제는 글로벌 가치사슬을 통해 중국 경제와 불가분의 관계를 형성하고 있고, 정보와 기술의 국경 간 이동을 완전히 차단하는 것도 쉽지 않다. 그렇기 때문에 많은 기업들은 미국이 다수의 중국 기업에 금융 제재를 가하거나, 중국이 자국 내의 미국과 친미 국가의 기업에 강력한 보복을 가하는 극단적 상황까지 발생하지는 않을 것이라는 희망 섞인 예측을 하고 있다. 이러한 기대 때문에 이미 중국에 투자하고 있는 기업 대다수는 중국에서의 탈출을 구체적으로 계획하고 있지는 않아 보인다.

기업들은 신규 투자 시 지정학적 위험을 더 심각하게 고려하고, 생산자와 소비자의 거리를 단축시키면서 가치사슬을 우방화·단순화하는 노력을 할 것이다. 그러나 무역 갈등으로 글로벌 가치사슬이 가진 불확실성이 커지고 있는 상황은 가뜩이나 코로나로 어두워진 기업의 시계를 더욱 불투명하게 만들 것이다. 결국 이는 기업의 투자 결정을 지연시키는 결과를 초래할 가능성이 높고, 이는 2021년 이후 세계경제가 코로나의 영향에서 벗어나는 데 큰 걸림돌이 될 것이다.

2021년 미국에서 정권이 교체된다 하더라도 미중 무역 갈등이 신속하게 해소될 가능성은 희박하다. 지금 중국은 서방과의 갈등을 시장 친화적 개혁이 아니라 국가주의 체제 강화의 기회로 삼으려는 의지를 보이고 있다. 이 기조는 특히 산업 보조금 문제 등에서 중국과 서방과의 타협을 근원적으로 불가능하게 만든다. 또한 2020년 홍콩 국가보안법 통과 이후 중국에 대한 반감이 유럽으로까지 확산되고 있고, 미국 민주당 또한 인권, 환경, 노동 기준의 문제를 무역 규범과 연계하려 하고 있다. 이 부문에서 미국과 유럽이 타협점을 찾고 공동전선을 형성한다면 중국에 대한 압박 수위가 더욱 높아질 가능성이 크다.

▎한국의 현실을 명확히 인식하고 대응해야

한국 정부의 대응 방향 또한 찾기 난감하다. 미중 갈등, 글로벌 가치사슬 약화 등과 같은 세계 거버넌스의 대변동에 대해 한국이 할 수 있는 일은 제한적이다. 우려가 되는 점은 여기서도 국내의 정치적 대립이 불확실성을 더욱 가중시킨다는 것이다. 글로벌 가치사슬의 디커플링 대응 방안에 대한 논의는 번번이 미국과의 선명한 동맹을 강조하는 친미주의, 아시아의 자주를 강조하는 친중주의가 대립하는 양상으로 흐른다. 불확실성이 짙게 깔린 세상에서 선제적으로 선명한 선택을 하는 것은 바람직하지 않다.

이러한 상황에서 중요한 것은 한국경제의 현실을 명확히 인식하는 것이다. 글로벌 가치사슬이 양분될 경우 중국뿐 아니라 한국 역시 엄청난 피해를 입는다. 한국은 중국과의 협력이 차지하는 비중이 워낙 크기 때문에 글로벌 가치사슬을 단기간에 일본과 아세안으로 전환해 피해를 줄이기도 어렵다. 그렇다고 글로벌 가치사슬의 위기를 아예 자립 경제의 기회로 삼으려는 생각도 위험하다.

세계 무역이 감소하면 가장 큰 피해를 보는 국가는 한국과 같은 제조업 통상국가다. 비록 수출 중심의 성장이 전보다 어려워진다고 해도 피해를 최소화하기 위해서 한국은 최대한 개방 체제를 유지해야 한다.

미중 갈등이 심화되면 한국도 분명히 어디에선가 양자택일의 상황에 직면하게 된다. 우리가 할 수 있는 일은 그러한 상황이 일어나는 영역을 축소하고, 선택의 시점을 최대한 늦추도록 노력하는 것이다. 유사한 상황에 있지만 글로벌 영향력을 보유하고 있는 유럽과의 연대를 강화하고 새로운 다자체제에 대한 논의에 적극 동참해 글로벌 가치사슬에 안보의 개념이 과도하게 적용되는 상황을 막아야 한다. 또한 무역과 투자 관련 국내 제도에서 우리도 안보의 개념을 확장하고, 안보가 시장과 충돌할 때 우리가 하는 선택에 정당성을 부여할 수 있는 제도를 미리 만들어야 한다. 그리고 우리가 궁극적으로 지켜야 할 가치는 인권과 자유라는 점을 명심해야 할 것이다.

2 미국경제,
지금까지 이런 위기는 없었다?

▶▶ 김형우(어번대학교 경제학과 교수)

▌경험해보지 못한 새로운 형태의 경제 위기 출현

세계는 이제껏 겪어보지 못했던 새로운 형태의 경제 위기를 경험하고 있다.[1] 2020년 코로나 대유행 속에서 미국의 경제 현황은 참혹한 수준이다. 2020년 2월 3.5%였던 실업률은 4월 14.7%로 급상승했고, 6월까지도 11.1%를 기록하고 있다. 1940년 이후 역대 최고치다. 경제 봉쇄가 시작된 3월 실업급여의 신규 신청 건수는 전주 대비 1,072%, 전년 대비 3,154%라는 폭발적 증가세를 보였다. 3월 말부터 4월 초까지 단 2주에 걸쳐 1,300만 명을 넘는 인원이 실업급여를 신청한 것이다.

이러한 노동시장의 상황을 반영해 2분기 실질 GDP는 1분기 대비 무려 32.9%(연률) 하락했다. 실질 소비는 4월 전년 대비 16.7% 하락한 이후 지속적인 경기부양책과 함께 회복세를 보이고는 있으나, 7월까지도 전년 대비 5.54% 감소한 양상을 보이고 있다. 실질 소비가 이렇게 크게 하락한 것은 저축 여력이 부족해 예상치 못한 임금 감소에 대응하기 힘든 취약계층이 코로나 위기의 주된 피해자임을 보여준다. 실질 민간투자 역시 예외는 아니어서 2분기 투자 증가율이 전년 대비 17.9% 감소라는 큰 하락세를 보였다.

2007년 12월부터 2009년 6월까지 지속된 대침체Great Recession 이후 11년 넘게 지속된 미국 경기 활황세도 마침내 막을 내렸으며, 2020년 3월 미국 전미경제연구소NBER는 공식적으로 미국경제가 침체기에 접어들었음을 선언했다.

이번 경제 위기는 경제의 수요와 공급 양측이 동시에 이런 외생적 요인에 의해 멈춰버렸다는 점에서 새로운 형태의 경제 위기 현상이라 볼 수 있다. 즉 경제봉쇄령으로 말미암아 비필수 부문의 경제 행위가 멈추었고, 이는 실업의 증가와 소득의 즉각적 감소로 이어져 경제 전체를 걷잡을 수 없는 위기로 몰아가고 있다. 더구나 축적된 자산을 이용해 위기를 극복할 수 있는 부유층에 비해, 가용 자산이 부족한 경제적 취약계층의 고통은 더 심각할 수밖에 없다. 다행히 2008년 경제 위기를 겪으며 많은 학습 효과가 있었고, 취약계층에 대한 직접적 지원이 가능한 다양한 형태의 경기부양 정책이 도입되었다.

▎중앙은행과 연방정부의 정책은 옳았나?

2008년 12월 이후 제로이자율 상태를 유지해온 연방준비제도는 2015년 말부터 서서히 기준금리를 인상하며 통화 정책의 정상화를 준비하고 있었다. 트럼프 대통령의 거듭된 금리 인하 압력에도 대응을 최대한 자제하고 있던 연준은 코로나 위기를 맞아 2020년 3월 초와 중순 두 차례의 전격적 금리 인하(각각 50bp, 100bp)를 통해 연방기금금리FFR, Federal Funds Rate 목표 구간을 0% 수준으로 인하해 이른바 다시 제로금리 상태로 복귀했다.

이러한 연준의 대응은 신속하고 선제적인 정책 시행이라고 볼 수 있다. 그럼에도 이번 위기는 사회적 거리두기 및 경제 봉쇄 등으로 인해 경제 행위 자체가 멈춘 데 따른 경기 위축이다. 즉 경제가 작동을 하지 않는 상황에서는 금리가 낮아진다 하더라도 수요가 진작될 가능성이 그리 크지 않다.

반면 연준이 금리 인하와 동시에 양적완화의 일환으로 재무성 채권 보유를 약 580조 원, 그리고 주택저당 증권MBS 보유를 약 230조 원 늘렸고, 동시에 새로 도입한 여러 신용 창구를 통해 민간 부문 및 지역 정부로의 원활한 자금 이동을 지원함으로써 연방정부가 주도하는 재정정책과의 공조를 이어나간 것은 큰 의미가 있다. 도표 2-2에서 볼 수 있듯이 연준은 3월과 4월의 공격적인 재무성채권과 MBS 구매에 멈추지 않고 6월까지도 꾸준히 이에 대한 보유량을 늘렸다.

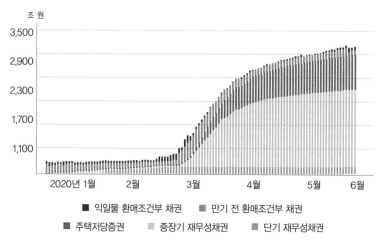

[도표 2-2] **연준의 공개시장 정책 현황**

조 원

- ■ 익일물 환매조건부 채권
- ■ 만기 전 환매조건부 채권
- ■ 주택저당증권
- ■ 중장기 재무성채권
- ■ 단기 재무성채권

자료: 뉴욕 연방준비제도

다시 말해 현재 상황에서 통화 정책보다는 적극적인 재정정책이 대응 정책의 주가 되어야 한다는 점에 공감대가 형성되었다. 가장 눈에 띄는 정책 중 하나로 2020년 3월에 제정된 '코로나바이러스 긴급지원, 구호 및 경제안정법CARES Act에 기반해 많은 가구들에 지급된 직접지원금 정책을 들 수 있다. 2020년 상반기에 미국 정부는 가구 연소득이 일정 수준 이하일 경우 일괄적으로 일정 수준의 현금을 지급했으며, 하반기에 더 큰 규모로 2차 지원금을 지급할 것이라고 밝혔다.

일정 기준 이하로 지급 대상을 한정했다는 점에서는 차이가 있으나 이 제도는 이른바 보편적 기본소득universal basic income과 매우 유사한 형태를 보인다. 보편적 기본소득은 민주당 대선후보 경선에 나섰던 앤드루 양Andrew Yang에 의해 대중에 소개된 바 있는데, 전반적으로 현실과 동떨어진 아이디어로 치부되어온 경향이 있다. 그러나 앤드루 양의 설명대로 AI가 광범위하게 노동력을 대체할 경우 실직자가 양산되고, 그러면 구매력을 가진 소비자들이 사라지면서 민간 경제가 붕괴할 가능성이 있기 때문에 보편적 기본소득이 이를 해결할 수 있는 현실적인 대안으로 제시될 수 있다.

이번 위기의 경우 경제 봉쇄로 노동시장이 붕괴되며 민간 소비가 줄어들었다는 측면에서 보편적 기본소득 타입의 정책이 정당화될 수 있는 계기가 되었고, 정책의 옳고 그름을 떠나 이에 대한 논의가 활성화되었다는 측면에서 큰 의미가 있는 것으로 생각된다. 실제로 2020년 4월의 민간 소비는 전년 대비 -16.7%라는 큰 감소세를 보인 이후 꾸준한 회복세를 보이고 있으며, 7월 현재 전년 대비 -5.54%까지 올라섰다.

중소기업청SBA도 CARES Act에 기반해 소규모 사업자들이 직원들의 고용을 유지하는 조건으로 대출을 받고, 일정 요건에서 그 융자액에 대한 상환을 면제받을 수 있는 급여보호 프로그램을 실시했다. 비록 도덕적 해이나 대출금 부정 사용 등의 문제점이 지적되기도 했으나 이 프로그램은 영세사업자에 대한 직접적 지원뿐 아니라 저소득 노동자들에 대한 정부의 간접적 지원까지 가능케 했다는 측면에서 직접지원금 프로그램과 함께 의미 있는 정책으로 평가받을 수 있다.

일련의 공격적인 재정정책 시행으로 연방정부의 재정 적자는 크게 증가할 것으로 예상된다. 하지만 인플레이션은 2020년과 2021년 각각 0.6%와 1.5%로 낮은 수준에 머물 것으로 예측돼, 늘어난 재정 적자가 높은 인플레이션을 유발할 것이라는 항간의 우려는 빗나갔다. 다시 말해 공격적인 재정정책이 코로나 위기로 인한 경기침체에 적절한 대응이 될 것으로 전망된다.

2021년, 낙관적 전망이 지배적

코로나 위기로 시작된 경기침체가 얼마나 지속될지, 얼마나 깊은 침체를 겪게 될지를 정확히 예측하는 것은 당면한 많은 불확실성을 고려할 때 쉽지 않은 일이다. 미국 국회예산처CBO는 미국의 경제성장률이 2020년 -5.6%를 기록하고, 2021년에는 4.2% 성장률을 보이며 완전한 회복 국면에 진입할 것으로 예상하고 있다. 이뿐만 아니라 민간 부문도 상당히 낙관적인 입장을 견지하고 있는 것으로 보인다.

필라델피아 연준이 1968년부터 민간 부문 전문가들에 대한 설문조사를 통해 구축해온 전문가 예측 조사SPF, Survey of Professional Forecasters 데이터에 따르면(도표 2-3), 코로나 위기가 본격화하기 전인 2020년 1분기에 진행된 설문조사에서는 경제성장률이 2021년 1분기까지 2%대를 유지할 것으로 예상되었으나, 코로나가 팬데믹으로 확대되기 시작한 2분기에는 실질 GDP 성장률 예측치를 마이너스 32.2%로 크게 하향 조정했다. 그러나 3분기부터 성장률이 크게 반등하고 2021년 중반까지 2020년 2분기의 큰 조정을 어느 정도 상쇄하는 이른바 V자형 경기 회복세를 보일 것으로 예상했다.

반면 고용 부문의 회복은 다소 더딜 것으로 예상된다. 2분기에만 700만 개 이상의 일자리가 사라진 후 3분기부터 고용시장이 개선되기 시작할 것으로 예상했지만, 이제는 2021년 2분기까지 60%의 회복만이 가능할 것으로 보고 있다. 이를 반영해 실업률의 회복도 비교적 더디게 나타날 것으로 예측하고 있다. 그러나 일반적으로 임금경직성 등 여러 가지 이유로 노동시장 조정이 더디게 나타

[도표 2-3] 전문가 예측 조사 중간값 예측치

	실질 GDP(%)		실업률(%)		고용(천 명/월)	
	전분기 자료	현분기 자료	전분기 자료	현분기 자료	전분기 자료	현분기 자료
2020 2/4분기	2.1	-32.2	3.5	16.1	168.6	-7,647.8
2020 3/4분기	2.0	10.6	3.5	12.9	132.8	2,328.9
2020 4/4분기	2.1	6.5	3.6	11.0	116.7	900.9
2021 1/4분기	2.2	6.8	3.6	9.3	114.5	514.9
2021 2/4분기	N.A.	4.1	N.A.	8.8	N.A.	739.1

자료: 필라델피아 연준

나기 때문에, 이러한 예상은 앞서 소개된 경제성장률 예상과 마찬가지로 충분히 낙관적이라고 볼 수 있다.

또 다른 민간 부문 경제 예측 보고서인 '리빙스턴 서베이Livingston Survey'도 매우 유사한 패턴을 보여주고 있다. 매년 두 차례 집계되는 이 보고서에 따르면 미국의 실질 GDP 성장률이 2020년 하반기에 9.6%, 2021년 상반기에 7.2%를 보일 것으로 예측되며 실업률도 2020년 말에 10.6%, 2021년 상반기 말에 8.3%로 조정될 것으로 예상했다. 다시 말해 전문가 예측 조사와 마찬가지로 V자형 회복세를 점치고 있다.

시장 참여자들의 기대를 추론해볼 수 있는 여러 거시경제 지표들도 유사한 메시지를 보여준다. 10년 만기 재무성 채권 수익률에서 3개월 만기 채권 수익률을 차감한 장단기 이자율 스프레드 혹은 이자율 기간 구조 변수는 민간의 경기 변동에 대한 예측 및 기대를 반영하는 것으로 알려져 있다. 예를 들어 장단기금리 역전(마이너스 스프레드)이 발생할 경우 경기침체로 이어지는 경우가 많은데, 2020년 2월 말부터 3월 초 사이에 이러한 금리 역전이 잠시 나타났으나 곧 회복이 되어 7월 현재까지도 장기금리가 단기금리를 0.5%p 정도 상회하고 있다. 다시 말해 이자율 기간 구조 역시 추가적인 경기침체를 암시하지는 않고 있다.

리스크 프리미엄의 지표로 사용되는 무디스 Baa등급 회사채 수익률과 무위험 자산인 10년 만기 재무성 채권 수익률의 차이도 2020년 3월과 4월에 3.4%를 상회하며 치솟았으나 그 이후 급속히 줄어들어 7월에는 2% 중반대의 예년 수준으로 돌아왔다. 즉 시장은 기업의 경영 환경 역시 빠르게 회복되고 있는 것으로 보고 있다.

▌ '백신'과 '미국 대선'이라는 두 가지 변수

이러한 낙관적 경기 전망은 조만간 백신과 치료법이 개발되고 경제 봉쇄도 대부분 풀릴 것이라는 예상에 기인하고 있다. 실제로 지난 3월 큰 폭락을 경험했던 다우존스 지수도 2019년 중반기 수준을 이미 회복했고 나스닥 지수는 2020년 8월에 사상 최고치를 경신했다. 미국에서의 경기침체 확률도 5월 이후 40% 이하로 떨어졌다.[2] 그렇다면 코로나로 초래된 경기침체는 단기적으로 끝날 것이라고 봐야 할 것인가?

반드시 그렇지는 않을 것이다. 물론 2021년 초까지 백신이나 치료법이 상용화된다면 경기 회복에 큰 도움이 될 수 있겠지만, 상용화가 지연되거나 공급이 원활히 이뤄지지 않을 경우 낙관론이 현실화되지 못할 수 있다. 더욱 우려되는 점은 미국 내에서 마스크 착용 등 보건정책에 대한 논의가 정치적 논점으로 변질되고 있다는 점이다. 공공보건이라는 공익보다 개인의 자유에 방점을 두는 정치적 색채가 강한 남부의 많은 주에서 이미 경제 봉쇄를 조기에 해제한 바 있다. 이 때문에 감염이 지속 확대된다면 경기침체의 조기 극복은 요원한 일이 될 수 있다.

미국 대통령 선거 역시 중요한 변수다. 트럼프 대통령이 재선에 성공할 경우 이러한 보건정책의 정치화가 더욱 심각한 양상으로 전개될 가능성이 적지 않고, 이 경우 불확실성도 커질 수 있다. 반면 바이든이 당선될 경우, 그의 성향이 트럼프보다 덜 비즈니스 친화적이라는 점에서 조기에 경기를 회복하는 일이 어려울 수 있다. 그러나 비즈니스 환경에서는 예측 가능성이 무엇보다 중요하다는 점, 그리고 안정된 국제 공조가 필요하다는 점을 생각하면 바이든의 당선이 결과적으로 경기 회복에는 더 도움이 될 것이다.

중국과의 무역 분쟁 및 정치적 갈등이 얼마나 지속될지도 중요한 요인이다. 미국에서 정권 교체가 이뤄질 경우 국제 공조가 회복되고 상생의 관계를 재건할 가능성이 커지겠지만, 지금의 정권이 연장될 경우 더 이상 재선에 대한 부담 없이 트럼프가 특유의 공격적이고 즉흥적인 정책을 계속할 가능성이 크므로 불확실성도 커진다.

코로나 위기로 인한 경기침체 상황은 이제껏 겪어보지 못했던 새로운 상황이다. 질병이라는 외생적 요인에 의해 경제가 정지함으로써 수요와 공급 양쪽 모두에 충격이 발생했다. 사상 초유의 위기를 맞아 창의적이고 탄력적인 경기부양 정책들이 제시되고 이를 통해 상당한 효과를 거둔 것도 큰 의미가 있다.

백신과 치료법이 언제쯤 개발될지 불분명하고, 대선이라는 불확실성이 있지만, 단기간의 큰 파괴력에도 불구하고 2021년까지는 미국 경기가 상당 부분 회복될 것으로 전망한다.

3 중국이 보는 미중 기술 패권 경쟁

▶▶ **연원호**(대외경제정책연구원 중국경제실 부연구위원)

┃ 21세기 첨단기술의 발전과 중국의 부상

첨단기술의 발전이 패권의 개념을 변화시키고 있다. 기존 정치학이나 역사학에서는 패권국이 패권 유지를 위해 군사력 증강에 힘을 쏟고, 과도한 군비 증강으로 경제력이 쇠퇴하면서 패권을 상실하는 역사가 반복되었다고 설명한다. 그러나 4차 산업혁명을 대표하는 5G, AI, 빅데이터, 로봇, 항공우주, 양자컴퓨터 기술은 모두 민군 겸용이라는 특징을 갖고 있다. 앞으로는 첨단기술 개발에 투자하면 할수록 군사적 패권은 물론 경제적 패권에도 가까워질 것으로 전망된다. 따라서 첨단기술과 관련된 중국의 부상은 미국의 경계심을 높이고 있다.

과학기술계에서의 중국의 부상은 하루아침에 이루어진 것이 아니다. 중국은 정부수립 직후인 1949년 11월 중국과학원CAS을 설립하고 과학기술 개발에 힘을 쏟아왔다. 한국과학기술연구원KIST을 세운 것이 1966년임을 감안하면 중국이 얼마나 빠르게 과학기술의 중요성을 깨달았는지 알 수 있다. 중국은 건국 초기에 '양탄일성兩彈一星' 목표 아래 핵폭탄, 수소폭탄, 인공위성(또는 대륙간탄도미사일) 개발을 위해 기초과학, 국방과학, 항공우주 기술 개발에 박차를 가했다. 개혁개방 이후 중국은 '과학기술이 생산력'이라는 슬로건 아래 과학기술 발전 정책을 일관되게 추진해왔다. 특히 최근 시진핑 정부는 전 세계를 주도하는 '혁신 강국' 건설을 목표로 하고 있다. 이러한 점은 각종 통계에서도 잘 나타난다.

중국은 현재 구매력평가PPP 기준 경제 규모, 제조업 규모, 무역 규모, R&D 인력, 국제특허 출원에서 세계 1위 국가이며, 군비 지출, R&D 지출 면에서는 미국에 이은 세계 2위 국가다. 2000~2018년 R&D 지출, R&D 인력 등 투입 요소와 국제특허 출원 건수 등 산출요소 데이터를 이용해 추정한 결과(도표 2-4) 중국의 기술 혁신 생산성은 이미 2014년 이후 미국을 추월했다. 이는 현재 중국이 미국보다 더 적은 수의 R&D 연구자와 더 적은 R&D 비용으로 더 많은 국제특허를 출원하고 있다는 것을 의미한다. 이러한 현실은 중국의 일대일로一帶一路 전략(2013), 제조업 2025 비전 제시(2015), '신형대국관계新型大国关系' 주장(2013), 한국에 대한 사드 보복(2016) 등 공격적인

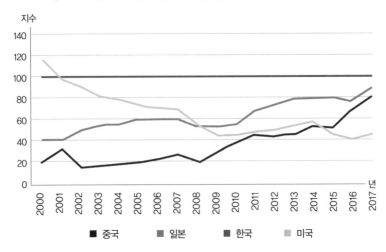

[도표 2-4] 주요국 간 기술 혁신 생산성 지수 비교(2000-2017)[3]

■ 중국　■ 일본　■ 한국　■ 미국

자료: Yeon, Wonho (2020). "Is China's Innovation a Threat to the South Korea–China Economic Relationship?", Joint U.S.–Korea Academic Studies 2020 Vol 31, Korea Economic Institute of America.

대외 행보의 바탕이라고 볼 수도 있다.

| 중국에 대한 미국의 전방위적 압력

그렇기에 미국의 중국 견제 또한 무역 불균형을 둘러싼 갈등을 넘어 중국의 기술 패권 도전을 용납하지 않겠다는 방향으로 진행되고 있다. 2001년 중국이 WTO에 가입했을 때, 미국을 비롯한 WTO 가입국들은 중국이 시장경제 및 자유무역의 원리를 받아들이기 위해 경제 개혁을 계속할 것으로 기대했다. 그러나 미국은

그간 중국이 자유 경쟁을 기반으로 한 무역과 투자의 원칙을 받아들이지 않고 정부 주도의 중상주의 정책으로 대응해왔다고 생각한다. 이러한 인식하에 트럼프 정부는 2018년 중국에 대한 추가 관세 부과를 시작으로, 2019년은 수출·수입·투자 규제를 강화했으며, 2020년에는 일부 금융 제재로까지 대중 압박을 확대했다. 특히 미국은 불법적이고 불공정하게 중국의 손에 넘어간 자국 기술이 미국의 국가안보와 이익을 침해하는 데 사용되고 있다고

[도표 2-5] 중국 관련 트럼프 정부의 수출 통제 기업 리스트

일자	산업	추가된 기업
2018. 10. 29.	반도체	푸젠진화반도체(JHICC)
2019. 5. 15.	5G	화웨이 본사 및 계열사 68개
6. 24.	슈퍼컴퓨터	수곤(Sugon), 하이곤(Higon) 등 5개사
8. 13.	원자력발전	중국광허그룹(China General Nuclear Power Corporation)과 그 자회사
8. 19.	5G	화웨이 해외 계열사 46개
10. 7.	AI	하이크비전(Hikvision), 다화 테크놀로지 (Dahua Technology), 아이플라이테크(iFLYTEK), 센스타임(SenseTime), 멕비(Megvii) 등
2020. 5. 22.	AI, 로봇, 사이버 보안, 슈퍼컴퓨팅	치후 360(Qihoo 360), 클라우드마인즈(CloudMinds) 등
7. 20.	바이오, 고속철도	신장 실크로드 BGI(Xinjiang Silk Road BGI), 베이징 류허(Beijing Liuhe BGI), KTK 그룹 등
8. 17.	반도체, 5G	화웨이 해외 계열사 38개

자료: 미국 상무부

여긴다.

미국의 중국 관련 수출 통제 리스트를 살펴보면(도표 2-5) 2020년 1월 미중 양국이 1단계 무역합의에 서명했음에도 미국의 '중국 때리기'는 멈추지 않았다는 걸 알 수 있다. 2020년 5월, 7월, 8월 중국의 AI, 로봇, 사이버보안, 슈퍼컴퓨팅, 바이오, 고속철도, 반도체 및 5G 관련 기업들이 계속해서 미국의 수출 통제 리스트에 올랐다. 게다가 미국 상무부는 수출관리 규정을 2020년 5월과 8월 두 차례나 개정하면서 미국 정부의 허가 없이는 화웨이가 사실상 어떠한 종류의 반도체도 공급받지 못하도록 제재를 대폭 강화했다.

2020년 8월 13일부터는 '2019 국방수권법 889조'의 2단계 조치도 시행되었다. 1년 전인 2019년 8월 13일 시행된 1단계 조치는 화웨이, ZTE, 다화 테크놀로지Dahua Technology, 하이테라Hytera 5개사의 제품 및 서비스를 미국 정부 기관이 조달받지 못하도록 하는 것이었다. 2단계 조치는 여기서 더 나아가 이들 5개사의 제품 및 서비스를 사용하는 회사와도 미국 정부 기관이 계약을 맺을 수 없도록 하는 한층 강력한 조치다.

투자와 관련해 미국은 외국인투자위험심사현대화법FIRRMA, Foreign Investment Risk Review Modernization Act of 2018을 제정하고, 핵심 기술, 핵심 인프라, 민감한 개인 정보와 관련한 비지배적 투자까지도[4] 심의할 수 있도록 권한을 강화했다. 이에 따라 직접적인 M&A 거래와 관련되지 않았음에도 국가안보를 근거로 미국이 중국 기업의 미국 내 투자 및 영업을 규제하는 사례가 발생했다. 사용자의 개인 및 금융 정보에 대한 접근을 문제 삼아 2020년 3월 베이징 스지정보기술Shiji Information Tech로 하여금 스테이앤터치StayNTouch를 매각하도록 명령한 사례, 통신망 접근을 통해 국가안보에 위협을 가할 수 있다는 점을 들어 2020년 4월 차이나텔레콤의 미국 내 영업을 불허한 사례, 민감한 개인정보 수집을 이유로 2020년 8월 틱톡과 위챗에 대한 미국 내 영업 금지 행정명령을 내린 사례 등이 그것이다.

나아가 2020년 미국은 중국을 상대로 한 금융 제재에 나설 움직임도 보이고 있다. 첫 번째로 2020년 5월 13일 백악관은 연방 퇴직연금의 중국 주식에 대한 투자를 차단했다. 두 번째로, 5월 20일에는 미국 감사 규정을 따르지 않는 중국 기업은 미국 시장에 주식을 상장하지 못하게 하는 법안을 상원에서 만장일치로 통과시켰다. 현재 이 법의 영향을 받는 외국 기업의 수는 224개인데 이 중 213개가 중국 기업이다.[5] 즉 중국 기업들이 이 법안의 타깃인 것이다. 마지막으로 중국 정부가 6월에 홍콩 국가보안법 제정을 강행하자 미국은 7월 홍콩자치법을 제정하고 홍콩의 특별 지위 철회에 착수했는데, 이 또한 금융 제재의 성격을 갖고 있다. 중국으로 들어가는 해외 자본의 관문인 홍콩의 특별 지위가 완전히 박탈되면 중국 기업의 해외 자금 조달은 훨씬 어려워진다.

▌중국의 대응: 새로운 대장정과 국내 순환

이러한 미국의 제재에 중국은 팃포탯tit-for-tat, 눈에는 눈, 이에는 이 전략이 아닌 '신 대장정' 전략으로 맞서고 있다. 미중 간 무역 전쟁이 한창이던 2019년 5월 시진핑 주석은 1934년 장제스의 국민당군에 포위된 마오쩌둥의 홍군이 대장정의 첫발을 내디딘 장시성江西省 위두현于都縣을 방문했다. 시진핑은 대장정 기념탑을 참배하며 "지금은 새로운 대장정이다, 우리는 다시 출발해야 한다"는 말을 남겼다. 시진핑의 말과 행동은 미중 간 갈등을 바라보는 중국의 시각을 여실히 보여준다. 중국은 단기적 협상에 목매지 않고 장기적 목표에 따라 자신의 특색에 맞는 제도 정비, 산업 정책 조정, 자체 기술 개발 강화를 하겠다는 것이다.

미중 무역 협상의 중국 측 대표였던 류허劉鶴 부총리가 2020년 6월 상하이 루자주이陸家嘴 포럼에서 밝힌 "국내 순환을 위주로, 국제와 국내가 상호 촉진하는 쌍순환 발전이라는 새로운 구조가 형성 중"이라는 발언도 이러한 '신 대장정' 전략의 연장선상에서 이해할 수 있다. 사실상 미중 분쟁의 격화로 인한 글로벌 가치사슬 재편에 대응해 중국 내에 자체 산업 사슬self-reliant supply chain을 구축하겠다는 것이다.

중국 내 자체 산업 사슬의 구축과 직결되는 것이 이른바 신형 인프라 투자 확대 계획이다. 많은 사람이 중국의 신형 인프라 투자 계획이 코로나 극복을 위해 만들어졌다고 오해하는데, 중국의 '신형 인프라 투자' 논의는 코로나 사태 훨씬 이전인 2018년 12월 중앙경제 공작 회의에서 처음 제기되었다. 이후 2019년 미중 통상 마찰이 본격화하고 기술 패권 경쟁이 시작되며 화웨이 등 중국의 첨단기술 기업에 대한 역풍이 강해지는 가운데, 이른바 '국내 순환 경제'를 지향하기 위해 국내의 정보·기술 인프라를 강조하게 된 것이 원래의 논의 배경이다.

신형 인프라는 크게 ①정보 인프라(5G, 사물인터넷 등), ②융합 인프라(AI 등을 활용한 기존 인프라의 업그레이드), ③혁신 인프라(기술·제품 개발에 이바지하는 과학기술)로 나누어지는데, 중국전자정보산업발전연구원CCID은 중국 정부가 신형 인프라 투자에 2025년까지 1조 4,000억 달러(약 1,640조 원)를 투자할 것으로 전망한다.[6] 이 신형 인프라 투자는 중앙 정부뿐 아니라 지방 정부 및 민간의 첨단기술 기업(화웨이, 하이크비전, 알리바바 등)도 함께 참여한다. 여기에는 자율주행 자동차, 스마트 공장, 그리고 대규모 감시를 위한 5G 네트워크 장비, AI 소프트웨어 개발, 데이터 센터 건설 등이 그 구체적 사업이 될 것으로 보인다. 이와 함께 전력과 철도망 정비가 포함될 경우 2030년까지 중국이 매년 1,800억 달러(약 211조 원)를 이 분야에 투자할 것으로 전망한다.

▌미중 기술 패권 경쟁 속 한국의 선택은?

2020년 코로나의 확산은 미중 갈등 격화 및 기술 패권 경쟁과 관련해 세 가지 역할을 했다. 첫째, 미국 내 반중 정서를 고조시켰다. 현재 미국 내 초당적 반중 정서를 감안하면 11월 대선에 누가 대통령이 되더라도 미중 갈등은 장기화될 것으로 보인다. 둘째, 국제 사회의 대중 여론도 악화시켰다. 2020년 들어 영국 등 G7 국가들이 화웨이 5G 네트워크 장비 배제를 선언하고, 중국 기업의 투자에 대한 심사를 강화하며, 홍콩에 대한 수출 통제 및 범죄인 인도조약을 파기하는 등 중국은 점점 더 고립되는 모습이다. 셋째, 코로나로 세계경제가 침체됨에 따라 미국도 대중 경제 제재를 확대하기 어려워졌다. 코로나 사태가 2021년에도 지속된다면 미중 간 기술 패권 경쟁의 측면에서도 광범위한 제재보다는 핀셋 제재, 즉 특정 기술 및 기업에 대한 선택적 제재를 위주로 진행될 것으로 보인다.

동시에 2021년에는 미국의 중국 및 중국 기업에 대한 금융 제재가 본격적으로 나타날 가능성이 커 보인다. 결국 중국은 장기적 관점에서 달러의 기축통화 지위에 맞서기 위해서 이미 진행 중인 디지털 위안화 사용을 가속화하는 등 다양한 방식으로 위안화의 국제화를 모색할 전망이다. 하지만 이러한 시도는 다시 미국의 반응을 촉발할 수 있다. 즉 AI, 5G, 6G, 항공우주 기술에 대한 기존의 대중 견제 외에도 디지털 화폐 개발 및 유통과 관련한 블록체인 기술 분야에 대해서도 견제에 나설 것으로 전망된다. 또한 코로나 백신 및 바이오 분야의 미중 간 기술 경쟁도 치열해질 것이다.

안보와 경제 발전을 위해 기존 한미 동맹을 유지하면서 중국과의 협력도 강화해야 하는 한국의 입장에서는 미중 간 갈등이 없는 국제 환경이 외교적으로나 경제 성장의 측면에서 최선이다. 그렇지만 갈등의 원인이 첨단기술 패권 경쟁이라는 관점에서 보면 양국 간에 패권의 서열 정리가 끝날 때까지 갈등은 구조적으로 장기화될 수밖에 없다. 결국 2021년에도 우리는 두 나라의 기술 패권 경쟁 속에서 서로 치고받는 모습을 계속해서 보게 될 것이 분명하다. 현재 우리는 2008년 글로벌 금융 위기 때보다도 1.5~2배 이상

[도표 2-6] 글로벌 경제정책 불확실성 지수

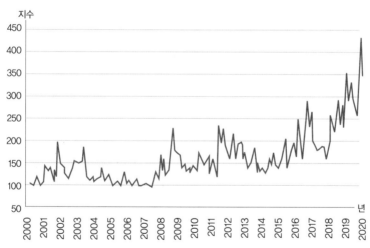

* 각국의 경제정책 불확실성 지수는 1997~2015년 평균값이 100이며, 글로벌 경제정책 불확실성 지수(GEPU)는 각국 경제정책 불확실성 지수의 GDP 가중평균으로 계산.

자료: https://www.policyuncertainty.com/global_monthly.html

불확실한 세계에 살고 있다(도표 2-6).

2021년 한국에 당면한 문제는 기업에 이 불확실성의 불똥이 튀지 않도록 관리하는 일이다. 특히 기술 패권 경쟁과 관련한 미국의 제3자 제재의 대상이 되지 않는 것이 중요하다. 대만의 반도체 파운드리(위탁생산 업체) TSMC는 2020년 5월 15일 미국의 화웨이에 대한 반도체 규제 강화로 화웨이와의 신규 거래를 중단했다. 나아가 2020년 8월 17일 미 상무부의 수출관리규정EAR 재개정으로 화웨이에 대한 반도체 규제가 더욱 확대되면서 한국의 반도체 산업마저 화웨이와의 신규 거래가 불가능해졌다.

한국으로서는 일단 보편적 국제 무역 질서의 기본 원칙에 입각해 미중 간 기술 패권 경쟁과 통상 분쟁을 헤쳐 나가야 할 것이다. 동시에 이렇게 불확실성이 높은 시기일수록 묵묵히 우리의 역량을 키우는 것이 중요하다. 아이러니하게도 미국이 중국을 압박하면 할수록 중국은 첨단기술의 국산화에 박차를 가할 것으로 보인다. 2020년 상반기 중국의 반도체 산업 투자액은 2019년 상반기 대비 두 배 이상으로 증가했다.

중국은 AI, 빅데이터 관련 기술 등 첨단기술 거의 전 분야에 걸쳐 이미 한국을 앞서나가고 있다. 결국 한국의 과학기술, 산업, 경제의 미래를 위한 장기적이고 실질적인 전략이 절실히 필요한 시점이다. 기술혁신 역량에서 글로벌 경쟁력을 유지할 때만이 타국으로부터 존중받을 수 있고 타국과의 협력 기회도 존재하는 시대가 다가오고 있다.

4 아베 이후
일본경제는

▶▶ **이강국**(리쓰메이칸대학 경제학부 교수)

▌ 코로나 시대, 일본 정부의 선택은 유동성 공급

코로나 팬데믹의 충격은 이미 2019년 말부터 경기가 둔화된 일본경제에 심각한 타격을 입혔다. 국제통화기금은 2020년 GDP 성장률을 -5.8%로 전망했고, OECD는 -6%를 전망했다. OECD에 따르면 2020년 일본경제는 민간 소비가 9.1% 감소, 총 고정자본 투자가 6.5% 감소하는 반면, 적극적인 재정정책으로 정부 소비는 5.4% 증가할 것이다. 실업률은 2019년 2.4%에서 2020년에는 3.2%로 높아질 전망이다.

일본경제는 2013년 아베노믹스 실시와 함께 2019년까지는 플러스 성장을 지속하는 등 회복 양상을 보였다. 그러나 도표 2-7이 보여주듯 2019년 10월 2차 소비세 인상과 세계경제의 둔화로 2019년 4분기 실질 GDP 성장률이 전기 대비 -1.9%였고 2020년 1분기 -0.6%를 기록해 다시금 경기침체가 시작됐다. 2020년 2분기에는 코로나와 사회적 거리두기의 영향으로 경제성장률이 전기 대비 -7.8%, 연율로 -27.8%를 기록해 글로벌 금융 위기 때보다 더 낮은 수치를 기록했다. 민간 소비가 8.2% 감소한 악영향이 매우 컸고, 민간 기업 설비 투자는 1.5% 감소해 상대적으로 나은 편이었다.

[도표 2-7] **일본의 경제성장률과 구성 요소**(전 분기 대비)

자료: 일본 내각부

코로나로 초래된 경제 위기에 대응해 일본 정부는 적극적으로 확장 거시경제 정책을 실시했다. 특히 GDP의 약 230%에 달하는 높은 국가채무비율에도 불구하고 국회는 2020년 4월과 6월 두 차례에 걸쳐 GDP 10% 규모의 보정 예산(추경 예산)을 통과시켰다. 그중 약 25조 7,000억 엔 규모의 정부의 1차 보정 예산으로는 전 국민에게 1인당 약 110만 원의 현금급부금을 지급하기로 했다. 현금급부금 지급의 대상과 금액에 관해 논란이 컸지만 소비 촉진을 위해 과감한 결정을 한 것이다. 그 밖에도 각 지방 정부는 정부의 휴업 요청을 받은 자영업자들에게도 지원금을 지급했다.

2020년 6월 12일에는 다시 약 31조 9,000억 엔 규모의 2차 보정 예산을 확정했다. 여기서는 매출이 급감한 기업이나 개인사업자의 월세 부담을 덜어주는 월세지원급부금이 신설되었다(약 6,700만 원 한도). 또한 실적이 악화된 기업이 노동자를 해고하지 않고 휴직하도록 하는 경우 지급하는 고용유지 지원금의 상한을 8,330엔에서 15,000엔으로 높였으며, 코로나 치료제 개발과 의료 종사자에 대한 위로금 등 의료 체제 강화, 경영 악화 기업에 대한 자금 지원, 한부모 가정에 대한 추가 지원 등의 항목들도 포함되었다. 두 차례의 보정 예산에 관련된 민간 투자까지 포함시킬 경우 전체 사업비 규모는 약 2,557조 원이다.

한편 일본은행은 금융 시장에 신속하게 자금을 공급하기 위한 정책을 도입했다. 2020년 3월 금융정책결정회의에서 상장지수펀드ETF와 부동산투자신탁REIT의 매입 목표치를 연간 12조 엔과

1,800억 엔으로 두 배로 확대했고 기업 어음과 회사채 매입 한도도 기존보다 각각 1조 엔씩 늘렸다. 또 4월에는 국채 금리 상승 가능성에 대응해 국채 매입 한도를 없애고 기업에 대한 자금 지원을 위해 회사채와 기업어음 매입 한도를 20조 엔으로 크게 늘려 무제한적 양적완화를 실시했다. 또한 6월부터는 최대 30조 엔 규모로 중소기업 등에 대해 무이자·무담보로 자금을 대출해주는 새로운 제도를 도입했다. 그뿐 아니라 회사채 매입과 금융 기관에 대한 자금 공급 기한을 연장했고, 이후에도 기업 지원 한도를 총 75조 엔에서 110조 엔까지 확대했다. 일본은행은 기준금리의 변화 대신 금융 시장과 기업에 유동성 공급을 촉진하는 수단을 선택한 것이다.

▌ 과중한 국가채무와 코로나발 재정 지출의 딜레마

GDP의 약 10%에 달하는 추가적 재정 지출로 인해 일본경제의 2020년 재정 적자는 약 15%에 달할 전망이다. 이에 따라 국가 채무비율도 크게 높아져, OECD에 따르면 그 수치는 2019년 말 225.3%에서 2021년 말 247.7%로 약 22%p 더 높아질 전망이다. 코로나의 재확산이 심각해진다면 256.9%로 약 32%p나 더 상승할 전망이다. 이렇게 적극적 재정 확장은 일본 정부의 재정 상황에 단기적으로 매우 심각한 악영향을 미칠 것이다.

그러나 이러한 대응이 없었을 경우 기업 파산과 실업 급등으로 경제가 충격에 빠지고 총수요가 둔화될 수 있다. 그러면 불황이 더욱 심화되어 기업의 투자와 실업에 미치는 이력 효과 때문에 장기적인 성장까지 정체될 가능성이 매우 높다. 이 경우 중장기적으로 정부의 재정에도 더 큰 악영향을 미칠 수 있다. 결국 정부부채의 증가를 감수하면서 실시한 적극적인 재정 확장은 올바른 조치라 할 수 있다.

일본도 현재는 다른 선진국과 같이 국채 금리가 명목 경제성장률보다 낮은 상황이다. 따라서 기초 재정 수지가 균형을 이룬다면 중장기적으로 국가채무비율이 안정화될 수 있다. 더욱이 재정정책과 국가채무비율에 관한 최근의 경제학 연구들은 선진국 경제가 구조적 장기 정체에 빠져 금리는 매우 낮은 반면 재정 확장이 성장을 촉진하는 효과는 크기 때문에 적극적인 재정정책을 지지한다. 특히 일본은 중앙은행이 양적, 질적 완화 정책을 실시할 때 단기와 장기의 국채 금리를 동시에 통제하는 수익률 곡선 통제 정책을 함께 실시하고 있기 때문에 낮은 금리가 당분간 지속될 전망이다.

결국 일본의 재정과 국가채무의 변화에는 역시 코로나가 초래한 경제 위기로부터 일본경제가 얼마나 빨리 그리고 성공적으로 회복하느냐에 달려 있다. 이와 함께 재정 확장에 기초한 성장의 촉진 그리고 재정 개혁 등의 노력에 기초해 기초 재정 수지가 얼마나 빨리 개선될 것인가가 관건이라 할 수 있다.

2021년 일본의 성장률은 코로나 재확산 여부에 달렸다

일본경제의 단기적인 회복 전망에는 무엇보다도 코로나 재확산의 가능성이 가장 중요한 요인이다. 이미 2020년 7월 중순부터 코로나 신규 확진자가 급속히 증가해 8월 초에는 하루에 1,600여 명에 달했다. 그럼에도 일본 정부는 경제에 미칠 악영향을 우려해 이전과 같은 강력한 사회적 거리두기를 실시하지 않았다.

2020년 겨울 이후까지 일본에서 코로나가 계속해서 확산된다면 2021년에도 경제는 심각하게 정체될 가능성이 크다. OECD는 코로나가 2020년 하반기 이후 진정된다면 일본의 2020년 실질 GDP 성장률이 -6%, 2021년은 2.1%가 될 것으로 전망하지만, 코로나가 재확산되는 경우 2020년 성장률을 -7.3%, 그리고 2021년에는 -0.5%로 예측한다. 코로나가 진정되는 경우 2021년 민간 소비는 4.9% 증가해 회복될 것이고, 총고정 자본 투자는 0.7% 감소할 것이며, 인플레이션은 -0.1% 그리고 실업률은 3.2%로 전망된다.

일본 정부와 중앙은행은 2021년에도 코로나의 충격과 경기 변동 상황에 따라 유연하게 거시경제 정책의 대응을 수행할 것으로 보인다. 그러나 이미 2020년 엄청난 규모의 재정 확장을 실시했기 때문에 2021년의 재정 지출 증가에는 한계가 있다. 실제로 OECD는 코로나가 진정되는 경우 2021년 정부 소비가 2020년에 비해 1.9% 감소할 것이라고 예측한다. 금융 정책에서도 일본은행이 수익률 곡선의 통제와 국채, 회사채 그리고 상장지수펀드 매입 등 이미 다른 선진국에 비해 더 강력한 정책을 시행하고 있는 상황에서 추가적으로 어떤 효과적인 정책을 도입할 수 있을지 의문이 제기되고 있다.

아베노믹스의 종말과 새로운 성장의 동력 찾기

코로나는 앞으로도 세계경제에 심대한 영향을 미칠 것이 분명하고, 이것은 일본경제에도 마찬가지다. 일본경제의 회복이 지지부진하다면 아베노믹스로 대표되는 일본 정부의 장기적인 노력도 수포로 돌아갈 수 있다. 2020년 9월 아베 정부의 뒤를 이어 출범한 스가 정부는 아베노믹스의 거시경제 정책 기조를 그대로 계승할 전망이다. 이와 함께 규제 개혁, 통신비 인하, 그리고 행정의 디지털화를 추진할 것으로 보인다. 스가 총리가 강조하듯 새 정부의 성공은 무엇보다도 코로나에 대한 대응과 코로나가 초래한 경제 위기의 극복에 달려 있다.

또 하나의 커다란 위험은 코로나가 세계화의 진전을 크게 둔화시킬 수 있다는 것이다. 이미 팬데믹은 글로벌 가치사슬의 취약성을 드러내어 각국이 리쇼어링을 더욱 강화하도록 만들고 있다. 또한 심화되고 있는 미국과 중국의 경제적·정치적 갈등은 세계경제의 개방과 통합에 악영향을 미칠 것이다. 따라서 당분간 국제 무역이나 해외 투자 같은 국제적 자본 흐름이 둔화될 것으로 보인다.

2018년 이후 일본의 수출 증가율은 이미 하락하고 있다. 2017년 일본경제의 상품과 서비스 수출은 전년 대비 6.8% 증가했지만 2018년에는 2.5%, 2019년에는 -1.6%를 기록하며 증가율이 감소하고 있다. 2020년은 수출이 12.9%나 감소하고 2021년에는 7.4% 감소할 전망이다. 세계경제 전체의 수출도 2020년에는 11.9%나 줄어들 것으로 전망되고 있다.

현재까지 일본 정부는 디플레와 장기 불황을 끊기 위해 양적완화와 적극적인 재정정책으로 대표되는 아베노믹스를 실시해왔다. 양적완화는 디플레를 방지하고 엔화를 평가절하해 수출과 기업의 이윤을 증가시켰지만, 두 차례의 소비세 인상 등으로 재정 확장은 매우 적극적으로 이루어지지 못했다. 2020년은 코로나 팬데믹을 배경으로 엄청난 재정 확장이 현실화되었다.

세계경제의 위기와 무역 전쟁 심화를 고려하면 일본경제는 불안정한 해외시장보다 안정적인 내수의 부양을 위한 노력을 기울여야 한다. 이를 위해서는 GDP에서 가장 큰 비중을 차지하는 민간 소비가 증가해야만 할 것이다. 하지만 정부의 노력에도 불구하고 임금 상승이 둔화되고 있는 것은 우려가 된다.

실제로 실질 임금 상승률은 2019년 -0.9%를 포함해 아베노믹스 이후 7년 중 5년이나 마이너스를 기록했고 2020년에도 코로나를 배경으로 마이너스가 될 가능성이 크다. 현실에서 임금 상승의 둔화는 노동소득 분배율의 하락과 소비와 내수 둔화로 이어지고 있다. 실제로 2000년대 이후 일본경제는 다른 선진국들에 비해 노동 생산성 상승률은 낮지 않았지만 임금 상승률은 매우 낮았다. 노동자와 가계가 생산에 기여한 만큼 분배받지 못한 것이다. 또한 임금과 비교해 기업의 이윤은 크게 높아졌지만 기업들이 투자에는 적극적이지 않아서 기업의 순저축이 높아졌다. 이러한 변화에는 고령화와 함께 무엇보다 비정규직의 지속적 증가와 자본에 대한 노동의 협상력 약화가 중요한 요인이었다.

따라서 현실을 넘어 거시경제의 균형을 회복하기 위해 비정규직을 중심으로 한 노동자의 협상력 강화와 임금 인상 등의 노력이 필요하다. 2020년은 최저임금을 인상하지 않기로 결정했지만, 최저임금의 꾸준한 인상이 앞으로 중요한 역할을 할 것이다. 이러한 노력은 소비와 내수를 촉진하고 나아가 기업의 투자와 생산성 상승에도 도움이 될 것이다. 임금 상승은 또한 여전히 둔화되고 있는 인플레이션을 촉진해 명목 GDP를 높이고 재정 상황의 개선에도 도움이 될 수 있다. 국제통화기금도 아베노믹스의 네 번째 화살로서 임금 인상을 제시한 바 있다. 아베 정부도 동일 노동 동일 임금을 법제화했듯이 취약한 비정규직 청년 노동자의 임금 상승과 노동 조건 개선이 중장기적으로 출산율을 높여서 잠재성장률을 제고할 수 있다.

2021년 일본경제는 무엇보다 거시경제의 불균형을 해소하고 임금 상승에 기초해 소비를 확대하는 노력이 필요하다. 코로나 이후 확장적인 거시경제 정책과 함께 이러한 노력이 실현되어야 일본의 경제회복이 가능할 것이다.

5 세계화의 퇴조와 한국경제

▶▶ **하준경**(한양대학교 ERICA 경제학부 교수)

코로나는 세계화도 퇴조시키고 있다. 그 와중에 2020년 한국의 수출업계도 고전을 면치 못했다. 반도체, 가전, 바이오헬스, 컴퓨터 등 코로나 시대에 새로운 수요가 발생한 업종들은 비교적 건재했지만 철강, 자동차, 무선통신, 일반 기계, 석유 제품, 선박 등 세계 경기와 무역량에 민감한 주력 제품들은 감소세를 피하지 못했다. 무역 의존도가 높은 한국으로서는 큰 불확실성에 직면한 셈이다.

세계화의 퇴조는 2008년 글로벌 금융 위기 당시부터 이미 진행되고 있었다. 그러나 미중 무역 갈등과 코로나로 그 속도가 더 빨라지게 됐다. 한국은 2008년 위기 이후 세계 무역 성장세가 둔화

2021 한국경제 대전망

128

되는 가운데서도 중국의 급속 성장을 기회로 삼아 오히려 수출에 더욱 박차를 가했다. 위기 이후 중국이 세계경제 성장세를 이끄는 동안에는 이 전략이 효과적으로 작동했다.

하지만 중국의 경제 성장이 6%대로 둔화되고, 2017년 미국 트럼프 행정부가 출범한 이후에 미국과 중국 사이의 무역 갈등이 두드러지면서 중국을 활용한 수출 드라이브는 예전처럼 작동하지 않게 됐다. 여기에 2020년 코로나 사태로 수출 수요가 한층 더 줄어들어 수출에 의존하는 성장 전략은 매우 큰 도전에 직면한 상황이다. 비록 2021년에는 기저효과로 인해 수출이 반등할 수는 있겠지만, 팬데믹과 미중 관계 악화가 세계화의 흐름에 어떤 영향을 끼치는지에 따라 한국경제의 향방도 큰 영향을 받을 수밖에 없다.

| 세계화의 퇴조와 불확실성은 앞으로도 지속된다

장기적으로 보면 세계화의 흐름은 기술 패권과 정치 패권의 안정성에 좌우된다. 기술 및 정치 패권이 확고한 시기에는 패권국이 세계화를 확대함으로써 자유무역의 이익을 극대화한다. 그러나 새로운 기술이 출현해 기술 패권이 흔들리거나 도전을 받으면 이를 반영해 정치 패권도 불확실해진다. 이런 시기에 패권국은 자유무역보다 보호무역, 지역주의, 고립주의를 선호하게 된다. 자신이 주도하는 세계 질서가 흔들리고 경쟁국이 기회를 엿볼 때는 보호

무역으로 장벽을 쳐 경쟁자를 제어하는 것이 더 낫다고 판단하기 때문이다.

현재 기술 패권의 흐름은 이른바 4차 산업혁명, 즉 인공지능과 5G 초고속 인터넷 기술 등의 주도권을 누가 쥐느냐에 달려 있다. 아직은 미국이 독보적이고 유리한 지위를 차지하고 있지만 중국의 도전이 거세다. 중요한 것은 이 기술 패권을 둘러싼 충돌이 빚어낼 불확실성이 매우 크고, 이러한 상태가 상당 기간 지속될 수 있다는 점이다. 이 불확실성은 세계화의 퇴조를 가속화할 것이며, 2021년에도 그 흐름은 지속될 것이다.

[도표 2-8] **GDP의 지출 구성 요소별 증감률 추이**(계절 조정, 실질, 전기비, 분기)

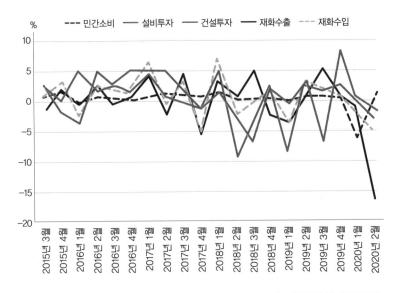

자료: 한국은행 경제통계시스템

세계화 퇴조기가 지속될수록 수출 주도형 경제 구조를 가진 한국이 직면하는 위험은 더 커질 수밖에 없다. 코로나 사태는 이런 우려를 더욱 증폭시켰다. 도표 2-8을 보면 2020년 2분기에 수출 성장률은 전기 대비 마이너스 두 자릿수를 기록했다.

코로나 사태에도 견고한 안정성을 보인 한국경제

그럼에도 OECD의 '한국경제보고서'를 보면 2020년 한국의 경제성장률 전망치는 -0.8%로 전체 OECD 회원국들 중 1위를 차지했다. 특히 코로나 위기의 영향을 크게 받을 것으로 보이는 2020년과 2021년 두 해를 합쳐서 볼 때 OECD 회원국 중 경제 규모가 줄어들지 않을 것으로 예상되는 나라는 한국뿐이다. 2년간 한국의 성장률 전망치는 2.3%로 1위이며, 2위로 예상된 터키의 -0.7%보다 크게 높다.

수출 수요가 큰 타격을 받고 있음에도 불구하고 한국이 상대적으로 우수한 성과를 보일 것으로 예상된다는 사실은 한국경제의 회복 탄력성이 매우 높다는 점을 보여준다. OECD는 이를 효과적인 방역 전략과 적극적인 위기 대응 정책 두 측면에서의 성공 덕분이라고 설명한다. 바이러스 확산을 성공적으로 차단함으로써 도시들을 봉쇄하지 않고도 경제를 운용할 수 있었고, 재정·금융 측면에서도 효과적인 대책들을 내놓았다는 것이다.

2020년 한국 정부가 코로나 위기를 극복하기 위해 내놓은 대책들을 살펴보면, 기업을 대상으로 금융 안정 패키지 100조 원, 기간산업 안정 자금 40조 원을 지원했고, 임금의 최대 90퍼센트까지 고용유지 지원금을 제공했으며, 특별 고용유지 지원 업종을 지정 확대했다. 가계에 대해서는 긴급재난지원금 14조 원, 저소득층 소비 쿠폰 1조 원, 특별 돌봄 쿠폰 1조 원과 함께 특수고용직·영세자영업자·무급휴직자에게 긴급고용안정지원금 1조 5000억 원을 제공했다. 특히 전 국민에게 주어진 재난지원금이 사용 기간이 정해진 지역화폐로 지급되면서 가장 큰 타격을 받았던 자영업자에게 큰 도움을 주었으며 내수 진작에도 효과가 있었다.

여기서 주의 깊게 보아야 할 부분은 봉쇄를 피하는 것 자체만으로는 경제성장을 이룰 수 없다는 점이다. 예컨대 스웨덴은 초기에 집단면역 전략을 추구하면서 봉쇄를 피했다고 알려져 있다. 그러나 OECD가 스웨덴이 2020년과 2021년 두 해 동안 -5.1% 역성장을 할 것으로 예상하고 있다는 점은 시사하는 바가 크다. 즉 전 세계가 연결된 상황에서는 어느 한 나라가 봉쇄를 하지 않는다고 해도 다른 나라의 수요가 줄어들면 그 파급 효과를 피할 수 없다.

이런 면에서 수출 의존도가 높은 한국경제의 위축이 최소화될 것으로 예상되는 이유는 수출 수요 감소를 상쇄할 내수 진작책이 강하게 추진되고 있다는 점이다. OECD 보고서를 보면, 2020년과 2021년 사이에 수출 수요는 줄어들지만 재정 지출과 투자가 늘고 민간 소비가 유지될 것으로 예측된다. 한국이 이렇게 발 빠른 대응을 할 수 있었던 것은 다른 나라에 비해 재정 여력이 커서 재정 지출을 크게 늘릴 수 있었기 때문이기도 하지만, 최근 몇 년 동안 정부가 가계의 소득과 소비를 늘리기 위한 내수 진작책을 지속적으로 추구해왔다는 점과도 무관하지 않다.

한국이 겪고 있는 급격한 인구 고령화가 코로나가 불러온 수요 충격과 상당히 비슷한 측면을 가지고 있다는 점도 생각해볼 수 있다. 급격한 고령화 때문에 한국은 코로나 이전부터 이미 경제 정책 측면에서 일정한 위기 대응 훈련을 해온 셈이다. 예컨대 2017년 이후 크게 확대된 노인, 청년 일자리 사업 등 재정 일자리 공급 경험은 정책의 전달 체계를 신속히 확보하는 데 도움이 됐다. 또 각종 수당 및 지원금 등 복지 전달 체계의 구축, 재정 확대 기반의 조성, 기업에 대한 일자리 지원 등의 정책도 코로나 위기 상황에서 쉽게 활용될 수 있었다. 그뿐만 아니라 2019년 일본의 수출 규제 이후 국내 부품·소재·장비 산업 공급망 안정화를 위해 취했던 조치들과, 무역 다변화를 위한 노력들도 코로나로 인한 글로벌 공급망 교란의 충격을 줄여주는 역할을 한다고 볼 수 있다.

수많은 리스크 요인은 2021년에도 여전

그러나 2021년 성장 전망이 다른 선진국들보다 낮다고 해서 낙관할 수 없는 상황이다. 많은 리스크가 예상되기 때문이다. 무엇보다 코로나 백신과 치료제가 신속히 공급되지 않는 상황에서는 바이러스의 재확산이 가장 큰 리스크다. 물론 재확산이 간헐적으로 일어나더라도 우수한 방역 능력을 지속적으로 유지한다면 OECD 등이 예상한 성장 경로에 가깝게 갈 수도 있을 것이다. 그렇지만 통제가 어려운 수준의 상황이 발생한다면 예상 성장률을 유지하는 것은 어렵다. 즉 2021년 경제를 위해서도 의료 체계의 붕괴를 막으면서 역학조사 등을 통해 통제할 수 있는 범위 내에서 코로나 확산을 막아내 극단적 봉쇄를 피하고 심리적 위축을 막는 것이 가장 중요하다.

또 다른 리스크는 코로나로 풀린 유동성이 자산시장, 특히 부동산 시장에 들어가 거품을 키우는 일이다. KB국민은행 통계에 따르면 서울 아파트 중위 가격은 2020년 9억 원을 돌파하며 급등세를 지속했다. 가계 소득이 연 5,000만 원 수준이고 코로나 위기로 소득의 불확실성까지 커진 상황에서 집값이 오른 것이다. 코스피 지수도 2020년 3월 1,450대까지 떨어졌으나 8월에는 코로나 이전보다 높은 2,450대로 오르는 등 실물 경기의 어려움과는 무관한 모습을 보였다. 이러한 현상들은 초저금리를 배경으로 전 세계적으로 나타난 실물과 자산의 거대한 비동조화The Great Decoupling와 같은 맥락이라고 할 수 있다.

그러나 초저금리 상황에서의 자산시장은 먼 미래에 대한 사람들의 기대에 과도하게 의존해 움직이기 마련이다. 그렇기 때문에 국내외에서 새로운 뉴스나 정책이 생길 때마다 시장이 크게 변동할 수 있다. 이 리스크 요인들을 통제하기 위한 적절한 금융 규제가 매우 중요하다. 정부는 부동산 투기를 막기 위해 다주택자에 대한 규제를 강화하고 주택 대출 규제도 강화했다. 그럼에도 초저금리 상황에서, 특히 한국과 같이 규제 사각지대가 많은 곳에서 유동성의 흐름을 완전히 통제하기란 쉽지 않다. 2021년 한국이 직면할 자산시장의 불확실성과 불안정성은 코로나 이전에 비해 훨씬 큰 상황이라고 할 수 있다.

아울러 코로나 위기를 넘기기 위한 불가피한 유동성 공급도 기업과 가계의 대출 의존도를 높일 수밖에 없다. 이는 이후 회복 과정에서 일종의 '밸런스시트 불황'을 가져올 위험이 있다. 즉 경제주체가 빚을 너무 많이 지게 되면 위기 이후 흑자가 발생하고 현금 흐름이 좋아지더라도 늘어난 빚을 갚느라 신규 투자나 소비를 꺼리는 수요 위축 현상이 지속될 수 있다. 이러한 상황을 막으려면 정부가 긴 시각을 가지고 재정정책을 유연하게 활용해야 한다. 즉 장기적 관점에서 가계, 기업이 충분히 건전해진 다음에 정부가 재정 건전성을 회복하는 순서로 가는 것이 바람직하다. 민간이 위기에서 완전히 탈출하기 전에 정부가 성급하게 지출을 축소하는 등의 긴축 정책을 쓰면 내수가 부진해져 성장 흐름이 바뀔 위험이 있다.

이러한 리스크를 잘 관리한다면 2021년 한국경제는 오히려 또 다른 도약의 기회들을 맞이할 수 있다. 세계화의 퇴조라는 흐름은 양적 성장이나 가격 경쟁보다는 질적 성장과 품질 경쟁을 유도하는 효과가 있다. 국가 간의 장벽이 높아졌을 때에는 대체 불가능한 새로운 기술과 질적 우월성이 더 큰 보상을 받을 수 있기 때문이다. 한국이 코로나의 타격을 덜 받고 다른 나라들보다 정상적 상태로 빨리 복귀한다면 한국판 뉴딜 등을 통해 경쟁국들보다 한 발 앞서 질적 도약을 추구할 수 있는 여건을 갖게 된다. 즉 불확실성과 혼란의 한가운데에서 열리는 짧은 기회의 창을 좀 더 잘 활용할 수 있는 위치에 서게 된다. 2021년 한국의 정부와 기업들은 전력을 다해 미래를 위한 투자를 준비하고 실행해야 할 것이다.

6 추격지수로 본 한일 간, 미중 간의 경제 패권

▶▶ 이근(서울대학교 경제학부 교수), 최병권(서울대학교 선임연구원)

추격지수란 무엇인가?

1인당 GDP와 그 증가율은 주어진 기간 동안에 한 국가의 경제적 성과를 보여주는 지표다. 그러나 GDP 지표 자체만으로 다른 나라와의 격차나 상대적 성과를 살펴보기에는 부족하다. 예를 들어 한국의 1인당 GDP나 그 증가율만으로는 한국이 미국의 1인당 소득 대비 몇 %의 수준에 도달했는지를 볼 수 없다. 또한 그 격차가 어느 정도 줄어들고 있는지, 어느 정도의 속도로 추격하고 있는지를 알 수 없다.

최상위 선진국과의 소득 격차 정도와 그 변화를 보기 위해서는 두 가지가 필요하다. 첫째, 각국의 1인당 소득이 최상위 국가와 얼마나 차이가 있는지를 보아야 한다. 둘째, 그 차이의 확대와 축소에 대한 변화율을 보아야 한다. 이 두 가지를 반영한 개념이 추격지수catch-up index와 추격속도지수catch-up speed index다.

각국의 경제 성과를 평가할 때에는 소득 수준의 차이뿐 아니라 그 나라의 상대적인 경제 규모도 중요하다. 1인당 GDP로 표현되는 소득 수준은 한 국가 내 국민 개개인의 후생 수준을 나타낸다. 전 세계 총생산 대비 각국의 경상 GDP가 차지하는 비중으로 표현되는 각국의 경제 규모는 해당 국가의 경제적 위상, 즉 경제력을 대표한다. 한 국가의 경제 성과는 1인당 소득 수준뿐 아니라 그 나라의 경제력도 함께 고려함으로써 현실 경제를 좀 더 잘 설명할 수 있다.

경제추격연구소의 추격지수는 1인당 소득 수준과 경제 규모를 기초로 개발되었다. 추격지수는 세계에서 경제 비중이 가장 큰 국가 대비 각 나라의 경제 비중과 그 비중의 변화율을 모두 지수화해서 국가 성장의 면모를 다각도에서 정확하게 포착하고자 하는 목적을 갖고 있다.

구체적으로 지수는 추격지수와 추격속도지수로 구성된다. 각각의 지수는 소득 수준과 경제 규모를 반영하는 두 부분으로 구성된다. 추격지수는 특정 국가의 경제 추격의 상대적 정도를 나타내는 지수다. 이는 소득수준 추격지수와 경제규모 추격지수의 가중평균으로 도출된다. 소득수준 추격지수는 특정 국가의 1인당 GDP

가 미국과 비교해 얼마나 되는지를 보여주는 지수다. 경제규모 추격지수는 특정 국가의 경제 규모가 미국과 비교해 얼마인지를 보여주는 지수다.

추격속도지수는 특정 국가의 경제 추격 속도를 나타낸다. 이 역시 소득 수준과 경제 규모의 가중평균으로 도출된다. 소득수준 추격속도지수는 어떤 나라의 1인당 GDP가 전 세계 평균 대비 얼마나 빠르게 혹은 느리게 변화하는지를 상대적 증가율로 보여주는 지수다. 위의 두 추격지수는 경제 추격의 각기 다른 측면을 보여준다. 즉 추격지수는 특정 국가가 경쟁국이나 1등 국가에 비교해 어느 정도 성과를 나타냈는지를 측정하는 지수다. 반면 추격속도지수는 비교 대상 국가들 내에서 특정 국가의 변화 속도를 반영한다.

현재 사용 가능한 자료인 2020년까지의 국제통화기금 세계경제 통계(2020년 예상치 포함)를 이용해 주요국의 경제 성과에 대한 추격지수 및 추격속도지수 중심의 분석과 전망을 살펴보면 다음과 같다.[7]

| 2020년 한국경제, 임진왜란 이후 처음으로 일본을 추월하다

한국의 1인당 경상국민소득(미 달러 기준)은 2019년 3만 1,431달러였으며, 2020년에는 3만 1,246달러를 기록할 것으로 예상된다. 물가 수준을 반영한 구매력(2011년) 기준 1인당 실질 국민소득은

2019년 3만 9,060달러였고, 2020년에는 3만 8,546달러로 예상된다. 2020년에는 수십 년 만에 처음으로 명목 기준이나 실질 기준 모두 1인당 소득이 감소하는 상황을 맞게 되었다. 물론 이는 코로나의 영향이다.

그러나 일본 대비 한국의 1인당 국민소득은 2019년 98.2%에서 2020년에 101.9%를 실현하면서 해방 이후(임진왜란 이후) 처음으로 일본을 추월할 것으로 예상된다. 또한 미국 대비 소득 수준에서도 한국은 72.5%로 일본의 71.1%보다 앞설 것으로 예상된다.

추격지수로 보면, 한국은 2019년에 지수가 25위(27점)에서 3단계 상승해 2020년에는 22위(27.8점), 추격속도지수는 81위에서 64위로 17단계 상승했다(도표 2-11, 2-12).

도표 2-9를 살펴보면 미국 대비 한국의 2000년 1인당 소득 비율은 46.3%였다. 2009년에 60% 수준을 넘어섰고, 2019년에 68.7%를 달성했다. 국제통화기금은 2020년에 드디어 70%를 넘어 72.5%를 기록할 것으로 예상했다. 물론 이는 상대적으로 미국의 정체를 반영한 것이기도 하다.

도표 2-9는 미국의 1인당 소득 수준을 기준으로 한국, 독일, 대만과 일본을 비교하고 있다. 독일과 대만은 이미 미국 대비 소득 수준이 80%대를 넘어서고 있다. 대만이 한국보다 높은 것은 대만의 낮은 물가를 반영한 구매력 평가 기준 환율 때문이다. 시장 환율로 평가하면 아직 한국보다 낮다. 한국은 이제 일본을 넘어서는 추격 1.0을 마쳤고, 앞으로는 독일을 벤치마킹해 독일 수준 즉, 미

[도표 2-9] 주요국의 미국 대비 1인당 국민소득 비율 변화 추이

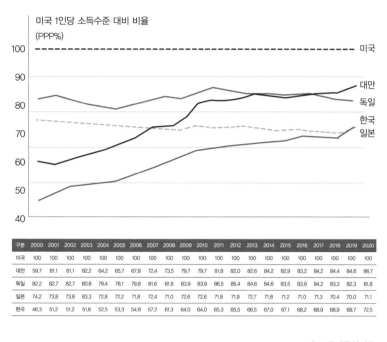

구분	2000	2001	2002	2003	2004	2005	2006	2007	2008	2009	2010	2011	2012	2013	2014	2015	2016	2017	2018	2019	2020
미국	100	100	100	100	100	100	100	100	100	100	100	100	100	100	100	100	100	100	100	100	100
대만	59.7	61.1	61.1	82.2	64.2	65.7	67.8	72.4	73.5	79.7	79.7	81.8	82.0	82.6	84.2	82.9	83.2	84.2	84.4	84.6	86.7
독일	82.2	82.7	82.7	80.6	79.4	78.1	79.8	81.6	81.8	83.9	83.9	86.5	85.4	84.6	84.6	83.5	83.9	84.2	83.3	82.3	81.8
일본	74.2	73.8	73.8	83.3	72.8	72.2	71.8	72.4	71.0	72.6	72.6	71.8	71.9	72.7	71.8	71.2	71.0	71.3	70.4	70.0	71.1
한국	46.3	51.2	51.2	51.6	52.5	53.3	54.8	57.2	61.3	64.0	64.0	65.3	65.5	66.5	67.0	67.1	68.2	68.9	68.9	68.7	72.5

자료: 국제통화기금

국 대비 80%를 실현하는 추격 2.0을 목표로 하는 것이 적절해 보인다.

중국이 한국경제를 추격하는 정도를 보자. 2000년 중국의 1인당 소득은 미국 대비 8.0% 정도였다. 그런데 2010년에는 19.1%가 되었고, 2019년에는 30.0%까지 쫓아왔다. 2020년에는 32.3%로 예상된다. 중국경제도 지속해서 미국을 추격하고 있다는 점은 한국과 유사하다. 그러나 지난 20년간 한국과 중국의 1인당 국민소득

은 평균 35% 포인트의 격차를 유지하고 있다. 한편 양국이 수교한 1992년에 한국은 중국보다 경제 규모가 컸다. 그러나 2020년 현재 중국의 GDP 규모는 한국의 여섯 배가 넘는다.

| 중국경제, 언제 미국을 추월할 것인가?

미국의 경제 규모는 세계 1위다. 세계 GDP 상위 100개 국가의 GDP 합계 대비 미국의 GDP 비중은 2000년대 초반 30%를 넘어섰다. 그 이후에는 추락해 2011년 21.5%까지 하락했다가 2012년부터 다시 증가하기 시작했다. 2015년(24.6%)에는 전년 대비 가장 높은 성장률을 보이기도 했다. 2016년까지 증가해 25%에 도달했지만, 2017년에는 24.6%로 다시 감소했다. 최근 다시 약간의 상승세를 보이며 2019년 25%에 이르렀고 2020년에도 25%를 유지할 것으로 전망된다.

미국의 1인당 GDP는 2014년 5만 달러를 넘어섰다. 2017년 5만 3,101달러(2010년 PPP 기준)를 실현했다. 2019년 5만 6,844달러를 기록했으나 2020년에는 코로나의 영향으로 5만 3,186달러로 하락할 것으로 예상된다. 이는 중국의 약 3.1배, 일본의 약 1.41배에 달한다.

중국의 경우, 전 세계 GDP 비중은 2019년 16.5%, 2020년 17.1%로 각각 미국 다음으로 세계 2위다. 2011년에 10%를 돌파했고

2015년 15%를 기록했다. 이후에도 매년 증가 추세에 있다. 경제 규모 추격속도지수는 2018년 64.6점(28위), 2019년 69.2점(14위), 2020년 77.8점(15위)을 각각 기록했다. 중국의 미국 대비 소득 수준은 2019년 30%, 2020년 32.3%로 증가하고 있다. 추격지수에 의한 중국의 국가 순위는 2018년 6위(38.7점), 2019년 5위(53.4점), 2020년 3위(56점)로 매년 약진하면서 미국을 추격하고 있다.

그러나 중국은 아직 중진국 함정에서 채 벗어나지 못하고 있다. 즉 미국 대비 1인당 소득이 30% 수준에 도달했으나, 함정을 벗어나는 기준인 40%에는 못 미치고 있다. 여기에 더해 미국의 대중국 견제라는 또 하나의 함정(투키디데스 함정)에 놓이면서 새로운 도전에 직면하게 되었다. 골드만삭스 등이 2030년에 중국이 미국을 추월할 것으로 예상했으나, 최소한 그보다 10년 이상 지체될 전망이다.

2017년 중국의 GDP 규모는 미국 대비 60%에 도달했다. 이는 지난 20년 동안 5년마다 10%씩 증가하는 빠른 속도 덕분이었다. 그러나 최근에는 그 추세가 꺾이거나 정체되고 있음을 주목할 필요가 있다(도표 2-10). 최근에 처음으로 이 비율이 약간이나마 하락하는 현상이 나타났다. 즉 2015년에 62%를 넘었다가 그 이후 하락해 60% 수준에 이르렀다. 그러나 다시 추격을 지속해 2018년에는 미국 대비 65%에 도달했다. 2014~2018년은 기본적으로 추격 정체기라고 할 수 있다. 이런 감속 추세, 즉 60%에서 65%에 도달하는 데(5%p를 줄이는 데) 4년 걸리는 추세를 감안하면, 남은 35%p

를 줄이기 위해서는 28년이 걸릴 것으로 예상된다. 이 추세를 보면, 중국은 2048년에야 미국을 추월할 것으로 예상된다. 종전 예측인 2030년보다 18년 늘어난 것이다.

코로나는 이 추격에 다시 불을 붙이는 역할을 할 것으로 보인다. 미국경제는 마이너스 성장이 예상되는 반면, 중국은 2020년과 2021년 모두 플러스 성장이 예상되기 때문이다. 국제통화기금의

[도표 2-10] **미국 GDP 대비 주요국의 GDP 비율**

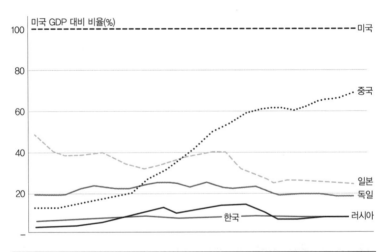

구분	2000	2001	2002	2003	2004	2005	2006	2007	2008	2009	2010	2011	2012	2013	2014	2015	2016	2017	2018	2019	2020
미국	100	100	100	100	100	100	100	100	100	100	100	100	100	10,0	10,0	100	100	100	100	100	100
중국	11,9	12,7	13,5	14,6	16,1	17,7	20,1	24,7	31,3	35,4	40,5	48,4	52,9	57,4	60,1	61,6	60,0	61,8	65,0	66,0	68,4
일본	47,7	40,7	37,6	38,8	39,4	36,5	32,8	31,2	34,2	36,2	38,0	39,6	38,3	30,7	37,7	24,1	26,3	24,9	24,2	24,0	24,3
독일	19,0	18,4	19,0	21,8	23,0	21,8	21,7	23,7	25,5	23,6	22,7	24,1	21,8	22,2	22,2	18,4	18,5	18,8	19,2	18,0	17,8
러시아	2,7	3,1	3,4	4,0	5,2	6,3	7,7	9,6	12,1	9,0	10,9	13,2	13,5	13,7	11,7	7,4	6,8	8,1	8,1	7,6	7,4
한국	6,6	5,2	5,7	6,1	6,5	7,2	7,6	8,1	7,1	6,5	7,6	8,1	7,9	8,2	8,5	8,0	8,0	8,3	8,4	7,6	7,3

자료: 국제통화기금

예측치로 추정하면, 2020년 중국은 미국의 68.4%에 도달해 다시 바짝 추격하고 있다(도표 2-10). 이러한 추세(60%에서 68% 되는 데 6년 소요)를 연장하면 24년 후인 2044년에 골든크로스가 되어 미중이 같아진다고 예상할 수 있다. 즉 다시 4년 정도 앞당겨지는 것이다. 추론을 종합해보면 중국은 2040년대에 미국의 GDP를 추월할 것이다.

일본과, 인도, 러시아의 추격지수

일본은 G7 Group of 7 국가의 하나로 2000년 세계 GDP에서 차지하는 비중이 14.4%였다. 그러나 이후 그 숫자는 계속 하락해 2019년 6.0%까지 감소하고 2020년에는 6.1%를 유지하고 있다. 경제규모 추격지수도 2018년부터 2020년까지 3위(24.2점)로 정체되어 있다(도표 2-11). 소득수준 추격지수도 2018년과 2019년 27위로 같았다. 국가 순위는 2020년 1단계 하락해 28위(70.1점)를 기록하고 있다. 2020년 추격지수는 38.9점으로 2019년 대비 소폭 상승했고 국가 순위도 1단계 상승해 9위로 예상된다.

인도는 2001년 전 세계 GDP에서 차지하는 비중이 1.5%였다. 이후 2010년 2.6%에 도달할 때까지 상승했고, 2011년부터 2013년까지 2.5%를 유지했다. 이후 계속 증가해 2016년에는 3.0%, 2017년에는 3.3%를 기록했다. 2019년, 2020년에 각각 3.4%, 3.6%를 기록할 것으로 예상된다. 이에 따라 인도의 경제규모 추격지수는 2016년 7위(12점), 2017년에는 6위(13점)를 한 이후, 2019년에 5위 (13.6점), 2020년에도 5위(14.3점)를 기록할 것으로 전망된다. 미국 1인당 소득 대비 인도의 소득 수준은 2016년 11.6%, 2017년 12% 로, 2019년에 12.9%, 2020년 13.8%를 각각 기록할 것으로 예상 된다. 이에 따라 인도의 추격지수는 2016년 8점(57위)에서 2017년 8.8점(56위)으로 순위로 1단계 올라섰다. 2019년 9.1점(55위), 2020년 9.6점(52위)로 3단계 상승할 것으로 나타났다.

러시아의 세계경제에서 차지하는 비중은 2016년 1.7%에서 2017년 2.0%로 상승했다. 이후 정체해 2019년 1.9%, 2020년에도 1.9%를 유지할 것으로 보인다. 경제규모 추격지수는 2017년 12위, 2018년 12위, 2019년 11위, 2020년 11위로 소폭 상승하는 모습을 보여주고 있다.

| 미래 사회 디지털 인프라 구축이 경쟁력이다

국가 간의 추격, 추월 및 추락은 격차를 둘러싼 상대적 게임이 다. 반대로 한국이 잘해도 상대국이 더 잘하면 그 격차는 좁혀지지 않는다. 한국이 현상을 유지해도 상대국이 추락하면 역전이 발생 한다. 코로나 이후의 세계에서 한국과 중국 입장은 후자에 가깝다. 코로나로 더 큰 타격을 받는 미국의 추락은 상대적으로 빠른 V자

회복을 하고 있는 중국의 대미 추격의 재점화를 의미한다. 한국의 경우도 마찬가지다. 1인당 소득이 감소했음에도 일본의 마이너스 성장으로 일본을 추월했다.

이러한 변화는 첫째, 코로나로 더 큰 타격을 받은 미국 등 서비스 중심 경제에 비해 제조업 중심의 한국·중국경제가 다른 나라보다 충격을 덜 받고 잘 대응했음을 의미한다. 둘째, 그동안 각국이 구축해온 디지털 인프라가 잘 작동해 비대면으로 각종 경제 활동을 얼마나 효과적으로 지원할 수 있는가에 달려 있다. 즉 코로나 확진자 집계도 팩스로 해야 했던 일본에 비해 한국, 중국의 디지털 인프라는 상대적으로 잘 대응해 충격을 줄이는 데 기여한 것이다.

그러나 아직 게임이 끝난 것은 아니다. 이번 코로나 사태를 계기로 디지털 전환을 획기적으로 앞당기고 전 분야로 파급·확충해 새로운 미래 사회의 인프라를 얼마나 잘 구축하는지에 따라 향후 각국의 추격과 추월, 추락이 결정될 것이다.

[도표 2-11] 미국 기준(미국=100) GDP 규모 상위 15개국 추격지수(2019~2020)[8]

국가	추격지수				소득수준 추격지수						경제규모 추격지수					
	지수		순위		1인당 GDP(2011 PPP$)		지수		순위		GDP 비중(%)		지수		순위	
	2019	2020	2019	2020	2019	2020	2019	2020	2019	2020	2019	2020	2019	2020	2019	2020
미국	100	100	1	1	56,844	53,186	100	100	10	11	25.0	25.0	100	100	1	1
중국	53.4	56.0	5	3	17,027	17,176	27.4	29.8	58	54	16.5	17.1	65.9	68.4	2	2
독일	38.6	38.1	9	10	46,765	43,510	81.6	81.1	17	17	4.5	4.5	17.9	17.8	4	4
일본	38.5	38.9	10	9	39,763	37,840	68.9	70.1	27	28	6.0	6.1	24.0	24.2	3	3
프랑스	31.7	31.0	16	15	41,227	38,166	71.5	70.7	25	26	3.2	3.1	12.5	12.3	7	6
영국	31.6	30.8	17	17	40,881	38,003	70.9	70.4	26	27	3.2	3.0	12.7	12.1	6	7
대만	29.1	29.4	21	21	48,085	46,119	84.0	86.2	14	14	0.7	0.7	2.6	2.6	21	22
한국	27.0	27.8	25	22	39,060	38,546	67.6	71.5	28	25	1.9	1.8	7.5	7.2	12	12
이탈리아	25.9	25.0	27	28	35,332	32,172	60.8	59.0	32	33	2.3	2.3	9.2	8.9	8	8
러시아	19.2	19.1	37	37	25,879	24,483	43.5	44.1	45	44	1.9	1.9	7.5	7.3	11	11
말레이시아	16.9	17.3	42	42	28,706	27,862	48.7	50.6	42	41	0.4	0.4	1.6	1.6	35	36
멕시코	13.5	13.3	50	50	18,218	16,831	29.6	29.1	54	56	1.5	1.5	5.8	5.8	15	15
브라질	13.1	13.0	53	54	14,372	13,519	22.6	22.7	65	65	2.2	2.1	8.5	8.4	9	9
인도네시아	9.5	10.0	61	60	12,221	12,159	18.6	20.0	71	69	1.3	1.4	5.1	5.3	16	16
남아공	7.0	6.8	71	72	12,007	11,141	18.3	18.0	73	74	0.4	0.4	1.6	1.6	37	37

자료: 경제추격연구소, 2020

국가	추격속도지수				소득수준 추격속도지수							경제규모 추격속도지수						
	지수		순위		1인당 GDP 성장률 (2011 PPP$)(%)		지수		순위			GDP 비중 성장률(%)		지수		순위		
	2019	2020	2019	2020	2019	2020	2019	2020	2019	2020		2019	2020	2019	2020	2019	2020	
미국	73.7	77.3	26	52	1.8	(6.4)	81.4	86.6	37	61		2.2	(0.1)	66.0	68.0	23	54	
중국	82.9	88.2	9	10	5.8	0.9	96.6	98.6	3	5		3.7	3.6	69.2	77.8	14	15	
독일	64.9	75.6	76	72	0.5	(7.0)	76.6	85.7	68	68		(4.1)	(1.1)	53.2	65.4	77	68	
일본	72.1	79.8	34	37	1.1	(4.8)	79.1	89.2	54	43		1.7	0.8	65.0	70.3	25	36	
프랑스	65.7	74.3	73	84	1.1	(7.4)	78.9	84.9	56	77		(4.5)	(1.7)	52.4	63.7	80	76	
영국	64.3	70.4	79	96	0.6	(7.0)	77.0	85.6	66	71		(4.9)	(5.0)	51.6	55.2	85	97	
대만	69.3	77.7	47	47	2.0	(4.1)	82.2	90.4	36	34		(2.6)	(1.3)	56.4	64.9	60	72	
한국	63.8	76.1	81	64	1.5	(1.3)	80.6	95.0	44	17		(7.1)	(4.2)	47.0	57.2	94	95	
이탈리아	62.4	71.6	84	92	0.2	(8.9)	75.6	82.4	72	95		(6.1)	(2.8)	49.2	60.8	92	87	
러시아	67.2	74.5	65	82	1.1	(5.4)	79.1	88.3	55	48		(3.1)	(2.9)	55.3	60.7	65	88	
말레이시아	74.1	80.6	25	34	3.2	(2.9)	86.8	92.3	21	22		(0.1)	0.2	61.4	68.8	33	51	
멕시코	69.5	75.9	45	69	(0.6)	(7.6)	72.7	84.6	85	82		2.2	(0.4)	66.2	67.2	22	60	
브라질	65.4	75.7	74	71	0.2	(5.9)	75.4	87.4	73	55		(3.0)	(1.6)	55.4	63.9	64	75	
인도네시아	82.4	87.6	10	11	3.9	(0.5)	89.6	96.3	17	12		6.6	4.0	75.2	78.8	9	13	
남아공	62.1	75.3	86	74	(0.9)	(7.2)	71.6	85.3	88	74		(4.4)	(1.1)	52.6	65.4	78	69	

자료: 경제추격연구소, 2020

3부

커진 정부,
믿어도 되나

재정으로 버티는 경제, 선도 국가 될 수 없다

▶▶ **최영기**(한림대학교 경영학부 객원교수)

정부는 전대미문의 팬데믹 사태와 이로 인한 경제 위기, 고용 위기를 극복하기 위해 전인미답의 길을 가고 있다. 한국뿐 아니라 모든 나라가 같은 처지에 있다. 그동안 세계의 표준을 세워온 패권 국가 미국도, 신자유주의 경제 패러다임을 전파해온 국제통화기금이나 OECD 같은 국제 경제 기구들도 근본 해법을 내놓지 못하고 있다. 모두 그저 돈을 쏟아부으며 하루하루를 버티는 방법밖에 없는 극도의 불확실성 속에서 각자도생할 뿐이다.

한국은 다행히 K-방역에 힘입어 사회적 거리두기와 경제 활동의 최적 조합을 찾아가면서 성장률 하락과 고용 감소를 최소화하는 데 성공했다. K-방역은 한국을 코로나 대응의 모범 국가로 부각시키고 세계적인 위기 속에서도 한국의 위상을 크게 높이는 일등공신이 되었다. 정부는 한걸음 더 나아가 코로나 위기 극복만이 아니라 포스트 코로나 시대에 펼쳐질 디지털 경제의 선도 국가로 나서자는 새 국가 비전을 제시하며 2025년까지 160조 원, 190만 개 일자리 창출을 골자로 하는 '한국판 뉴딜'을 발표했다.

그러나 앞길이 순탄해 보이지는 않는다. 성과를 내려면 제도 개혁을 위한 기득권의 양보와 지속가능한 재정 확보라는 두 가지 조건을 충족해야 하기 때문이다.

첫 번째로, 한국판 뉴딜은 사회적 이해관계를 재조정하는 새로운 사회 계약이어야 한다. 기득권의 벽을 넘어 새로운 질서를 형성하는 것이 뉴딜이다. K-방역의 성공으로 질병 관리 조직과 예산을 확대하고 공공의료의 비중을 높이자는 사회적 합의가 있었지만, 정책이 현실이 되려면 기득권의 벽을 넘어야 한다. 그러나 정부는 한국판 뉴딜을 본격적으로 추진하기도 전에 기득권의 벽에 부딪혀 좌절했다. 의사협회가 집단행동을 강행하며 의과대학 정원 확충이나 공공의대 설립을 반대했기 때문이다. 한국판 뉴딜 패키지에서 그나마 구체화돼 있던 제도 개혁 과제가 첫발도 떼지 못한 것에서 확인되듯이 뉴딜은 구두선에 그칠 가능성이 높다.

두 번째는 재정의 문제다. 코로나 위기 극복과 한국판 뉴딜에 소요되는 재정 확보에 대한 사회적 합의가 아직 없다. 2018년 이후 소득주도성장의 일환으로 확장적 정책 기조를 유지해온 정부가, 코로나 사태를 맞이하며 재정 만능주의에 빠졌다는 비판이 제기될 정도로 네 차례의 추가경정예산 편성을 불사하며 재정을 쏟아부었다. 상대적으로 돋보이는 2020년의 경제적 성과와 고용 실적도 과감한 재정 투입의 결과다. 문재인 정부가 2017년 집권과 동시에 집착적으로 매달렸던 최저임금 인상과 공공 부문 비정규직의 정규직화, 문재인 케어 등의 복지 강화 정책 모두 재정의 뒷받침으로 가능했다.

그런데 코로나 위기가 장기화되고 경기 회복이 예상보다 늦어진다면 지금과 같이 재정을 계속 쏟아붓는 방식으로 고용을 유지할 수 있을까? 재정으로 버티는 OECD 최고의 성장과 고용 실적은 언제까지 가능할까? 1997년과 2008년 두 번의 경제 위기를 극복할 때도 재정이 결정적인 역할을 했고 코로나 위기에 맞설 수단이 재정밖에 없는 것도 사실이다. 하지만 성장률이 떨어지고 세수가 줄어드는데도 성장 잠재력 확충을 위한 경제 개혁이나 증세와 같은 부담스런 논의는 피한 채, 미래 세대의 희생을 강요하는 국채를 동원해 지금의 성장과 일자리만을 지킨다면, 이런 경제의 지속 가능성을 따져보지 않을 수 없다.

정부는 포스트 코로나 시대의 디지털 경제에서 선도 국가로 나서겠다는 장기 비전을 갖고 한국판 뉴딜을 제시했지만, 노무현 정부 이래 여러 이름으로 추진되던 종합 투자 계획과 무엇이 다른지 알 수 없다. 추격형에서 선도형으로 국가의 대전환을 도모하는 계획이라면 더욱 도전적이고 과감한 발상을 담아야 했다. 2000년대 초반 이후 한국경제는 생산성의 위기를 겪고 있다. 신생 기업과 퇴출 기업이 모두 줄고 있으며, 생산성 향상 속도가 떨어지고 신규 고용 창출도 둔화되고 있다. 한국판 뉴딜에는 이에 대한 고민이 담겨 있지 않다. 게다가 산업 규제 혁신이나 오랫동안 지체되어온 교육과 노동 분야의 제도 개혁은 방치한 채, 미래의 빚을 당겨쓰며 유지하는 성장과 고용 지표가 얼마나 지속가능할지 우려된다. 이렇게 안이한 문제의식과 평범한 대응책으로 선도 국가를 열어가겠다는 정부의 선언은 그저 미사여구일 뿐이다.

1 코로나 위기 극복을 위한 재정정책의 방향과 전망

▶▶ 류덕현(중앙대학교 경제학부 교수 겸 교무처장)

▎문제제기: 코로나 경제 위기와 정부의 재정정책 대응

코로나 바이러스의 확산으로 경제의 앞날에 대한 전망은 한마디로 '불확실성' 그 자체다. 경제 여건과 정책 방향이 코로나 바이러스에 대한 방역(치료약 개발)과 예방(백신 개발)에 달려 있다고 해도 과언이 아니다. 1997~98년 외환위기, 2008년 글로벌 금융위기, 그리고 2011년 유럽 재정위기의 극복에서도 재정정책의 역할은 매우 중요했다. 사상 유례가 없는 경기침체와 저성장 기조의 지속 그리고 사회안전망 확충 등 모든 사회경제적 정책 현안이 재정정책만 바라보고 있는 형국이다.

이러한 시점에서 2020년 시행된 네 차례의 추가경정예산과 확장적인 재정 운용으로 인한 국가채무비율의 급증, 재정건전성에 대한 우려 등은 2021년도의 재정정책 방향과 전망을 논하는 지금에도 유효하다. 2020년과 2021년, 그리고 그 이후 재정정책의 방향은 어떻게 되어야 할까?

재원배분 방향은 경기부양, 경제성장, 그리고 사회안전망 확충

현재의 경제 상황을 위한 재정정책은 크게 세 가지 축으로 진행되어야 한다. 우선 경기부양이다. 코로나로 전 세계의 경제성장률이 둔화하고 경기침체가 지속될 가능성이 높은 상태에서 단기적 경기부양은 절대적으로 필요하다. IMF 외환위기를 극복하는 과정에서 1998년 관리재정수지 적자는 GDP 대비 4.7%였고 2008년 글로벌 금융위기 때는 3.6%였다. 이러한 확장적 재정정책을 펼친 결과 경제성장률은 1998년 -5.5%에서 1999년 무려 11.3%로 치솟았으며, 2008년 0.8%에서 2009년 6.8%로 반등한 것이다.

두 번째는 생산성 혁신, 기업 지원, 인프라 등 잠재성장률을 제고할 수 있는 부문에 대한 재정 투자다. 이른바 성장기반 확충에 대한 투자다. 분야별 재정지출 중 경제부문 예산인 사회간접자본, 산업·중소기업·에너지, 농림수산식품, 그리고 연구개발R&D, research and development 지출 등이 대표적이다. 이를 뒷받침하기

[도표 3-1] **경제 위기 전후 연도별 관리 재정 수지**(GDP 대비, %)

구분	국제통화기금 외환위기(1997년)					글로벌 금융위기(2008년)				
	1997	1998	1999	2000	2001	2008	2009	2010	2011	2012
경제성장률	5.9	△5.5	11.6	8.9	4.9	3.0	0.8	6.8	3.7	2.4
관리재정수지	△2.4	△4.7	△3.5	△0.9	△1.2	△1.0	△3.6	△1.0	△1.0	△1.2

* 2000년 이전 경제성장률은 구계열(2010년 기준년) 기준

자료: 기획재정부

위해 정부는 R&D, 산업·중소기업·에너지, 그리고 사회간접자본 분야 등에 대한 내년도 예산 증가율을 총 지출 증가율인 8.5%보다 훨씬 높은 12.3%, 22.9%, 11.9%로 배정하여 성장 기반 확충에 대한 의지를 적극적으로 드러냈다.

　마지막으로 사회안전망 확충이다. 기술 발전, 사회구조 변화 등으로 야기되는 실업 및 소득분배 악화 등을 대비해야 하기 때문이다. 현재 코로나로 인한 경제활동의 제약은 자영업을 비롯한 영세 상공인 및 저소득층에 심대한 타격을 주고 있다. 2020년 전 국민에게 지급되었던 긴급재난지원금 등의 차원을 넘어, 사회 전 구성원을 대상으로 하는 '한국형 기본소득제'도 기존의 복지지출 체계와 맞물려 논의하고 정립해야 할 주제이다.

▎경제 위기 극복과 지속가능한 재정정책

올해 들어 정부는 경제 위기를 극복하기 위해 4차례 추가경정예산(추경)을 하는 등 적극적인 재정정책을 펼쳐왔다. 이에 따라 GDP 대비 국가채무비율과 관리재정수지 적자 비율도 역대 최고치를 기록할 것으로 전망된다. 특히 올해 들어 재정적자를 감당하기 위해 발행한 적자 국채 규모가 104조 7,000억 원으로, 국가채무에 대한 우려가 높다. 확장적 재정정책의 필요성은 인정한다 하더라도 국가채무 증가 속도가 너무 빠르다는 것이다. 이를 어떻게 봐야 할까?

물론 크게 늘고 있는 국가채무비율을 조심스럽게 관리하고 살펴봐야 하겠지만 규모 자체가 문제 될 정도는 아니다. 국가채무를 구성하는 요소에는 일반회계 적자보전용인 적자성 채무와 융자금 및 외화자산 등 대응자산이 있어 별도의 재원 조성 없이 자체 상환이 가능한 금융성 채무가 있다. 2019년 국가채무비율 37.2% 가운데 적자성 채무가 차지하는 비중은 57%이고 금융성 채무는 43%이다. 또한 국가채무가 늘어나는 속도가 빠른 편이지만 국가재정의 건전성 척도 중 하나인 국채이자 부담은 낮은 편이므로 당분간 큰 문제는 없어 보인다. 과거 4~5% 이자율에 발행되던 국채와 지금 1%대에 발행되는 국채에 대한 부담은 상당히 다르다. 아마도 상당 기간 국채이자율이 경상성장률보다 낮은 수준으로 유지될 것으로 전망되므로 국채에 대한 이자 부담 역시 그렇게 크지는 않다.

'적정한' 국가채무비율을 45% 혹은 50%라고 하여 이를 넘는 것에 대해 과도하게 걱정하는 시각도 있다. 하지만 적정 국가채무비율에 대한 사전적 기준은 없다. 다만 특정한 목적을 달성하기 위한 국가연합체의 합의에 기초한 재정준칙에서 정의한 수치적 목표나, 경제성장률과 국가채무비율에 대한 자료상 상관관계에 기초한 수치 비율 등이 '적정한 수준'의 논거가 되기도 한다. 하지만 국채 발행을 통한 재원 조달은 주권국가가 지닌 재정정책의 중요한 수단 중의 하나다. 국민경제의 거시경제적 차이, 사회구조적 차이, 정치체제의 차이, 재정 여력의 차이 등을 고려하지 않은 채 이를 제한하는 재정 준칙이 전가의 보도처럼 적용되어서는 곤란하다.

또한 국가채무비율의 적정성을 논할 때 해당 비율만 봐서는 안 된다. 한국의 경제사회 발전 구조를 역사적으로 조망하면 '경제성장-효율성'이라는 가치를 위해 '사회복지-형평성'이라는 가치가 희생되어왔다. 재정지출의 분야별 재원 배분의 추이를 살펴보면 이를 쉽게 알 수 있다. '경제지출 과다, 복지지출 과소'가 지난 시기 분야별 재정지출의 특징이기 때문이다.

정부 재정지출의 재원 조달 구조를 살펴보면, 한국은 그동안 국가재정 재원 조달의 두 축 중 하나인 조세 부담을 OECD 회원국 사이에서 가장 낮은 수준으로 유지해왔다. 그 결과가 '낮은 복지 수준-낮은 국가채무비율-낮은 조세부담률'인 것이다. 복지 수준을 높게 유지하는 선진국 중 국가채무비율과 조세부담률이 동시에 낮은 나라는 없다. 즉 높은 복지 수준-낮은 국채 비율-낮은 조세부담률을 동시에 충족하는 것은 실현 불가능한, 이른바 '재정 트릴레마'의 덫에 빠져 있는 것이다.[1]

이처럼 한국의 뛰어난 재정 건전성은 낮은 복지 수준-낮은 조세 부담으로 유지되어온 측면이 있다. 따라서 국가채무비율만으로 재정건전성을 논하는 것은 한쪽만 보고 이야기하는 것이다. 국가채무비율의 급증은 역사적으로 낮은 수준으로 합의된 채 형성되어온 낮은 조세부담률에도 분명히 그 원인이 있다. 향후 재원 조달의 두 방편인 국채 비율과 조세부담률의 적정한 조합을 위한 담론을 형성해야 한다.

| 재정을 통한 효과가 나타나려면 어떻게 해야 할까?

2008년 글로벌 금융위기 이후 각국은 통화정책으로 비정상적 정책이라 불리는 양적완화를 지속적으로 사용하고 있다. 전통적 통화정책으로는 실물경기가 움직이지 않기 때문이다. 현재 코로나로 발생한 전 세계적 경기침체 역시 확장적 재정정책이 아닌 다른 정책으로는 해결이 요원한 상태이다. 2008년 글로벌 금융위기 때 선진국들은 평균적으로 GDP의 5% 이상으로 재정지출을 크게 확장해 위기를 극복했다.

2020년 1~4차 추경을 포함한 총 재정지출 554조 원이 적극적으로 집행된다고 할 때 이것이 과연 적절했는지를 지금 평가하기에는 아직 이르다. 경기가 본격적으로 회복하기 위해서는 재정이 뒷받침될 뿐 아니라 수출 및 내수의 회복 사이클과도 조응해야 한다. 게다가 한국경제의 잠재성장률이 둔화되고 있으며 사회안전망과 고용안전망을 더욱 강화해 분배구조를 개선해야 할 과제를 안고 있다. 재정정책을 통해 코로나 위기를 극복해야 할 뿐 아니라 사회의 변화에 더 적극적으로 대응할 필요가 있다. 특히 성장과 분배가 조화로운 포용국가로 나아가기 위해서는 더욱 장기적 안목에서 재정의 역할을 강화해야 한다. 세계 교역량 축소나 인구 고령화 같은 대내외 구조적 여건 변화로 침체가 가속화되는 것을 막는 것 역시 성장정책으로 간주할 수 있다. 예를 들어 보육 확대나 적극적인 노동시장 정책은 여성과 장년의 경제활동 참가율을 높여 노동력 공급의 측면에서 잠재성장률을 제고하는 데 도움을 준다.

복지와 사회안전망을 확대해 유효수요 기반을 넓혀가는 가운데, 공정한 시장경쟁 질서의 확립, 교육 및 공공 부문의 개혁 등 각종 구조개혁 과제를 추진하는 데 재정을 적절히 활용하면 성장잠재력을 확충하고 지속가능한 성장을 기대할 수 있을 것이다.

| 올해와 내년에도 확장적 재정정책 기조 유지, 하지만 재정건전화는?

올해에 이어 내년 예산에도 확장적 재정정책 기조를 담았다.

IMF 외환위기, 글로벌 금융위기, 코로나 위기 등 10년에 한 번꼴로 발생하는 경제 위기 때마다 맞설 카드로 적극적 재정정책이 부각되면서 정부가 '재정 만능주의'에 빠졌다는 비판도 있다. 하지만 재정이란 것은 이런 위기에 사용하기 위해 평상시에 건전하게 유지하는 것이다. 어려운 경제 위기에는 과거 어떤 때보다도 그나마 건전한 재정을 유지한 노력이 큰 도움이 되는 것이다.

물론 언제나 재정에만 의존할 수는 없다. 지금과 같은 재정 확장의 시기가 지나가고 경제성장과 안정적인 경제 상황이 도래할 때 다시 재정건전화의 시기를 맞이할 수 있다. 예를 들어 미국이 1969년 닉슨 행정부 이래 지속했던 재정적자 시대를 1998년 가을 클린턴 행정부의 균형재정 달성으로 끝내기까지에는 무려 29년이 걸렸다.

적자재정에서 균형재정으로 가는 재정건전화는 뼈를 깎는 고통을 수반한다. 이를 감내하기 위해서는 경기 호황과 함께 경제 체질의 개선이 필수적이다. 재정을 통해 극심한 경기침체를 회복하고 미래의 성장 잠재력을 확충해야 한다. 전쟁에 준하는 경제 상황에서 네 차례의 추경을 통해 대규모 확장재정정책을 펴는 것은 어쩔 수 없는 선택이자 재정건전화를 하기 위한 필요조건이다.

비정상적 시기에는 예외적인 재정정책 운용도 고려할 필요가 있다. 가령 재정사업 성과 평가에 중요한 평가지표로 활용되는 불용·이월액 비율, (실)집행률 등과 같은 지표들을 통한 평가를 한시적으로 완화할 필요가 제기되고 있다. 코로나로 인해 재정사업의 수립과 집행이 용이하지 않은 상태에서 평가까지 염두에 두고 공공 부문을 다그칠 여력이 없는 것이다.

또한 국채 발행을 통해 모든 재정을 마련할 수는 없지만 한시적으로 불가피한 실정이다. 1990년 후반 재정건전화에 성공한 미국과 2010년대 중반 유럽 재정위기 이후 재정건전화에 성공한 독일을 보면 재정건전화를 위해서는 경제가 살아나는 것이 먼저다. 재정건전화를 해야 경제와 국민들의 삶이 살아나는 것이 아니라 그 반대다. 경제와 사람이 살아야 재정이 살 수 있는 것이다.

2 한국판 뉴딜이 대전환의 계기가 될 수 있을까?

▶▶ 김호원(서울대학교 치의학대학원 객원교수)

| 새로운 100년을 위한 담대한 구상, 한국판 뉴딜

코로나가 가져온 충격은 통상의 경제적 충격과 전혀 다른 양상을 보이고 있다. 가계·기업·정부 등 경제 주체들의 행태와 인식이 변하고 있으며 탈세계화, 디지털 경제의 가속화, 저탄소 경제로의 전환 등 경제·사회 전반의 구조적 변화를 초래하고 있다. 코로나의 전 세계적 확산과 이에 대응한 국가 간 이동 제한 조치의 영향으로 세계경제는 당초 예상보다 훨씬 심한 경기침체를 겪고 있고, 주요국의 정책 대응도 그 규모나 다양성면에서 전례가 없을 정도다.

2019년 말부터 회복세를 보여주던 한국경제는 2020년 1월 말부터 국내외에서 코로나가 급속히 확산되면서 급격히 위축되고 있다. 이에 정부는 전례 없는 수준의 과감한 정책 대응을 하고 있다. 코로나 발생 초기에는 방역을 통한 사태의 조기 종식에 총력을 기울이면서 신속한 피해 극복 지원, 민생 안정 및 일자리 지키기에 노력했으며, 2020년 7월 14일에는 '한국판 뉴딜' 종합 계획을 발표한 바 있다.

추격형 경제에서 선도형 경제로, 탄소 의존 경제에서 저탄소 경제로, 불평등 사회에서 포용 사회로의 도약을 목표로 하는 한국판 뉴딜은, 도표 3-2에서 보는 바와 같이 디지털 뉴딜과 그린 뉴딜을 두 개의 축으로 추진하되 안전망 강화로 뒷받침해나갈 계획이다. 한국판 뉴딜은 2025년까지 28개 추진 과제를 중심으로 디지털 뉴딜에 58조 원, 그린 뉴딜에 73조 원, 안전망 강화에 28조 원 등 총 사업비 160조 원을 투자해 일자리 190만 개를 창출할 계획이다.

과거 미국의 뉴딜을 벤치마킹한 한국판 뉴딜은 코로나 사태로 인한 위기 극복과 코로나 이후 글로벌 경제를 선도하기 위한 국가 발전 전략으로 한국경제를 한 단계 업그레이드하는 데 크게 기여할 것으로 보인다. 문재인 대통령은 한국판 뉴딜 국민보고대회에서 한국판 뉴딜은 선도 국가로 도약하는 '대한민국 대전환' 선언이라고 공표한 바 있다.

1930년대 경제 대공황의 극복을 위해 추진되었던 뉴딜은 사회적 합의deal에 기반해 3R, 즉 구제relief, 회복recovery, 개혁reform에 중점을 두었으며 단순히 경기 회복뿐 아니라 자유방임주의의 종언, 독점자본주의의 모순 시정, 미국 복지 제도의 토대 형성 등 철

[도표 3-2] 한국판 뉴딜의 분야별 투자계획 및 일자리 효과

단위: 국비(조 원), 일자리(만 개)

구분	분야	2020 추경 ~ 2025년 투자	일자리
디지털 뉴딜	①D.N.A(데이터, 네트워크, AI) 생태계 강화 ②교육인프라 디지털 전환 ③비대면 산업 육성 ④사회간접자본 디지털화	31.9 0.8 2.1 10.0 **44.8**	56.7 0.9 13.4 19.3 **90.3**
그린 뉴딜	⑤도시·공간·생활인프라 녹색 전환 ⑥저탄소·분산형 에너지 확산 ⑦녹색산업 혁신생태계 구축	12.1 24.3 6.3 **42.7**	38.7 20.9 6.3 **65.9**
안전망 강화	⑧고용사회 안전망 ⑨사람 투자	22.6 4.0 **26.6**	15.9 18.0 **33.9**

자료: 「한국판 뉴딜」 종합계획, 관계부처합동(2020. 7. 14.)

[도표 3-3] 1930년대 미국 뉴딜 정책의 주요내용

구분	목적	주요 사업
①구제 ②회복 ③개혁	대량 실업 구제 및 민생 안정 대공황 이전 수준으로 경제 회복 사회 불균형·시장 시스템 모순 개혁	테네시강 유역 개발, 문화 사업 등 산업 회복·농촌 경제 활성화 지원 등 노동 제도·사회보장제도 개혁 등

자료: 「한국판 뉴딜」 종합계획, 관계부처합동(2020. 7. 14.)

학, 이념, 제도 측면에서 대전환을 하는 데 크게 기여했다는 평가를 받고 있다.

코로나 이후 각국의 위상은 코로나 충격으로부터의 빠른 구제와 회복, 그리고 신속한 개혁 여부에 크게 좌우될 것이다. 한국판 뉴딜

은 이러한 시대적 흐름 속에서 앞서가기 위한 새로운 100년의 담대한 구상과 계획으로 설계된 것이다. 다만 토목 사업 대신 디지털·그린 인프라의 구축, 포스트 코로나 시대 미래 먹거리 창출의 토대, 저탄소 사회 전환의 선도, 미래 핵심 인재 양성을 위한 장기 투자를 목표로 한다는 점에서 뉴딜과 차별화된다.

▎한국판 뉴딜에 대한 기대와 우려

한국판 뉴딜은 문재인 정부가 사실상 처음으로 제시하는 장기 발전 전략으로 많은 국민의 기대를 받고 있다. 디지털 뉴딜과 그린 뉴딜의 두 축도 시대적 흐름과 부합하는 것으로 정책의 방향성 측면에서 높은 평가를 받고 있다. 그리고 '한국판 뉴딜 전략 회의'를 설치해 대통령이 직접 중요 사안을 결정하고 정부와 여당 간 당정 협업 체계를 구축한 점 등은 정책 추진의 실효성을 담보할 수 있는 체계를 갖추었다는 점에서 높이 평가할 수 있다. 대규모 봉쇄 조치 없이 나름대로 선방하고 있는 K-방역에 대한 국제적인 평가와 4월 국회의원 선거로 갖춰진 정부·여당의 정책 추진 여건도 한국판 뉴딜에 유리한 정책 환경으로 작용하고 있다.

그러나 긍정적 평가에도 한국판 뉴딜이 대한민국의 새로운 100년의 설계가 되기 위해서는 몇 가지 보완이 필요해 보인다.

먼저 한국판 뉴딜은 '뉴딜'이라기보다 넓은 의미의 '산업 정책'

에 가깝다. 새로운 산업을 일으켜 일자리를 만들겠다는 전형적인 산업 정책에서 종합적인 제도 개혁 프로그램을 의미하는 '뉴딜'이 되기 위해서는, 한국경제와 사회에 가장 절박한 문제들에 대한 비전 제시가 필요하다.

성장은 어떻게 하고, 분배 문제는 어떻게 해결할 것인지, 추격형 경제에서 선도형 경제로 가기 위한 '사고와 제도의 대전환'은 어떻게 할 것인지, 무언가를 해주겠다는 약속만 쏟아내지 말고 누구의 부담으로 어떻게 재원을 조달할 것인지 등에 대해 구체적 방안을 내놓고, 그 방안에 대해 어떤 절차로 사회적 합의를 이끌어낼지 등에 대한 더 큰 청사진이 제시되어야 할 것이다.

둘째, 코로나의 대응 과정에서 정부의 역할이 확대되고 있는 것은 시대적 추세이지만 한국판 뉴딜에 민간 부문이 어떻게 참여할 것인지에 대해서는 거의 언급이 없다. 2025년까지 국비 114조 1,000억 원을 순차적으로 투입해 민간 수요를 견인하는 마중물 역할을 수행하고, 제도적 기반 구축과 규제 개선을 지속해 민간의 혁신과 투자를 촉진한다는 언급은 있으나 구체적 방법에 대해서는 숙제로 남겨두고 있다. 2025년까지 총 사업비 160조 원 중 지방비는 25조 2,000억 원, 민간은 전체의 12.9%인 20조 7,000억 원에 불과한 것도 민간의 참여가 제한적임을 나타내는 증거다.

한국판 뉴딜은 대대적인 정부 주도 전략인데, 시장 친화적이지 않는 정부 주도 정책이 얼마나 효과를 발휘할지 의문이다. 1930년대 미국의 뉴딜 정책이 프랭클린 루스벨트 대통령과 민주당의 정치적 성공은 가져왔지만, 경제적으로는 정부의 지나친 개입으로 경제의 역동성이 저하되고 자원이 비효율적으로 배분되게 함으로써 경제 위기를 장기화시켰다는 역사적 교훈을 곱씹어보아야 한다.

중국판 뉴딜이라 할 수 있는 신 인프라 건설新基建 정책에서 민간 기업의 참여 기회를 대폭 확대한 점은 눈여겨볼 만하다. 중국의 신 인프라 건설 정책은 중앙 정부 및 지방 정부, 그리고 기업과 민간의 역할을 명확히 제시하고 있다. 중앙 정부는 범국가적 방향을 제시하고, 지방 정부는 이를 이행하기 위한 구체적인 목표를 발표했다. 예를 들어 상하이시의 경우 총 투자비 2,700억 위안 가운데 2,100억 위안을 민간으로부터 유치할 계획이다. 지역의 산업 집적 단지를 조성한다는 계획에서도, 알리바바(항저우), 텐센트(선전) 등 글로벌 500대 기업에 속하는 대기업이 본거지 지역의 주체가 되고 중국 정부는 지원하는 역할을 맡은 것도 참고할 만하다.

셋째, 일자리 창출이 정책의 직접적인 최우선 목표가 되어서는 안 된다. 한국판 뉴딜은 문재인 정부 임기 내 89만 개, 2025년까지 전부 190만 개의 일자리를 창출하는 것을 주요 정책 목표로 하고 세부 과제별 일자리 창출 규모를 제시하고 있다. 고용 창출이 경제 정책의 목표인지, 정책의 결과인지에 대해서는 논란이 있을 수 있지만, 고용 창출이 경제 정책 및 투자의 직접적이고 최우선적인 목표가 되는 것은 많은 문제를 파생시킬 수 있다. 190만 개라는 숫자도 중요하지만 얼마나 질이 좋은 일자리를 창출하는지가 더 중요하기 때문이다.

장기적으로 양질의 일자리를 창출하는 것은 결국 민간 기업이다. 정부는 민간 기업의 생성과 성장에 도움이 되는 기업 생태계 조성에 중점을 두어야지, 고용 창출이라는 목표와 일자리 숫자에만 집착해서는 공공 일자리만 늘어나고 민간 기업의 일자리는 정체되는 작금의 고용 상황이 지속될 위험이 있다. 예를 들어 정부는 한국판 뉴딜의 첫 사업인 '데이터 댐' 구축을 위해 인턴십 8,950명의 고용을 창출했다. 근무 기간은 2020년 9월부터 12월 18일까지고 월급은 180만 원이다. 한국판 뉴딜의 많은 공공일자리가 이 수준을 넘지 못할 것이다. "과연 이런 일자리에 귀한 청년의 시간을 쓰게 하는 게 맞느냐"라는 어느 국회의원의 지적을 흘려들어서는 안 된다.

넷째, 지난 20년간 제대로 추진하지 못했던 4대 구조(공공·노동·금융·교육) 개혁, 특히 기업 구조조정과 노동 규제 개선이 지속되어야 한다. 2020년 7월 20일 한국은행이 발표한 보고서('BOK 이슈노트: 한계기업이 우리나라 제조업 노동 생산성에 미친 영향')에 따르면, 한국 제조업에서 한계기업의 비중은 2010년 7.4%에서 2018년 9.5%로 상승했으며, 한계기업의 노동 생산성은 정상 기업의 48%에 불과했다. 이는 만성 한계기업, 그중에서도 소규모 기업들의 구조조정이 부진한 데 기인했다.

2020년 7월 29일 한국은행이 발표한 '신생 기업 감소와 거시경제적 영향' 보고서에 따르면, 2000년대 초반 이후 신생 기업의 시장 진입 감소와 기존 기업의 퇴출 감소가 함께 진행되면서 기업의 노동 생산성과 고용 창출 효과가 낮아져, 앞으로의 경기가 '고용 없는 경기 회복'이 될 수 있음을 시사하고 있다.

금융 회사의 느슨한 대출 관행, 국가의 과다한 정책금융 등으로 부진한 한계기업이 시장에서 퇴출되지 못하고 있는 이유를 면밀히 살펴보는 한편, 기업의 진입 장벽을 완화하는 규제 개혁을 적극 검토해나가야 할 것이다.

2020년 7월 한국경제연구원이 주한 외국 기업 138곳을 대상으로 '노사 관계 인식'을 조사한 결과도 긍정적이지 않다. 한국의 노사 관계가 외국인 투자 유치에 부정적이라는 응답이 54.3%에 달했고, 한국의 노사 관계 경쟁력(100)이 일본 수준(107.7)으로 개선되면, 외국인 투자가 평균 23.4% 늘어날 것이라고 답했다. 한편 대한무역투자진흥공사KOTRA의 설문조사에서도 해외에 진출한 한국 기업의 62.4%가 코로나의 영향을 받았지만 국내 철수 의향 의사를 밝힌 기업은 4.2%에 불과했고, 그 이유로 생산 비용 상승과 노동 환경 등을 거론했다. 노동의 안전성과 유연성을 함께 높이기 위한 노력이 지속되어야 하는 이유다.

| VUCA 시대, 한국판 뉴딜의 성공 조건

VUCA란 기업을 둘러싼 경영 환경뿐 아니라 정부의 정책 환

경이 얼마나 변동성이 크고volatile, 불확실하며uncertain, 복잡하고 complex, 애매모호한지ambiguous를 의미하는 표현이다. VUCA 시대의 정책 결정은 수립한 계획과 전략이 어긋나는 경우가 많이 발생하기 때문에, 지속적으로 상황을 관찰하고 전략을 수정해 실행하는 노력이 필요하다. 전략을 수립하고 집행하는 과정이 복잡해져 예상치 못한 새로운 문제가 발생하기도 한다. 도대체 우리가 직면한 문제가 무엇이며, 해결책이 무엇인지 애매모호한 상황이 연출되기도 한다.

4차 산업혁명의 패러다임 전환과 코로나로 인한 '초 불확실성' 시대에 한국판 뉴딜의 효율성을 제고하고 실행 가능성을 높이려면 어떻게 해야 할까?

첫 번째로, 정책 결과가 아닌 정책 과정 자체에 중점을 두어야한다. 아무리 예측하기 어려운 위기라 하더라도 사전에 징후를 전혀 감지할 수 없는 것은 아니다. 문제는 징후가 감지되더라도 이를 준비하기 위한 정책적 결정을 쉽게 내릴 수 없다는 데 있다. 결국 우리가 할 수 있는 방법은 정책을 한 번 정하고 상황 변화에 관계없이 당초 계획대로 집행해나가는 방식을 벗어나, 진행 상황을 예의주시하면서 변화된 상황에 맞춰 빠르게 수정하는 '과정으로서의 정책 결정 시스템'을 구축하는 것뿐이다. 이러한 상황 속에서 정부가 추구해야 할 가치는 '기민함'과 '유연성'이다. 정책의 지속적 점검과 피드백 과정이 무엇보다 중요하다.

두 번째로, 장기적 관점의 근본적 접근 방법이 중심이 되어야 한다. 코로나로 인한 지금의 경제적 위기는 그 강도와 지속 기간이 글로벌 금융 위기보다 크고 길 가능성이 높다. 기저 체력마저 쇠약한 한국경제가 단기간에 회복되기를 기대하는 것은 무리다. 따라서 정책 당국은 단기적 성과에 일희일비할 것이 아니라 장기적 관점에서 '기업하기 좋은 나라'라는 목표를 향해 근본적 혁신을 이루어야 한다. 지속적 재원을 확보하기 위한 보편적 증세 문제와 은산분리·수도권 규제·원격 진료 등 핵심 규제 문제와 4대 구조개혁 문제와 소득주도성장 정책으로 대표되는 기존 정책 기조의 전환 문제 등을 한국판 뉴딜에 담아 지속가능한 발전 측면에서 고민하고 고쳐나가야 한다.

세 번째로, 반드시 사실에 근거한 정책을 수립해야 한다. 정부는 한국판 뉴딜에 2025년까지 국비만 114조 원을 투입할 계획이다. 수많은 세부 대책이나 예산 사업 중에 막연한 공포심이나 정치적 목적, 또는 '선제적 대응'이라는 조급함 때문에 충분한 연구나 검토 없이 대책을 내놓은 것은 없었는지 냉정하게 점검할 필요가 있다.

최근 경제 정책의 정치적 종속 현상에 대해 많은 우려가 있다. 좋은 정책이냐 나쁜 정책(포퓰리즘적 정책)이냐를 구분하는 간단한 기준은 사실에 근거한 정책이냐의 여부다. 단순한 슬로건이나 당연해 보이는 정책의 유혹에 대해 의문을 제기하고, 과연 기대한 효과가 있을지에 대해 치열하게 검토하는 것은 정책 당국의 숙명이다. 발 빠른 정책 결정과 사실에 근거한 정책 수립은 결코 모순되지 않는다.

마지막으로 한국판 뉴딜의 성공을 위해서는 소통의 리더십이 절대적으로 필요하다. 역사학자들은 뉴딜 정책의 성공이 당시의 경제 상황 못지않게 '뉴딜 선생 Dr. New Deal'이라고 불렸던 루스벨트 대통령의 탁월한 소통 능력에 크게 기인했다고 평가한다. 당시 민주당이 상·하원에서 모두 다수당이었음에도 루스벨트 대통령은 힘의 논리를 앞세우기보다 야당 대표를 설득하는 데 많은 노력을 기울였다. 국민과 직접 소통하기 위해 시작한 '노변담화'는 그의 트레이드마크가 되었으며, 12년간 재임하며 기자회견을 945회나 열었을 정도로 그는 어느 대통령보다 소통에 공을 들였다.

2012년 후보 시절의 문재인 대통령은 가장 존경하는 현실 정치인으로 프랭클린 루스벨트를 꼽았다. 한국판 뉴딜의 성공을 위해서라도 여당의 일방적 독주 대신 대통령이 직접 야당과 경제계를 자주 만나 소통하는 적극적인 리더십을 발휘해야 한다.

| 지금 정책이 한국경제의 향후 10년을 좌우한다

우리는 코로나와 언제 끝날지 알 수 없는 전쟁을 치르고 있다. 글로벌 경기 회복도 당초 예상보다 지연될 가능성이 높아짐에 따라 U자형 또는 L자형 경기 회복을 전망하는 견해가 점차 확산되

고 있다. VUCA로 표현되는 지금의 환경은 경제를 이끌어가는 리더들에게 많은 변화를 요구하고 있다. 포퓰리즘적 정책에 매몰되지 않는 좋은 정책을 만들어가기 위해서는 선한 의도만을 내세우며 눈에 보이는 증상에만 치중하기보다 어렵더라도 경제의 근본적 문제를 치유하는 데 정책 역량을 집중해야 한다.

재정 투입을 통해 단기적 수요를 확대하는 정책들은 쉬운 정책이다. 그러나 정책 기조를 획기적으로 전환해 국가 전체를 개조하는 일은 실행하기 어려운 정책들이다. 코로나로 국격이 높아지고 여러모로 정부와 여당의 정책 추진 여건이 좋은 지금이, 중요하지만 미루어온 정책들을 추진할 수 있는 절호의 기회다.

3 코로나 고용 충격은 1998년, 2008년과 다를까?

▶▶ **최영기**(한림대학교 경영학부 객원교수)

원점으로 돌아온 문재인 정부의 고용노동 정책

2020년 고용은 K-방역에 힘입어 최악은 피했다. 3~4월에 급격한 고용 감소가 있었지만 5월 이후 더 악화되지는 않았다. 1997년 외환위기와 2008년 세계 금융 위기를 거치며 꾸준히 보강해온 고용보험의 고용 유지 지원 제도가 방파제 역할을 했다. 정부도 4차 추경까지 편성하며 위기에 처한 사업체와 일자리를 지키기 위해 고군분투했다. 노사가 위기 극복을 위해 의기투합했다고는 할 수 없지만 사태를 악화시키지는 않았다. 위기 극복을 위한 원 포인트 사회적 대화에서 노사의 양보와 타협은 없었지만 그렇다고 정리해고를 둘러싼 대형 노사 분규나 노사 관계 악화도 없었다.

모든 요인에 앞서 K-방역이 일자리 방어의 일등공신이다. 외국을 보면 방역 실패는 성장과 고용에 치명적 타격을 가하기 때문이다. 방역의 유일한 수단이 사회적 거리두기이기 때문에 일자리 충격은 불가피했다. 다만 그 충격은 계층에 따라 불균형해서 대면 서비스업에 종사하는 저임금 계층에서 큰 폭의 고용 감소가 있었다. 이번에도 위기를 거치며 노동시장 양극화가 더욱 심화될 가능성이 높다.

그렇지 않아도 집권 후반기에 들어 빛을 잃어가던 문재인 정부의 고용 관련 국정 과제들은 코로나 사태를 계기로 간판을 내리게 됐다. 최저임금 인상이나 비정규직의 정규직화, 근로시간 단축을 통한 일자리 창출 그리고 한국형 사회적 대화의 복원 등 문재인 정부가 뽐내던 고용·노동 정책들은 코로나 위기 이후 다시 꺼내 쓰기 어려워졌다.

코로나 사태가 아니더라도 이 정책들의 효능은 이미 다했다고 할 수 있다. 2020년 최저임금 인상률은 3%에도 미치지 못했고 2021년에는 1.5%에 그쳤다. 비정규직의 정규직화도 공공 부문에서만 효과가 좀 있었을 뿐 민간 부문의 비정규직은 오히려 증가했다. 결과적으로 저임금 불안정 고용 계층의 소득 향상을 통해 분배를 개선하고 소비를 촉진해 성장과 고용을 동시에 해결하겠다던 소득주도성장의 취지가 무색해졌다.

문재인 정부가 주도적으로 정책을 펼칠 시간은 이제 1년밖에 남지 않았다. 최저임금 대폭 인상이나 소득주도성장의 성과로 내세우는 저임금 근로자 감소와 약간의 소득분배 개선 효과도 코로나 위기를 거치며 아무런 의미가 없어지고 말았다. 일자리 정부를 자처했으나 외환위기 이후 최악의 고용 위기에 빠진 역설적인 상황에서, 결국 문재인 정부에 대한 평가는 그동안의 성과보다는 코로나 위기에 어떻게 대처했느냐에 좌우될 수밖에 없게 됐다. 그나마 다행인 점은 다른 OECD 국가들에 비해 한국이 방역과 성장, 고용에서 선방하고 있다는 점이다.

▎ K-방역과 고용 안전망이 지켜준 일자리

2020년 코로나의 고용 충격은 3월에 집중됐지만 실업지표는 크게 요동치지 않았다(실업률 0.5%p 상승, 실업자 약 13만 명 증가). 충격은 비경제활동인구와 휴직자의 증가로 표출됐다. 취업자가 2월 대비 68만 명 감소하고 일시 휴직자가 112만 명 폭증했다. 이런 추세는 4월까지 이어져, 3~4월 2개월간에는 2월에 비해 200만 명 이상의 취업자가 일자리를 잃거나 무급 또는 유급 휴직에 들어갔다.

특징적인 현상은 고용 충격의 절반을 일시 휴직으로 흡수했다는 점이다. 지난 1998년 위기 때나 2008년에 비해 일시 휴직자가 눈에 띄게 증가한 것은 그동안 고용 안전망이 꾸준히 강화됐기 때

[도표 3-4] **외환위기, 금융 위기, 코로나 위기 시 고용 지표의 변화 비교(천 명)**

구분	취업자 (1)	실업자	비경제 활동 인구	일시 휴직 (2)	취업자+ 일시 휴직 (3)=(1)+(2)	일시 휴직 (2)÷(3) (%)
외환위기 (1998)	-1,606	943	600	163	-1,769	9.2
금융 위기 (2008)	-249	130	82	165	-414	39.9
코로나 (2020)	-1,018	124	921	988	-2,006	49.3

* 각 지표의 최대 증감 수치를 나타낸 것임.

자료: 홍민기, 「2020 상반기 고용 동향」(2020)

문이다. 특히 고용보험의 고용유지지원 제도와 이를 보강하는 정부의 발 빠른 대처로 좀 더 많은 기업들이 해고보다는 고용을 유지하는 쪽으로 선택했다는 점이 긍정적이다.

3~4월의 고용 악화는 오래 지속되지 않았다. 5월 이후 코로나의 위세가 꺾이고 사회적 거리두기가 조금 완화되면서 고용도 조금씩 나아지기 시작했다. 5월 취업자는 전년 동기에 비해서는 39만 2,000명 감소했지만 계절적 요인을 빼고 4월 취업자와 비교할 때는 15만 3,000명이 증가했다. 쉽게 말해 코로나 위기 이전의 고용 수준을 회복하기에는 턱없이 부족하지만, 5월부터 고용사정이 더 나빠지지는 않았다는 점에서 긍정적이다. 이런 추세는 6월까지 이어지면서 코로나 위기로 인한 고용 충격은 3~4월에 집중됐고 5월 이후 회복 국면에 들어섰다고 할 수 있다.

과거 위기들과 달리 코로나 고용 위기에서 나타나는 가장 큰 특징은, 경제적 요인이 아니라 방역을 위한 긴급조치 때문에 짧은 기간에 고용이 큰 폭으로 감소했다는 점이다. 코로나 사태가 수습된다고 해서 경제 활동과 고용의 빠른 회복을 기대할 수 있는 것도 아니다. 1998년의 경우 고용이 위기 이전 수준을 회복하는 데 16개월이 걸렸고, 2008년에는 14개월이 걸렸다. 1998년의 고용위기가 1년 넘게 행해진 공공 부문과 민간 대기업 정규직(상용직)의 대량 해고 때문이었던 데 반해, 이번에는 대면 서비스 업종에서 일시 휴직 또는 실직 형태로 임시 일용직의 고용 감소가 발생했다는 점이 다르다.

따라서 1998년에 비해 코로나 고용 충격은 강도도 약하고 회복의 속도도 훨씬 빠를 수 있지만, 앞으로의 고용 전망은 전적으로 팬데믹의 지속 기간에 좌우될 것이다. 6개월 넘게 코로나 감염증의 확산 추세가 꺾이지 않는 데다가 내년 이후에도 경제의 V자 반등을 기대할 수 없기 때문에 고용이 정상화될 시점을 속단할 수 없다.

이뿐만 아니라 코로나 위기를 거치며 비대면 서비스와 디지털 기술의 급속한 확산에 따라 일자리의 종류가 달라지고 일자리의 총량이 감소할 수 있다. 이 전환기에 가장 큰 타격을 받는 집단은 이미 체감 실업률이 25%를 상회하는 청년 구직자들이다. 경제 환경이 급변하고 불확실성도 높기 때문에 기업이 신규 채용을 기피하는 데다가 2020년부터 누적된 청년 실업의 적체로 2021년 상반

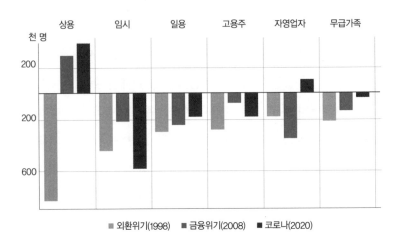

[도표 3-5] 외환위기, 금융 위기, 코로나 위기 시 직종별 고용 지표 변화

■ 외환위기(1998) ■ 금융위기(2008) ■ 코로나(2020)

자료: 홍민기, 「2020 상반기 고용 동향」(2020)

기 채용 시장은 최악으로 치달을 수 있다. 코로나 위기가 길어질수록 고용유지지원 제도에 의존하던 휴직자(2020년 7월 약 20만 명)들이 실업자로 전락할 가능성이 높다. 가까스로 버텨오던 한계기업들이 정리해고와 폐업으로 내몰리면서 실업자가 쏟아져 나올 수도 있다. 그렇게 되면 장기 실업자가 늘고 고실업 상태가 구조화될 수 있다. 정리해고가 증가하면 전국 단위 노사 관계가 나빠지고 개별 기업의 노사도 갈등의 악순환으로 빠져들 수 있다.

코로나 고용 충격은 과거보다 더욱 심하게 저임금 불안정 고용 계층에 집중되고 있다. 공공보다는 민간, 대기업보다는 중소기업, 정규직보다는 임시 일용직과 특수 고용직, 남성보다는 여성의 일자리가 더 많이 줄었다. 1998년에는 수출과 제조업 부문에서 V자

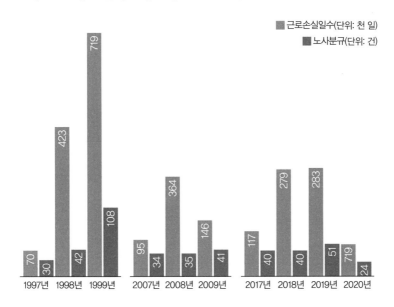

[도표 3-6] 연도별 상반기(1~6월) 노사 분규 발생 건수 및 근로 손실 일수

■ 근로손실일수(단위: 천 일)
■ 노사분규(단위: 건)

1997년 70 30
1998년 423 42
1999년 719 108
2007년 95 34
2008년 364 35
2009년 146 41
2017년 117 40
2018년 279 40
2019년 283 51
2020년 719 24

자료: 고용노동부

반등을 해 최악의 고용 위기에서 비교적 빨리 벗어날 수 있었다. 2008년 위기는 고용 충격이 크지 않았던 데다가 중국경제의 성장에 편승하여 전반적인 경기가 회복되면서 고용도 큰 충격을 피할 수 있었다. 이런 관점에서 보면 지난 두 번의 사례와 달리 이번에는 더 장기적이고 구조적인 고용 위기에 빠져들 가능성을 배제할 수 없다.

문재인 정부는 지난 두 번의 위기를 겪으며 분배가 크게 악화됐던 전철을 밟지 않기 위해 한국판 뉴딜을 대안으로 들고 나왔다. 청년을 비롯한 대규모 실업 사태에 대비한 적극적인 고용 전략의 일환으로 마련된 한국판 뉴딜이지만 그 성과를 장담할 수는 없다.

▎ 정부의 손을 떠난 앞으로의 고용노동 정책 과제

OECD 주요국들이 모두 경제 충격을 최소화하고 고용을 유지하기 위해 공격적인 정책 수단을 총동원했지만 큰 폭의 성장률 하락과 고용 위기를 피할 수는 없었다. 이에 비해 한국은 방역과 경제 활동의 균형을 잘 유지하면서 경제적 피해를 최소화한 것으로 평가된다. 그러나 코로나의 확산 추세가 꺾이지 않고 경제적 불확실성도 커서 2021년의 경제 성장과 고용 창출을 낙관하기 어렵다. 정부는 30조 원의 일자리 예산을 편성하고 단기 일자리라도 만들겠다고 하지만 민간 부문의 고용 창출이 받쳐주지 않으면 고용 위기를 벗어날 수 없다.

2021년은 문재인 정부가 국정 과제를 마무리해야 하는 임기 마지막 해나 다름없다. 문재인 정부는 이제 새로운 정책을 시작하기보다 코로나 위기를 잘 관리하고 그동안 추진해온 정책 과제 중에서 미진한 부분을 보완하는 소극적 자세를 취할 가능성이 높다. 정부가 할 수 있는 일이 많지 않기 때문이다.

최저임금 인상과 공공 부문 비정규직의 정규직화는 여러 숙제를 남겨놓은 채 마무리 단계에 있다. 반면 국회가 입법을 통해 마무리해야 할 과제들이 많이 남아 있다. 탄력근로시간제 개편은

(단위: 천 명, %)

비임금 근로자	취업자			
	고용보험 적용제외[1]	고용보험 미가입	공무원 교원 등[2]	고용보험 가입[3]
5,799(24.9)	1,781(6.5)	3,781(13.8)	1,469 (5.4)	13,528 (49.4)
법적 사각지대		실질적 사각지대		

* 5인 미만 농림어업, 가사서비스업, 65세 이상. 평소 주당 근로시간이 15시간 미만으로 3개월 미만 일
 하고 일용직이 아닌 근로자, 특수형태근로에 종사하는 근로자.

** 공무원, 사립학교 교직원, 별정우체국 직원 등 특수직역연금 가입자.

*** 실업급여 무급요건 중의 하나인 18개월 동안 180일의 근무이력을 직접 계산할 수 없으므로, 근속
 7개월 이상의 고용보험 가입자를 산출하면 41.6%임.

자료: 통계청, 「경제활동연구 근로형태별 부가조사」, 2019.6.

2019년 2월 경제사회노동위원회의 합의에도 법이 개정되지 않고
있다. 21대 국회 초기에 처리돼야 할 밀린 숙제다.

국회 입법을 기다리는 첫 번째 과제는 한국판 뉴딜의 과제이자
문재인 정부의 국정 과제이기도 한 고용 안전망의 확충이다. 코로
나 고용 위기에서 진가를 발휘했던 고용보험의 고용유지 지원금
은 가입자만 받을 수 있다. 2019년 기준 고용보험 가입자가 전체
취업자의 절반도 안 되기 때문에 나머지 50% 취업자에 대한 고용
안전망 제공이 시급한 과제로 제기됐다. 궁극적 목표는 비임금 근
로자(자영업자와 무급 가족 종사자)까지 포괄하는 보편적 고용 안전망
이지만 2021년에는 근로자성(경제적 종속성 또는 노무 제공의 전속성)이
강한 특수고용직을 고용보험에 포함하는 법 개정이 우선 추진될

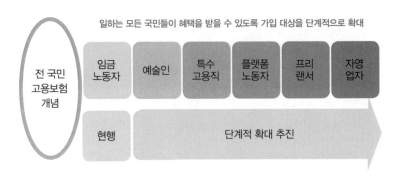

[도표 3-8] 전 국민 고용보험 개념도

일하는 모든 국민들이 혜택을 받을 수 있도록 가입 대상을 단계적으로 확대

| 전 국민 고용보험 개념 | 임금 노동자 | 예술인 | 특수 고용직 | 플랫폼 노동자 | 프리 랜서 | 자영 업자 |

| 현행 | 단계적 확대 추진 |

전망이다. 이를 위한 법 개정안은 이미 국회에 제출되어 있기 때문에 여야 합의만 된다면 곧 시행이 될 수도 있다. 2020년 시행 예정인 한국형 실업부조 제도 격의 국민취업지원제도와 함께 고용보험 가입의 확대는 보편적 고용 안전망으로 가는 큰 전환점이 될 수 있다.

그러나 한국판 뉴딜이 내세우는 전 국민 고용보험으로 가기 위해서는 해결해야 할 기술적 과제와 이해관계의 조정 문제가 적지 않다. 기존 가입자들은 근로 장소나 시간을 기준으로 가입 자격과 보험료를 판단할 수 있었지만 플랫폼 노동자, 프리랜서, 자영업자 등의 경우에는 취업과 실업의 경계가 뚜렷하지 않고 근로시간도 파악하기 어렵다.

고용보험료 책정 기준을 임금에서 소득 일반으로 전환하고 징수도 조세 행정 체계로 일원화할 필요가 있다. 그뿐만 아니라 이들 직종의 특성으로 볼 때 취업과 기여의 불안정성으로 인해 기존 가입자와의 형평성 문제를 해결하기 위한 사회적 합의도 필요할 것이다. 특히 독립성이 강한 자영업자들까지 모두 고용보험에 가입하는 것이 능사일까 하는 문제도 있다. 이들에게 적용할 만한 좀 더 현실적인 고용 안전망은 실업급여 보장이 아니라 원활한 전직과 전업을 지원할 충실한 고용 서비스일 수 있다.

정부가 2020년 정기국회 처리를 기대하는 두 번째 과제가 결사의 자유 및 강제 노동 금지 관련 국제노동기구 핵심 협약(29호, 87호, 98호) 비준과 그에 따른 관련법 개정이다. 경제사회노동위원회의 오랜 협의에도 불구하고 노사가 이견을 좁히지 못하자 정부가 결단해 비준안과 관련 법 개정안을 국회에 제출한 상태다. 이는 여야 간의 정치적 타협이 필요한 장기 미결과제이다.

기업의 근로자가 아닌 자(실업자 또는 퇴직자)의 노동조합 가입을 허용할 것인지가 관건인 첨예한 쟁점이다. 이는 전교조의 법적 지위를 다투는 핵심 쟁점이기도 했다. 경영자 단체는 해고자들이 조합원 자격을 유지하며 기업 단위 노조 활동에 영향을 미치는 경우를 우려해 강한 반대 입장을 견지하고 있다. 하지만 정부는 국제노동기구뿐 아니라 OECD나 유럽연합 차원에서 보편적으로 받아들이는 국제적인 노동 규범을 더 이상 외면하기 어렵다는 입장이다. 경영자들이 우려하는 악용 사례를 줄이기 위한 최소한의 보완 조치는 마련돼야 할 것이다.

공무원의 노동조합 가입 자격을 현행 6급 이하에서 5급 이상까지 확대하는 문제도 있다. 입법 과정에서 국회 차원의 의견 수렴이 필요할 것이다. 국제노동기구 협약 비준과는 무관하지만 경제 단체가 요구하는 대로 단체 협약의 유효 기간을 2년에서 3년으로 연장하는 개정안도 제출돼 있다. 노동 규제의 합리화라는 관점에서 보면 협약의 유효 기간이나 노동조합 임원의 임기에 법적 규제를 아예 없애는 것이 낫다. 반면 경영계가 요구하듯 파업에 맞서기 위한 대체 근로 허용은 노사 대립을 극단화하는 등 득보다 실이 많을 것이다.

4 코로나 이후 변화하는 보건의료 정책

▶▶ **홍석철**(서울대학교 경제학부 교수)

2019년 12월 코로나 바이러스가 중국에서 유행하기 시작할 때만 해도 누구도 전 세계적 전염병으로 전개될 것이라고는 예상치 못했다. 더구나 의료 인프라와 시스템이 고도화된 선진국들조차 코로나에 속수무책이었던 것은 충격이었다.

코로나가 미친 영향은 막대하다. 2020년 9월, 세계 누적 확진자는 3,400만 명에 달하고 사망자 수는 100만 명을 넘어섰으며, 각국의 경제 활동이 제한되고 소비 심리가 크게 위축되면서 세계경제는 1929년 세계 대공황을 방불케 하는 수준으로 곤두박질쳤다. 그 결과 코로나의 경험은 현대 사회에서 감염병 예방과 퇴치의 중요성을 제대로 일깨워준 중요한 계기가 되었다. 앞으로도 코로나와 같은 신종 감염병의 발생 가능성이 커질 것이라는 예상에 각국은 감염병 예방 및 대응을 위한 정부 투자를 크게 늘릴 것으로 보인다.

| 감염병 대응 조직과 전문 인력 공급 강화

한국의 코로나 대응 과정은 놀라웠다. 초기에는 큰 위기에 봉착했으나 정부의 신속한 방역 대응과 시민들의 사회적 거리두기 적극 동참을 통해 확산을 조기에 잠재울 수 있었고, 한국은 K-방역이라는 신조어와 함께 전 세계에 코로나 대응 모범 국가로 인식되었다. 하지만 사실 한국의 감염병 예방과 대응을 위한 정부 지원은 터무니없는 수준이다. 2020년 보건복지부의 감염병 예방과 대응 관련 예산은 1,943억 원으로 책정되었는데 이는 보건복지부 총예산의 0.23%에 불과하다. 공공의료 수준을 가늠하기 위한 지표로 국가 전체 병상 중 공공의료기관 병상 수 비율을 보면 한국은 OECD 국가 중 최하위 수준이다.

위 수치들은 한국의 높은 보건의료 수준과 비교해 감염병 예방과 대응 그리고 공공의료를 위한 정부 투자가 매우 미흡함을 보여준다. 다행인 것은 감염병 예방과 대응을 위한 2021년도의 정부 예산과 관련 연구개발 투자는 큰 폭으로 늘어날 것으로 보인다. 그런데 감염병 예방 활동의 사회적 편익은 상시 발생하는 것이 아니라 코로나와 같은 팬데믹 상황에서 빛을 발한다. 따라서 일반적으로 위기 상황이 사라지면 감염병 예방에 대한 관심이 줄어들기 마련이다. 앞으로 감염병 예방과 대응을 위한 정부 지원이 지속적으로 증가할지 아니면 다시 잊힐지 관심을 가지고 지켜볼 필요가 있다.

코로나의 경험은 감염병 예방과 대응을 위한 조직과 체계에도 큰 변화를 가져왔다. 정부는 보건복지부 산하 기관인 질병관리본부를 차관급인 질병관리청으로 승격했다. 그동안 질병관리본부는 감염병 관리, 분석, 예방 및 긴급상황센터 업무를 맡고 전국에 검역소를 운영해왔는데, 질병관리청으로 승격됨에 따라 감염병 예방과 대응에서 더욱 독립적인 정책을 펴고 한층 강화된 질병 통제와 효과적인 방역 체계를 구축할 것으로 기대된다.

질병관리청 신설과 더불어 정부는 2020년 7월에 '의대 정원 확대 및 공공의대 설립 추진방안'을 발표했다. 발표안에는 2022년부터 10년간 의과대학 정원을 늘려 총 4,000명의 의사를 추가로 양성한다는 계획과 함께, 2024년에 국립 공공의대를 설립하는 계획을 포함했다. 구체적으로 살펴보면 지역 간 의사 수급 불균형의 문제가 점차 커짐에 따라 의료 인력이 부족한 취약지역에 의사를 연간 300명씩 늘리고, 역학조사관과 감염내과 등 감염병 위기 대응을 위한 전문 의료 인력을 연간 50명씩 확충하며, 제약 및 바이오 분야의 의과학자를 연간 50명씩 양성하겠다는 목표다.

정부의 계획에 의사협회와 전공의는 집단 휴업 등을 통해 강하게 반발했지만, 의료 인력의 수요-공급 추이를 보면 반발의 설득력은 크지 않았다. 국내 의대 정원은 2006년부터 3,058명으로 동결되어왔다. OECD 2018년 통계에 따르면, 한국의 인구 1,000명당 의사 수는 2.4명으로 OECD 평균인 3.5명을 크게 밑돌고 있다. 비록 저출산으로 인구 감소가 예상되지만 인구 고령화와 의료보장성 강화 정책으로 의료 수요가 빠르게 증가하는 상황에서 의사 공급을 이에 맞춰 늘리지 않는다면 의료 공급 부족에 따른 부작용이 커질 것이다.

▎ 재점화된 원격의료, 4차 산업혁명의 문 여나?

원격의료 허용 논의가 재점화된 것도 2020년 보건의료 정책의 큰 변화 중 하나다. 원격의료는 환자들이 병원을 직접 방문하지 않아도 정보통신 기술이 탑재된 의료 장비를 이용해 원격으로 의사의 진료를 받을 수 있는 서비스를 말한다. 기술이 오래전부터 확보되었기 때문에 제도의 도입 논의는 20년 전부터 시작되었지만, 그동안 국민 건강의 안전 확보 등의 이유로 의료계와 시민단체의 반발에 부딪혀왔다. 현행 의료법은 의료인과 의료인 사이에 의료지식이나 기술 지원을 목적으로 하는 원격 협진은 허용하고 있으나 의료인과 환자 간 원격의료는 허용하고 있지 않다.

지난 20년간 이해 집단의 반발과 의료법의 규제로 묶여 있던 원격의료는 코로나 대응 과정에서 주목받기 시작했다. 코로나가 건잡을 수 없이 확산되던 2020년 2월, 일반 환자의 의료 서비스 이용이 어려워지고 감염 노출 예방이 필요해지면서 정부는 전화 상담, 처방 및 대리 처방을 한시적으로 허용하는 조치를 발표했다. 그리고 예상을 넘어서는 편익이 관측되면서 정부가 원격의료 도입을 꺼내든 것이다.

의료법의 규제에도 지리적으로 의료 서비스 접근성이 낮은 섬이나 산간 지역 주민을 위한 원격의료는 제한적으로 허용되어왔다. 그러나 코로나 사태에서 보았듯이 '원격' 개념은 단순히 지리적 거리만을 의미하지 않는다. 감염병 위험을 예방하는 측면뿐 아니라 고령자들은 신체적 불편 때문에, 바쁜 직장인들은 시간적 이유로 의료 접근성에 제한을 받고 있다. 원격의료는 의료 접근성을 개선하면서 국민들에게 적잖은 편익을 가져다줄 것이다. 또한 원격 모니터링은 검진이 잦은 만성질환자들의 병원 방문 비용도 절감할 수 있을 것으로 기대된다.

원격의료 논의 재점화는 코로나 대응 과정에서 새로운 화두로 떠오른 언택트 기술에 대한 수요 증가와도 맥락을 같이한다. 전문가들은 코로나가 4차 산업혁명 시대로의 전이를 촉진할 것으로 전망하고 있는데, 의료 부문에서는 원격의료가 4차 산업혁명의 문을 여는 시발점이 될 것으로 보인다.

건강보험료 인상 요인들

국가의 보건의료 역량을 코로나 극복에 쏟아붓는 사이 2021년도 건강보험료 인상에 대한 논의가 예년보다 조용히 진행되었다. 이번 정부 출범 시 핵심 보건의료 정책은 건강보험의 의료보장성 강화였다. 특히 3,000개 이상의 비급여 의료 서비스 항목을 급여화해 국민들의 의료비 부담을 덜겠다는 것이 주요한 정책으로 추진되었다.

의료 서비스 대부분이 급여화되어 국민이 지불하는 의료비가 낮아지면 모두가 환영할 일이다. 그러나 (국고 지원을 일부 받기는 하지만) 한국의 건강보험 재정 대부분은 국민이 지불하는 보험료에 기반한 사회보험 형식으로 운영되고 있다. 따라서 건강보험의 지출 급증으로 부족해진 재정을 메우는 기본적인 방식은 보험료 인상일 가능성이 높다.

2019년 말 건강보험 재정의 누적 수지는 약 18조 원을 기록했다. 전년도 누적 수지 21조 원에서 3조 원이 줄어든 것인데 의료보장성 강화에 따라 의료 지출이 늘어난 결과다. 정부는 계획된 정책들을 모두 추진하더라도 2023년까지 11조 원의 누적 수지 흑자를 유지할 것으로 전망하지만, 일부에서는 2023년까지 재정 고갈을 예상하기도 했다. 결과는 좀 더 지켜봐야겠지만, 현재 의료비 지출이 빠르게 증가하고 있어 앞으로 안정적인 건강보험 재정을 유지하기 위해서는 건강보험 의료비 지출을 억제하거나 건강보험 수입을 늘리는 방안을 강구해야 할 것이다.

2020년 코로나로 큰 경제적 피해를 입은 사용자와 근로자 측은 정부의 계획된 건강보험료 인상에 제동을 걸고 있어 2021년도 보험료 인상폭이 얼마나 될지 귀추가 주목된다. 의료보장성 강화 정책이 내년에는 더욱 확대될 예정이기 때문에, 보험료 인상폭이 낮아지면 재정 운영의 부담은 더욱 커질 것으로 보인다.

더구나 정부는 코로나로 인한 불평등 확대를 막기 위한 방안으로 상병수당 도입을 논의하기 시작했다. 상병수당은 건강보험 가입자가 직무와 관계없는 질병이나 부상으로 치료를 받게 되는 경우 발생하는 소득 손실을 보장해주는 건강보험 부가급여(임의급여) 제도이다. 의료비만 보장하는 현행 건강보험 제도에서는 질병에 따른 소득 손실이 발생할 경우 취약계층이나 중증질환자들의 빈곤이 심화되고 다시 건강이 악화되는 악순환 가능성이 커진다. 따라서 상병수당 제도의 도입은 건강보험의 보장성 강화 측면에서 매우 중요하다.

그러나 연간 1조 5000억 원으로 추산되는 재원을 어떻게 마련할지에 대한 논의는 아직 불충분하다. 2021년에는 상병수당 도입이 좀 더 본격적으로 논의될 것으로 예상되며, 의료비 보장 강화만으로도 건강보험 재정의 안정성이 불안한 상황에서 상병수당까지 더해지면 보험료 인상을 둘러싼 논란이 더 커질 것으로 보인다.

의료비 지출 효율화 필요

　건강보험료 인상을 위한 국민적 합의를 이끌기 어렵고 국고 지원을 대폭 늘리는 것도 어렵다면, 국민 의료비 지출 효율화가 절대적으로 필요하다. 현재 국민들의 질병 부담의 약 85%는 만성질환이라 불리는 비감염성 질환에 기인한다. 의료비 대부분이 만성질환의 치료비로 지출되고 있는 것이다. 이때 의료비 지출 효율화는 만성질환의 사전 관리 및 예방을 통해 발병률을 낮춰 치료 목적의 의료비 지출을 사전에 예방하는 것을 의미한다. 당뇨병과 같이 합병증에 따른 의료비 부담이 큰 질환에서는 유병자 건강관리도 지출 효율화 방안이 된다.

　만성질환의 사전 관리와 예방이 비용 면에서 효율적이라는 것은 잘 알려진 사실이다. 그런데도 최근까지 이에 대한 투자는 매우 미흡했다. 치료는 즉각적인 효과가 나타나지만 만성질환 사전 관리의 효과는 장기적으로 발생하기 때문에 정책 우선순위에서 밀려나기 때문이다.

　건강보험공단은 만성질환 관리 사업을 비롯해 여러 건강 증진 사업을 추진해왔으나 주목할 성과가 나오지는 않았다. 의사와 환자들의 적극적인 참여 유도가 미흡한 결과다. 하지만 2020년 초 정부·여당은 스스로 건강관리를 하는 행위에 인센티브를 제공하는 '건강 인센티브 제도' 도입을 국회의원 선거 공약으로 내세우며 좀 더 진화된 건강 증진 사업을 기획했다. 2021년에는 건강 인센티브제 시범 사업을 기점으로 실질적인 의료비 지출 효율화 방안이 세워지고 실천되길 기대한다.

건강관리에 대한 관심이 민간 영역으로도 확대될 것으로 예상된다. 이른바 건강관리서비스로 불리는 민간 산업은 건강관리를 의료 행위로 볼 것인지의 문제로 강한 규제를 받아왔으나, 2019년 말 정부의 건강관리서비스 가이드라인이 발표되면서 건강관리 사업이 민간으로 확대되는 새로운 전환 국면을 맞이했다. 더불어 2020년 하반기부터 본격화된 정부의 마이데이터 사업은 의료 정보의 활용성을 높일 전망이며, 건강관리서비스의 다양성과 질적 수준을 높여 의료 혁신을 도모하고 공공 부문의 의료비 지출 효율화를 직간접적으로 뒷받침할 것으로 기대된다.

끝으로 2021년은 디지털 헬스케어가 국가 주요 산업으로 자리매김하는 중요한 한 해가 될 것으로 전망한다. 디지털 헬스케어는 건강정보 수집, 분석, 진단, 치료, 처치, 관리 등 헬스케어의 영역에 정보통신, 빅데이터, AI 등 디지털 기술을 접목한 분야다. 위에서 언급한 건강관리서비스도 모바일 기기를 이용해서 개인의 라이프로그를 수집하고 건강 정보 빅데이터를 AI기법으로 분석해 맞춤형 서비스를 제공한다는 측면에서 디지털 헬스케어의 대표 분야다.

2020년 정부는 코로나 극복과 경기부양을 목적으로 한국판 뉴딜 추진을 선포하고, 디지털 헬스케어를 포함한 디지털 뉴딜을 그 핵심 축으로 내세웠다. 2021년에는 디지털 헬스케어에 대한 정책

지원과 투자 그리고 규제 완화가 빠르게 진행될 것으로 예상되며, 산업적 측면에서도 의료 부문에서의 혁신적 기술 개발이 예상된다.

감염병 예방과 대응을 위한 공공 의료 강화 정책이나 정부의 건강 증진 사업, 민간의 건강관리서비스와 디지털 헬스케어 등 최근 일련의 변화들은 질병의 예방과 사전 관리가 효율성을 높이는 방안임을 시사한다. 코로나는 국민 건강과 경제적 측면에서 많은 희생을 초래했지만, 그 교훈을 기반으로 보건의료 정책의 방향 전환을 주도한 계기가 되었다.

5 기본소득의 시대는
도래할 것인가?[2]

▶▶ **최한수**(경북대학교 경제통상학부 교수)

"사회복지 프로그램계의 '잇 아이템', 우아한 단순함이 있으며 실리콘밸리 기업가, 미디어 거물, 일부 철학자와 경제학자 그리고 독특한 정치인들 사이에서 인기 있는 이 개념은, 20세기 중반에 복지국가 개념이 그랬던 것만큼이나 모던하다." 2019년 노벨 경제학상 수상자 아비지트 배너지Abhijit Banerjee와 에스테르 뒤플로 Esther Duflo MIT 경제학 교수의 '이것'에 대한 평가다.

"내 생각에는 결국 '이것'으로 귀결될 수밖에 없다. ('이것'의 채택은) 앞으로 불가피할 것이다." 테슬라 CEO 일론 머스크Elon Musk의 예측이다.

이들이 언급하는 '이것'은 바로 기본소득이다. 바야흐로 기본소득 전성시대. 일부 전문가들은 2022년 대통령 선거의 가장 중요한 이슈로 부동산과 함께 기본소득을 꼽는다. 그렇다면 기본소득은 정말로 미래 사회의 유일한 사회보장제도가 될 것인가?

이를 이해하기 위해서는 기본소득이란 무엇이고, 해외에서는 어떠한 형태로 기본소득 제도가 실시되고 있는지, 기본소득의 사회경제적 필요성과 재정적 실현 가능성은 얼마나 될지 등 짚어야 할 부분이 많다.

기본소득이란 무엇인가?

기본소득은 '자산에 대한 조사나 근로에 대한 요구 없이 모든 개인에게 아무런 조건 없이 주기적으로 지급되는 현금 급여'를 의미한다. 기본소득은 기존의 사회복지 제도와 여러 면에서 다르다. 먼저 기본소득을 받기 위해서는 국민연금이나 사회보험처럼 수혜자가 돈을 내지 않아도 된다. 정부도 가난의 정도와 실업 여부를 묻지 않고 돈을 준다. 그리고 근로장려금처럼 일을 하지 않아도, 취업장려금처럼 구직 활동을 하지 않아도 된다. 간단하되 그만큼 혁신적이며 급진적이기까지 한 제도다.

기본소득 앞에서는 전통적 좌우의 구분이 모호해진다. 급진적 좌파는 물론, 보수적 우파도 기본소득을 찬성한다. 기본소득은 이 제도의 다양한 측면 중 어떤 점을 강조하느냐에 따라 보수주의적 기본소득과 진보적 기본소득으로 나눌 수 있다. 보수주의적 기본소득의 옹호자들은 현대 복지국가의 비효율적 복지 제도가 기본소득으로 대체됨으로써 개선될 수 있다고 생각한다. 의료보험과 저소득층을 위한 현금성 복지를 1인당 연 1만 3,000달러(약 1,500만 원)의 기본소득으로 대체하는 것이 국민과 국가 모두에게 좋다는 것이다. 어떤 사람들은 기본소득이 수급자의 근로 유인을 떨어뜨리는 '복지 함정'의 문제를 해결해줄 것이라고 기대한다. 기존 복지 지원은 일을 하면 액수가 줄어들지만 기본소득은 그렇지 않기 때문이다. 이는 1960년대 미국의 음의 소득세NIT, negative income tax 실험이나 2017~2018년 핀란드 정부의 기본소득 실험의 문제의식이다.

진보적 기본소득을 찬성하는 사람들에게 기본소득의 정수는 '공유 자산에 대한 평등한 배당'과 '노동에 대한 자유로운 선택'에 있다. 이들에게 기본소득은 단순한 복지 프로그램이 아니라 실질적 민주주의를 구현하는 수단이다. 자연스럽게 이들은 기본소득의 재원에 있어 공유 자산의 성격이 강한 토지 과세(국토보유세)나 정보 과세(디지털세)를 선호한다.

▌핀란드의 사례로 본 기본소득의 경험

기본소득이 실제로 채택된 사례는 많지 않다. 석유를 재원으로

40년 가까이 시행된 미국 알래스카의 기본소득을 제외하면 1960~1980년대 사이 NIT 실험을 시도했던 미국과 캐나다(의 몇 개 주)가 전부다. 그러다가 지난 2017~2018년에 핀란드에서 실직자 2,000여 명을 대상으로 기본소득 실험이 처음으로 진행되었다. 이 실험은 '기본소득이 기존 북유럽 복지 제도가 만들어낸 수급자의 도덕적 해이 문제를 해결할 수 있는가'라는 측면에서 많은 주목을 받았다. 구체적으로 증거기반 정책 결정 방법론을 채택해 새로이 기본소득을 받은 집단과 기존 실업급여를 받은 집단 간에 근로시간의 차이가 존재하는지를 살펴보았다.

2년간의 실험을 통해 핀란드 정부가 얻게 된 결론은 '기본소득은 고용률을 높이는 데 거의 효과가 없다. 하지만 기본소득 수급자의 삶의 만족도나 사회 인식이 (기존 실업급여 수급자에 비해) 더 긍정적이었다'는 것이다. 2018년 기본소득 수급자들의 근로 일수는 78일로, 실업급여 수급자의 73일보다 5일(8%) 높았다. 이는 핀란드 정부의 예측치인 20~50%보다 현저히 낮은 수치라는 점에서 정책 당국자들을 실망시켰다. 따라서 당분간 핀란드뿐 아니라 다른 나라에서도 기본소득 실험이 진행될 가능성은 높지 않아 보인다. 기존 사회안전망의 대체 프로그램으로써 기본소득의 도입을 진지하게 고민하는 나라도 현재로서는 없어 보인다.

사회경제적 측면에서 바라본 기본소득의 필요성

한국에서 기본소득의 필요성과 실현가능성은 얼마나 될까? 먼저 기본소득의 필요성을 사회경제적 측면에서 살펴보자. 일부의 예측대로 10년 이내의 미래에 로봇이 우리의 일자리를 전면적으로 대체하는 'AI 묵시록'이 실현될 경우 기본소득 외의 다른 대안은 없어 보인다. 하지만 현재까지의 상황에서 묵시록의 파국적 상황이 현실화될 가능성은 지극히 낮다.

산업혁명 시대의 경험과 실제 산업 현장의 상황을 살펴보면, 로봇과 AI가 일자리를 파괴한다는 주장은 지나치게 과장되었다. 예컨대 AI가 인간을 완벽하게 대체하기 위해서는 '극단적 사례'들에 대한 충분한 학습이 이루어져야 한다. 문제는 이러한 사례들이 매우 드물게 발생하기 때문에 학습에 필요한 충분한 데이터를 얻는 데 상당한 시간이 걸린다는 것이다. 어쩌면 아예 불가능할 수도 있다. 이러한 담론은 반대로 AI의 새로운 일자리 창출 가능성을 경시하는 문제점이 있다. 맥킨지 글로벌 연구소McKinsey Global Institute는 2030년까지 전 세계적으로 3억 개의 일자리가 사라지지만 동시에 5조 5,000억~8조 9,000억 개의 새로운 일자리가 만들어질 것이라고 예측했다.

일각의 종말론적 예측이 현실성이 있을지라도 한국의 경우 다른 선진국에 비해서 그 위험이 높지 않은 국가로 평가받는다. 예를 들어 OECD가 2016년 자동화로 인한 일자리 위험 정도를 측정했을 때 한국은 위험도가 가장 낮은 나라였다. 글로벌 컨설팅 네트워크 프라이스워터하우스쿠퍼스PwC는 자동화로 인해 일자리가 감소될 가능성을 단계별로 살펴보았는데 한국은 알고리즘 단계에서는 2%, 증강 단계에서는 12%, 자율성 단계에서는 22%였다. 분석 대상 국가 가운데 가장 낮은 수준이었다. 물론 누구도 미래를 정확히 예측할 수 없기에 'AI 묵시록'의 가능성을 배제할 수는 없다. 하지만 적어도 한 세대 내에 발생할 가능성이 매우 희박한 경우를 예상해 현재의 복지 제도를 근본적으로 교체해야 하는지는 의문이다. 천문학적 수준의 기본소득 비용을 고려했을 경우 이는 더욱 쉽지 않은 일이다.

▎재정적 측면에서 바라본 기본소득의 실현가능성

기본소득에 대한 가장 확실한 사실 하나는 이 제도를 시행하는 데 매우 큰 비용이 든다는 점이다. 기본소득은 누구에게나, 어떠한 조건도 달지 않고 돈을 준다는 점에서 어떤 유권자에게는 매우 매력적인 제도다. 그러나 결국 그 돈을 부담해야 하는 미래 세대나 동시대의 다른 유권자에게는 매우 불만스러운 제도다.

전 국민에게 월 10만 원(연 120만 원)의 기본소득을 제공하려면 대략 60조 원이 필요하다. 2019년 보건복지예산 162조로는 월 30만 원의 기본소득도 감당할 수 없다. 따라서 기본소득을 시행하기 위해서는 먼저 기존 지출을 줄여야 한다. 대체할 수 있는 현금성 복지 급여는 아동수당, 근로장려금, 생계급여일 것이다. 이를 조절하면 최대 월 2~3만 원 수준의 기본소득이 가능하지만, 이 정도는 용돈도 되지 못한다. 큰 문제점은 정작 지원이 더 절실한 빈곤층이 손해를 본다는 것이다. 대체되는 복지 급여들은 저소득층을 위한 것이었는데 이것을 모두에게 똑같이 나누어주면 당연히 저소득층 입장에서는 이전보다 복지 혜택이 감소한다. 따라서 이러한 형태의 기본소득은 최빈곤층에게는 나쁜 제도가 된다.

다음 방법은 지출 항목을 구조조정하고 새로운 세금 항목을 찾는 것이다. 지출 구조 조정은 가장 쉽게 거론되는 방법이지만 실제로는 증세보다 힘들다. 일부 사람들은 조세 지출 조정을 통해 기본소득의 예산 마련이 가능하다고 주장하지만 국회 예산정책처에 따르면 2014년부터 2019년 사이 조세 지출 예산은 매년 6.4% 수준으로 증가했다. 반면에 매년 조세 지출이 정비된 경우는 2014년 경우를 제외하고는 거의 없었다. 이 경향은 앞으로도 크게 달라지지 않을 것이다.

기본소득을 위한 새로운 세금을 고민해볼 수도 있다. 예컨대 이재명 경기지사의 주장대로 부동산 불로소득에 대한 환수를 위해 토지 보유세를 두 배 올리거나, 네이버나 구글과 같은 IT 기업에 대한 추가 과세(이른바 구글세)로 현재 법인세의 5% 수준의 세수를 더 걷을 수 있다고 하자(실제로는 매우 쉽지 않은 일이다). 하지만 이를 통해 확보되는 재원으로는 역시 월 2~3만 원 수준의 기본소득만

이 가능하다. 이것은 기본소득이나 증세에 대한 정부의 의지가 부족해서 발생하는 문제가 아니다. 근본적으로 공유 자산에 대해서는 과세가 가능한 세목의 비중이 매우 낮기 때문이다. 2018년 기준으로 소득, 법인, 소비세가 전체 국세 294조 원의 77%를 차지한 반면 상속세나 종합부동산세는 4%도 되지 않았다. 따라서 4%의 세금을 통해 기본소득에 필요한 재원을 마련할 수 있다는 주장은 애초부터 설득력이 없을 뿐이다.

결국 남아 있는 방법은 기존 세목의 증세뿐이다. 그렇다면 얼마나 올려야 할까? 월 30만 원 기본소득을 위해서는 현재보다 1인당 조세 부담률을 약 11.0%p 인상해야 한다. 2017년 한국의 조세 부담률은 18.8%였다. 따라서 1인당 월 30만 원(연 360만 원)의 기본소득을 위해서는 개인과 법인 모두 지금보다 세금을 58%쯤 더 내야 한다는 것이다. 이재명 지사의 구상대로 1인당 월 50만 원(연 600만 원)의 기본소득을 위해서는 개인과 법인 모두 지금 내고 있는 세금의 두 배를 내면 된다.

결국 '의미 있는 수준'의 기본소득은 지출 구조 조정이나 '부자 증세'로는 부족하다. 중산층과 빈곤층 역시 상당한 수준의 세금 부담을 감내해야 한다. 경제학자들은 이와 같은 대규모 증세는 고용, 투자, 소비 등 경제 활동 전반에 큰 비용을 발생시킬 것이라는 점을 잘 알고 있다. 반면에 월 30만 원의 기본소득이 과연 이러한 비용을 상쇄하는 후생의 증가를 가져다줄 것인지 확신하지 못한다.

기본소득의 시대는 과연 올 것인가?

　기본소득은 기존 복지 제도에서 찾아볼 수 없었던 여러 장점을 갖고 있다. 아무런 조건 없이 돈을 받을 수 있다는 단순함과 과감성은 기술 발전에 따른 고용의 유연화, 플랫폼 경제의 확대에 따른 양극화 심화, 성장 동력이 상실된 저성장 시대의 만성화로 힘든 빈곤층과 중산층에게 매우 매력적인 담론으로 받아들여진다.

　그러나 기본소득은 만병통치약이 아니다. 특히 기본소득의 필요성을 정당화시켜주는 사회경제 구조의 변화는 아직 도래하지 않았고 당분간 그 가능성도 그다지 높지 않다. 그리고 국민들에게 의미 있는 수준의 기본소득을 감당할 재정 여력은 지금으로서는 없어 보인다. 누군가는 기본소득을 위한 증세를 말하지만 기본소득의 효과 중 그 비용을 벌충하거나 초과할 수 있다고 검증된 것이 없다. 학자들 사이에서도 기본소득이 기존의 복지 제도에 비해 빈곤층의 소득 보장, 소득 재분배, 사각지대 해소 및 경기부양 효과 그 어느 것에서도 우월한지에 대한 만족할 만한 합의가 없다. 모든 점을 감안했을 때 기본소득의 시대는 당분간 오기 힘들 것이다.

4부

금융자산 시장, 변수는 무엇인가

실물경제와 괴리된 자산 가격 상승, 언제까지 이어질까?

▶▶ 김주형(서울대학교 경제학부 객원교수)

중국에서 시작된 코로나가 전 세계의 주요국을 휩쓸면서 실물 경제 활동은 급격히 둔화되었다. 실업률이 치솟고 소비자 물가 상승률은 떨어졌다. 모든 나라가 재정 지출을 팽창시키고 금리를 떨어뜨려 경제 상황의 악화를 막으려 노력했다. 덕분에 금융시장에 가해진 충격을 큰 무리 없이 진정시킬 수 있었고, 급격한 유동성 팽창으로 주식, 부동산 등 자산시장도 빠르게 안정되었다. 일부 국가에서는 유례가 없는 경기침체에도 주가지수가 코로나 이전 수준을 넘어서면서 자산 거품에 대한 우려가 나오기도 했다.

당분간 불가피한 금융 완화

거시경제 정책 기조 변화 예측의 가장 중요한 변수가 코로나 사태의 지속 기간인 만큼, 유동성을 어느 정도까지 언제까지 확대 공급해야 할 것인지는 백신과 치료제 개발에 달려 있다고 볼 수 있다. 그러나 코로나 사태가 종식되는 시점에 금융 시장이 다시 한번 큰 불안정성을 겪게 될 수밖에 없음을 간과해서는 안 된다. 코로나 백신·치료제 개발과 배포로 실물경제가 어두웠던 터널을 빠져나오면서 그동안 풀린 유동성을 급하게 회수하려 한다면, 일부 국가 경제나 자산에는 코로나보다 더한 충격이 가해질 가능성이 있다. 따라서 높아진 실업률과 디플레 압력이 남아 있는 동안 기존 통화 정책 기조를 서서히 전환하는 과정을 거치게 될 것으로 보인다.

금융 완화는 채권을 직접 매입하는 양적완화 방식에 의존할 가능성이 크다. 코로나 대응 때문에 재정 적자가 급증한 정부도 대규모 국채 발행이 불가피한 상황이다. 안전 자산 선호가 높아지더라도 국고채 금리가 높아지고, 국고채 금리를 기준으로 삼는 많은 시중 금리들이 동반 상승해 기업 자금 사정을 악화시킬 수 있다. 이를 막기 위해서도 한국은행이 직접 국채 매입에 나설 필요가 있다.

자산 거품에 대한 우려

한국의 주가 수준은 실물경제 흐름과 비교하면 높은 편이다. 급격한 경기침체를 막기 위한 재정 팽창과 저금리가 그 배경이 되었다. 자산 거품 현상이 어느 정도 진행되고 있는 것으로 보인다. 그럼에도 이런 현상이 당분간 지속될 수밖에 없다고 예상한다. 코로나가 단기에 종식되기 어렵고, 또 종식되더라도 그동안 누적된 부채로 인해 상당 기간 실물 경기 불황과 낮은 인플레 압력, 그리고 저금리가 예상되기 때문이다.

부동산 시장의 최대 관심은 정부 대책의 효과와 과잉 유동성의 영향에 대한 판단일 것이다. 주식 가격과 마찬가지로 코로나로 촉발된 과잉 유동성이 주택가격 상승의 배경이다. 당분간 지속될 것으로 보이기는 하나 정부의 수요 억제책도 이를 뒤집을 만큼 유례없이 강력하다. 단기 효과는 분명 있을 것이다. 문제는 효과의 지속가능성에 대한 의구심이 아직 남아 있다는 점이다. 주택 공급이 확실히 늘어나거나 늘어날 것이라는 전망이 공고해지면 단기 효과가 장기로 이어질 수 있다.

주택 시장은 사실 동질적 시장이 아니라는 문제가 있다. 아파트와 단독주택이 다르고 수도권과 지방이 다르다. 수도권이라 하더라도 서울 강남권 등 일부 지역 아파트는 또 다른 시장으로 보아야 한다. '그렇고 그런' 아파트만 공급되고, 강남권 등 수요가 많은 지역, 또는 그런 지역을 실질적으로 대체할 수 있는 지역의 주택이 충분히 공급되지 않는다면 투기적 수요는 언제든 되살아날 수 있다.

원화 안정성 유지

한국의 외환시장도 코로나 패닉의 소용돌이에 휘말렸지만 빠르게 진정되었다. 원화는 2008년에 시작된 금융 위기 이후 여타 신흥국 통화들과는 다른 길을 걸어왔다. 한국은 과거 IMF 금융 위기를 거치면서 외부 충격에 대한 경제의 내진성을 높여왔다. 당분간 재정 수지 악화와 대규모 국채 발행이 불가피한 상황이지만 정부의 부채 규모가 아직은 양호한 수준을 유지하고 있다. 그리고 국내에서 축적된 자본 중 많은 부분이 해외 자산 투자로 전환되었고, 국제 수지 흑자 기조도 흔들리지 않고 있다. 해외 금융 시장이 다소 불안해지더라도 원화 환율은 신흥국 통화와 차별화된 안정성을 유지할 것으로 예상한다.

1 저금리와 양적완화, 아직 끝나지 않았다

▶▶ 조영무(LG경제연구원 연구위원)

어떤 나라의 금리를 결정하는 가장 중요한 변수는 그 나라의 경기와 물가다. 미국 연방준비제도(연준)가 통화 정책 결정회의를 할 때마다 경기 상황을 반영하는 실업률이 얼마나 떨어졌는지, 물가 상승 압력을 반영하는 개인소비지출^{PCE} 물가 상승률이 얼마나 높아졌는지 자주 언급되었던 이유다. 경기가 좋아 실업률이 낮아지고 물가 상승률이 높아지면 경기 과열을 막기 위해 정책 금리를 인상해 돈을 거두어들인다. 반대로 경기가 안 좋아 실업률이 높아지고 물가 상승률이 낮아지면 경기침체를 막기 위해 정책 금리를 인하해 돈을 더 푼다.

그런 면에서 향후 예상되는 경기와 물가 상황은 한국이건, 다른 주요국들이건 정책 금리를 더 낮추면 낮추었지 올리기 어려울 전망이다. 금리로 안 되면 양적완화와 같은 다른 직접적인 수단을 통해서라도 통화 완화의 강도를 높일 가능성이 높다. 코로나로 경기와 물가가 모두 한 단계 '레벨 다운' 하는 상황이 한동안 이어질 것이기 때문이다.

▍늘어난 부채로 인해 경기 회복 쉽지 않을 듯

코로나가 발생하기 전부터 이미 세계경제는 저성장으로 어려움을 겪고 있었다. OECD가 코로나 발생 직전인 2019년 11월에 발표한 경제 전망에 의하면, 2018년과 2019년의 OECD 국가들의 GDP 갭은 각각 -0.5%와 -0.64% 수준으로 추정되었다. 이는 OECD 국가들이 달성할 수 있는 잠재 GDP 수준에 비해 실제 달성한 GDP 수준이 각각 -0.5%와 -0.64%만큼 적었음을 의미한다. 즉 세계경제는 달성할 수 있는 경제 활동 수준에 못 미치는 경제 활동을 한 저성장 상태였던 셈이다.

코로나는 이렇게 부진했던 세계경제의 성장세를 한 단계 더 떨어뜨릴 전망이다. 이는 단순히 코로나 위기 과정에서 경제 활동이 위축해서 발생하는 일회성 충격에 그치지 않을 것이다. 질병으로 인한 경제 충격이기에 앞으로의 경기 추이가 전적으로 코로나의 향방에 달린 상황에서, 코로나가 진정된다면 세계경제 활동도 어느 정도 안정을 찾을 것이다. 사회적 거리두기, 셧다운 조치 등이 완화되거나 종료되면 끊겼던 기업의 매출과 줄어들었던 가계의 소득도 어느 정도 회복될 것이다.

그러나 코로나 충격의 와중에 기업과 자영업자들이 살아남기 위해 대출을 하고, 정부와 중앙은행은 기업이 망하는 것을 막기 위해 돈을 빌려주는 과정에서 급증했던 채무는 그대로 남을 것이다. 한국의 경우 2020년 4차 추경안까지 반영한 국가채무 증가 규모는 100조 원을 넘었고, 2020년 상반기 기업들의 은행 대출 증가 속도는 2019년의 5배에 달했다.

이렇게 폭증한 빚을 갚아야 하는 부담 때문에 1990년대에 일본이 경험한 '대차대조표 불황'이 발생할 가능성이 높다. 일본의 대차대조표 불황은 대출을 많이 받아 샀던 부동산 등 자산 가격이 급락하면서 나타났다. 대차대조표의 자산 부분은 급감했지만 부채 부분은 그대로 남아 이 부채를 갚는 과정에서 기업은 투자를 줄이고, 가계는 소비를 줄여 발생했던 불황이다.

앞으로 한국을 비롯해 많은 국가에서 발생할 대차대조표 불황은 일본의 불황과 비슷한 결과를 초래할 것이다. 자산의 급감이 아니라 부채의 단기간 폭증으로 인해 부채를 갚는 부담이 늘어나기 때문이다. 하지만 기업의 투자 축소, 가계의 소비 위축이 경기를 악화시키고 경기 악화가 기업의 매출 감소, 가계의 소득 감소로 이어져 불황을 심화시키는 결과는 비슷할 것이다. 결국 코로나 과정에서 폭증한 부채로 인해 향후 저성장이 심화되고 성장세가 한 단계 낮아질 가능성이 높다.

지속되거나 더욱 심화될 저물가 상황

이처럼 경기가 안 좋으면 물가도 올라가기 어렵다. 실제로 코로나가 불거진 이후 한국의 물가 상승률은 크게 낮아졌다. 전년 동월 대비 소비자물가 상승률은 2018년 1.5%에서 2019년 0.4%로 낮아지더니 코로나의 영향이 본격화된 2020년 2분기부터는 0% 전후의 물가 상승률이 유지되었다. 2020년 4월, 5월, 6월의 소비자물가 상승률은 0.1%, -0.3%, 0%에 불과했다. 계절성과 변동성이 큰 농산물 등 식료품, 석유류 등 에너지 관련 제품의 가격 변동 효과를 제외한 '식료품 및 에너지 제외 지수'의 상승률도 같은 기간 0.1~0.2%에 그쳤다. 단순히 유가 급락과 같은 공급 요인에 의한 저물가라기보다 수요 부진에 의한 저물가라고 보는 것이 더 적절함을 의미한다.

공식적인 지표 물가 상승률은 이렇게 나와도 많은 국민들은 0% 물가 상승률, 저물가의 지속에 동의하지 않을 가능성이 높다. 직접 체감하는 물가는 빠르게 오르고 있을 가능성이 있기 때문이다. 일반적으로 체감 물가는 자주 사거나, 반드시 사야 하는 품목들의 가격이 오를 때 높아지는 경향이 있는데 실제로 최근의 저물가 상황에서도 농축수산물, 가공식품, 외식 등 '먹거리 물가'는 빠르게 오르고 있다. 전체 소비자물가 상승률이 전년 동월 대비 0%에 불과했던 2020년 6월의 경우, 농축수산물 가격은 4.6% 상승했고 특히 축산물 가격은 10.5%나 상승했다. 가공식품과 외식 물가 상승률도 각각 1.3%와 0.6%로 높은 편이었다. 코로나로 집에서 보내는 시간이 많아지고, 배달 음식을 시켜먹는 비중이 늘어나는 가운데 이러한 품목들의 가격이 오르는 것은 코로나가 낳은 결과이자, 지표 물가 상승률과 체감 물가 상승률의 격차를 벌어지게 하는 원인이 될 전망이다.

좀 더 길게 보더라도 물가가 크게 오르지 않는 저물가 상황은 지속되거나 더욱 심화될 가능성이 높다. 앞서 언급한 것처럼 실제 GDP가 잠재 GDP에 크게 못 미치는 '디플레 갭' 상황이 지속될 경우 물건과 서비스 가격은 오르기 어렵다. 공급에 비해 수요가 많아지고 물건과 서비스가 부족한 상황이 와야 가격이 오를 텐데 그러한 상황을 예상하기 어렵기 때문이다.

한국뿐 아니라 전 세계적으로도 이러한 디플레 갭 상황은 향후 상당 기간 지속되거나 더욱 심화될 가능성이 높다. 주요국 중 향후 경제 회복 속도가 가장 빠를 것으로 예상되는 미국조차 물가 상승률이 미 연준의 목표 수준인 2%에 못 미치는 상황이 최소 5년간은 지속될 가능성이 높다.

경기가 부진하고 수요가 위축된 상황에서 기업과 자영업자 사이의 경쟁이 더욱 심화되는 것도 저물가의 중요한 원인이 된다. 현재 한국을 비롯한 주요국들이 펼치고 있는 경제 정책은 결국 중요한 산업이나 기업, 자영업자들이 대거 도산하거나 폐업하지 않도록 하는 일종의 '버티기' 정책이다. 이는 코로나로 인한 경제 충격에도 불구하고 많은 기업과 자영업자들이 살아남도록 돕고, 당장의 실물경제 충격이 금융 위기로 전이되는 것을 막는 효과가 있다. 하지만 이러한 정책은 수요가 위축되는 가운데 시장에서 퇴출되는 기업이나 자영업자가 없어 극심한 경쟁이 유발되고 이로 인해 산업 전반이 지속적으로 어려움을 겪는 중요한 원인이 될 수 있다. 결국 남의 것을 뺏지 않으면 매출을 늘리거나 성장하기 어려운 제로섬 게임이 광범위하게 확산될 것이다.

최근 저물가의 중요한 원인이 되고 있는 저유가 및 낮은 국제 원자재 가격도 한동안 지속될 것이다. 국제 원자재를 블랙홀처럼 빨아들이던 중국경제의 성장률이 낮아지면서 국제 원자재 수요도 위축되고 있다. 공급 측면에서는 석유 공급의 중요한 한 축이 된 미국의 셰일 업계가 중요한 변수다. 미국 셰일 업계는 과거 저유가의 어려운 시기를 거치면서도 지속적인 기술 개발과 혁신을 통해 한계생산비를 낮추며 생존해왔다. 지금은 어려움을 겪고 있지만 향후 국제유가가 다시 상승할 경우 미국 셰일 업계의 석유 생산이 다시 늘어나 국제 유가의 상승을 저지할 가능성이 높다.

신흥국들의 경제적 어려움이 가중되고 있다는 점도 중요한 변수다. 사우디 등 중동 산유국, 러시아 등 비 석유수출국기구OPEC 국가 중 어느 누구도 자발적으로 큰 폭의 원유 감산을 받아들이려 하지 않는 상황이 이어질 가능성이 높다. 그럴 만한 경제적 여유가 없기 때문이다.

▍직접적인 유동성 공급이 주된 정책 수단이 될 것

2020년 상반기에 이미 사상 최저 수준인 0.5%까지 낮아진 한국의 정책 금리는 향후 더욱 낮아질 가능성이 높다. 앞서 설명한 부진한 경기와 낮은 물가 상승률 등 금리를 둘러 싼 전반적인 거시 경제 여건을 감안하면 정책 금리를 높일 가능성보다는 낮출 가능성이 높다. 주택가격 상승 등 부동산 시장 불안이 금리 인하에 부담으로 작용할 전망이지만 정책 금리 인상까지 이어지기는 어려워 보인다. 코로나의 장기화 또는 재발로 인한 경제 충격 우려가 지속될 가능성이 크기 때문이다.

한국은행이 정책 금리를 추가로 낮추더라도 인하 폭은 소폭에 그칠 전망이다. 원화가 달러화, 유로화, 엔화 등과 같은 기축통화나 국제 통화의 지위를 확보하지 못한 상황에서 국내 정책 금리 수준을 제로 또는 마이너스 수준까지 낮추기는 현실적으로 어렵다. 원화의 메리트가 크게 줄어 자금의 해외 이탈 가능성이 급격히 높아질 수 있기 때문이다. 그런 면에서 정책 금리의 '실효 하한'은 0%보다는 높고 0.5%보다는 조금 낮은 수준일 것으로 추정된다.

실제로 정책 금리를 인하한다면 조정 폭의 변경이 이루어질 가능성이 높다. 금리 인하 여력이 별로 남지 않은 상황에서 그동안의 조정 폭인 0.25%p는 너무 크다. 0.25%p는 미국 연준 의장이었던 앨런 그린스펀Alan Greenspan이 '작은 정책 금리의 조정 폭'이라는 의미로 '베이비스텝baby step'이라 부른 이후로 그동안 대부분 국가들에서 정책 금리 조정의 기본 단위처럼 활용되어왔다. 그러나 정책 금리가 제로 수준에 근접함에 따라 유로존, 일본 등 국가에서 0.25%p 대신 0.1%p씩 정책 금리를 조절했음을 한국도 참고할 필요가 있다.

경기 활성화 및 경기 충격 완화를 위해 추가적인 통화 완화 정책이 필요하다면 정책 금리 인하보다 직접적인 유동성 공급이 주가 될 가능성이 더 높다. 직접적인 유동성 공급의 대표적인 사례는 바로 글로벌 금융 위기 이후 미국, 유로존, 일본 등이 실시했던 '양적완화'다.

2020년 상반기 '한국형 양적완화'라 불렸던 한국은행의 유동성 공급 조치는 진정한 양적완화로 보기 어렵다. 전통적인 양적완화는 중앙은행이 금융 기관들이 보유 중인 국채를 조건 없이 매입함으로써 금융 기관들에 직접적으로 만기 없는 자금을 공급하는 것이다. 반면 2020년 상반기 한국은행이 취한 조치는 금융 기관들이 보유 중인 국고채를 담보로 최대 91일까지만 돈을 빌려주는 '환매조건부 채권 매매RP' 거래였다. 즉 일정 기간이 지나면 한국은행에서 풀렸던 돈이 다시 한국은행으로 환수되는 제한적인 유동성 공급 조치였다.

앞으로 한국은행의 추가적인 통화 완화에서의 중요한 관전 포인트는 과연 언제쯤, 어느 정도의 규모로 한국은행이 국채 직매입 형태의 양적완화를 실시할 것인가에 있다. 이와 관련해 향후 채권 시장 움직임, 특히 채권시장 내 국고채 금리의 급등 여부가 중요 변수가 될 전망이다. 코로나로 인한 경기 둔화로 세금이 당초 계획 대비 덜 걷히는 상황에서 정부 지출이 급증하고 있다. 부족한 돈은

[도표 4-1] **주요국 중앙은행들이 푼 돈의 규모: 중앙은행 보유자산**

(단위: 조 달러)

(Q1은 1분기)

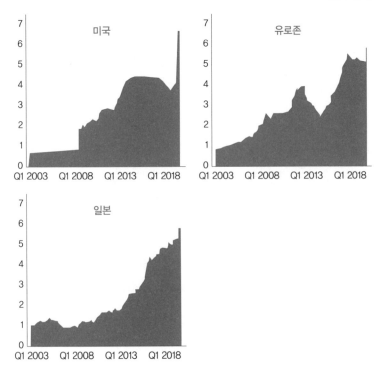

*달러화 기준 환산, 마지막은 2020년 2분기

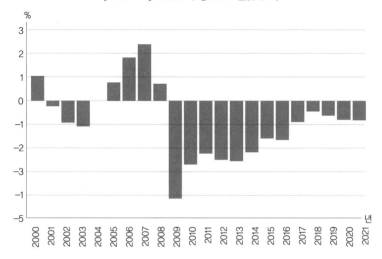

[도표 4–2] OECD 추정 GDP 갭(단위: %)

자료: 각국 중앙은행

정부가 대규모 국채 발행을 통해 빌릴 수밖에 없는 상황이다. 안전 자산에 대한 선호가 높아져 채권에 대한 투자 수요가 늘더라도 1년 사이에 국채 발행 규모가 100조 원 가까이 급증한다면 채권시장에 충격이 발생할 수 있다. 기업들의 자금 사정이 여전히 어려운 가운데 국채 발행 급증으로 국고채 금리가 높아진다면, 국고채 금리를 기준으로 삼는 많은 시중 금리도 동반 상승할 수 있다. 한국은행은 이러한 충격을 막기 위해 앞으로 국고채 금리가 불안정한 모습을 보인다면 국채 직매입에 나설 전망이다.

코로나의 장기화 가능성 및 그 이후 예상되는 대차대조표 불황 등으로 인한 성장세의 한 단계 하락 가능성을 감안하면 한국뿐 아니라 전 세계적으로 상당 기간 저금리 정책이 지속될 전망이다. 일부 취약한 신흥국처럼 금리 인상으로 자금 해외 이탈 및 외환위기 리스크에 대응해야 하는 경우들을 제외하면 대다수 주요국은 초저금리 정책을 이어갈 가능성이 높다. 국내외적으로 일찍이 경험해보지 못한 초저금리 상황의 장기화에 대비해야 할 때다.

2 2021년 주식시장 전망

▶▶ **김영익**(서강대학교 경제대학원 교수)

한국 주가KOSPI, 코스피는 2011년 1월부터 2020년 7월까지 평균 2,066을 축으로 200포인트 내외에서 움직였다(2018년 1월에는 2,607까지 상승했고, 2020년 3월에는 1,439까지 하락하기도 했다). 2021년은 풍부한 유동성과 더불어 경기 회복으로 주가가 한 단계 도약할 수 있는 원년이 될 전망이다. 이미 배당 수익률이 은행의 저축성 예금 금리를 넘어선 만큼 가계가 금융 자산에서 주식 비중을 다소 늘리는 것이 바람직해 보인다.

4부 금융자산 시장, 변수는 무엇인가

225

1980년 이후의 한국 주식시장을 크게 세 단계로 구분할 수 있다. 첫 단계는 1980년에서 1988년까지의 1차 상승 시기다. 특히 1986년에서 1988년에는 '3저 호황(저유가, 저금리, 저달러)'으로 한국경제가 연평균 12% 성장하는 가운데 코스피도 3년 동안 평균 77.4%나 상승했다. 1988년 말 코스피는 907.20으로 1985년(163.37)에 비해 5.6배나 올랐다.

경제와 증권시장이 호황을 누리는 동안 일부 기업들이 미래를 낙관적으로 보면서 투자를 크게 늘렸다. 그러나 1990년대 들어서면서 국내외 경제성장률이 떨어지자 수요가 늘어난 공급 능력을 뒤따르지 못했다. 생산된 상품을 팔지 못한 기업이 부실해졌고, 이들에게 돈을 빌려준 금융 회사도 부실해졌다. 이 부실이 쌓인 결과, 한국경제는 1997년 외환위기를 겪었다. IMF 외환위기는 한마디로 부실한 기업과 금융 회사를 처리하는 과정이었다. 1989년에서 2004년 주가는 크게 500~1,000 사이에서 움직였다. 물론 외환위기가 절정이었던 1998년에는 코스피가 277까지 하락하기도 했다.

외환위기 동안 30대 재벌 중 11개가 해체되는 등 뼈아픈 구조 조정으로 경제성장률은 크게 낮아졌지만, 한국경제가 안정 성장 국면에 들어섰다는 평가와 자본시장 개방 확대로 2005년 이후 주가가 오래 머물러 있던 박스권(500~1,000)을 돌파하면서 2010년에

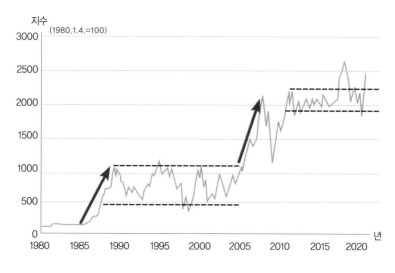

[도표 4-3] **코스피 장기 추이: 2021년 도약 기대**(2020년 8월은 8월 14일 기준)

지수
(1980.1.4.=100)

자료: 한국거래소(KRX)

는 2,000선을 돌파했다. 그러다가 2008년에는 미국에서 시작한 금융 위기가 전 세계로 확산하면서 892까지 하락했지만, 2010년에 곧바로 2,000선을 회복했다. 1997년 외환위기를 계기로 한국 주식시장이 한 단계 도약한 것이다.

2011년 이후로는 주가가 박스권(1,800~2,200)에 머물러 있다. 반도체 경기 호황으로 2018년 초에 일시적으로 2,600을 넘어서기도 했지만 다시 박스권으로 회귀했다.

2011년부터 10년째 박스권에 갇혀 있는 코스피 주가가 2021년에는 이를 벗어나 한 단계 도약할 수 있을 것인가? 이 질문에 대답하기 전에 한국의 경제력에 비해서 적정 주가 수준은 어느 정도인

[도표 4-4] **명목 GDP로 추정한 적정 코스피 지수**

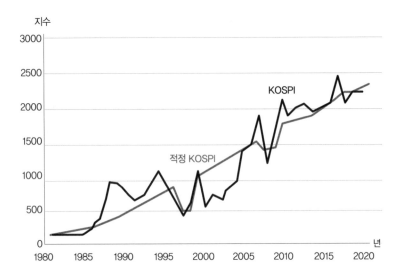

*적정 주가는 코스피를 명목 GDP로 회귀분석해 추정한 것임

자료: 한국은행, 한국거래소

가 따져볼 필요가 있다. 일반적으로 자산 가격은 명목 GDP만큼 상승한다. 명목 GDP 성장률은 실질 GDP 성장률과 물가 상승률의 합이다. 주식 투자자 입장에서는 주가 수익률이 명목 GDP 성장률 이상으로 높아야 투자를 하게 된다. 실제로 1981~2019년 통계로 보면 명목 GDP 성장률은 연평균 10.6%였고, 코스피 상승률은 12.9%였다. 주가 상승률과 명목 GDP 성장률 차이인 2.3%p가 주식 투자에 따른 위험 프리미엄이라 할 수 있다. 2000년 이후에는 명목 GDP 성장률과 코스피 상승률이 각각 6.1%와 7.5%로 낮아졌지만, 여전히 주가는 GDP 성장 이상으로 올랐다는 것을 알

수 있다.

이런 기준에 따라 1980~2019년 코스피를 종속 변수로 명목 GDP를 설명 변수로 설정하고 회귀식을 추정해보았다. 2020년과 2021년 명목 경제성장률을 각각 -1.0%, 4.2%(2020년 8월 블룸버그 컨센서스에 기반)라고 가정하면 적정 주가는 2020년 2,219, 2021년 2,285 정도다. 2020년 7월 말 코스피 지수가 2,249인 것을 고려하면 주가가 제자리를 찾은 셈이다.

2021년 하반기에는 경기 회복의 전조가 나타날까?

실제 주가는 경기 순환(기업 수익)이나 유동성 등에 따라 적정 수준 위에 있거나 아래에 있을 수 있다. 먼저 경기부터 살펴보자. 통계청의 기준 순환일(구체적으로 경기 정점이나 저점이 발생한 월)에 따르면 한국경제는 2017년 9월을 정점으로 2020년 6월까지 33개월 동안 수축 국면이 진행되고 있다. 1972년 이후 열 번의 경기 순환에서 수축 국면이 평균 18개월이었던 것을 고려하면 경기 순환 역사상 가장 긴 수축 국면인 셈이다.

문제는 언제 경기가 저점을 찍고 회복되는가에 있다. 이런 의미에서 선행 지수 순환 변동치를 지켜보아야 한다. 이 지표의 저점이 경기 저점에 1~6개월 선행했기 때문이다. 선행 지수 순환 변동치가 2017년 8월(101.8)을 정점으로 2020년 5월(99.0)까지 하락했다.

그러나 2020년 6월에는 99.4로 소폭 반등했다. 이 지표의 경기 선행성을 고려하면 경기 저점이 2020년 하반기에 나타날 가능성이 높다. 1972년 이후 열 번의 경기 순환에서 경기 확장 국면이 평균 30개월이었던 것을 고려하면, 2021년에는 경기 확장 국면이 진행될 전망이다. 물론 한국경제가 구조적으로 저성장 국면에 접어든 만큼 확장 속도는 더딜 수 있다.

선행 지수를 구성하는 7개 지표 가운데 주가(코스피)도 포함되어 있다. 그래서 경기 선행 지수 순환 변동치와 주가는 거의 같은 방향으로 움직이는데, 2021년에는 두 변수가 같이 상승할 것으로 전망된다.

선행 지수 순환 변동치와 더불어 주가와 상관관계가 가장 높은 변수는 일평균 수출 금액이다. 2005년 1월에서 2020년 7월 통계로 분석해보면 일평균 수출과 주가의 상관 계수가 0.87로 나타났다. 상관계수가 1에 가까울수록 두 변수가 거의 정비례 관계에 있다는 의미다. 수출과 주가 사이에 이처럼 강한 상관관계가 나타나는 이유는 한국경제의 높은 대외 의존도에 있다. 2019년 실질 GDP에서 수출이 차지하는 비중이 43%였다.

국제통화기금은 코로나의 영향으로 2020년 세계경제가 -4.9% 성장(2020년 6월 기준)할 것으로 전망하고 있다. 국제통화기금이 세계경제 성장률을 발표하기 시작한 1980년 이후로 가장 심각한 경기침체다. 2008년 미국에서 시작된 금융 위기가 전 세계로 확산되었던 2009년에도 세계경제 성장률은 마이너스 0.1%에 그쳤었다.

[도표 4-5] 일평균 수출 금액과 주가 변동

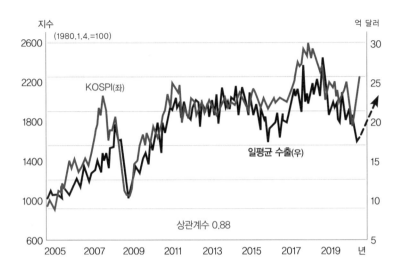

*적정 주가는 코스피를 명목 GDP로 회귀분석해 추정한 것임

자료: 산업통상자원부, 한국거래소

국제통화기금은 2021년에는 세계경제가 5.8% 성장할 것으로 예상하고 있다. 물론 코로나가 점차 사라질 것이라는 조건에서의 전망치다.

세계경제의 극심한 침체 영향으로 2020년 1~7월 한국의 일평균 수출 금액이 17억 7,200만 달러로 전년 동기(20억 100만 달러)보다 11.4% 감소했다. 그러나 국제통화기금이 전망한 것처럼 2021년 세계경제가 회복된다면 다시 20억 달러 이상으로 오를 가능성이 높다.

단기 부동자금이 주식시장으로 이동하다

2020년 한국경제가 외환위기 이후 처음으로 마이너스 성장을 하는 등 경기가 극심한 침체에 빠졌는데도 주가는 상승했다. 그 이유 중 하나는 유동성 증가에 있다. 특히 단기 부동자금 중 일부가 증권시장으로 이동하면서 주가 상승에 크게 기여했다. 단기 부동자금이란 유동성이 매우 높은 자금으로 기대 수익률이 높은 곳으로 언제든지 이동할 수 있는 돈이라 할 수 있다. 여기에는 현금 통화, 요구불예금, 수시 입출식 저축성 예금, MMF, 양도성 예금증서, CMA, 환매조건부 채권매도, 증권 투자자 예탁금이 포함된다.

2020년 6월 현재 단기 부동자금은 1,262조 원이다. 1년 전보다 21.8%(226조 원)나 증가했다. 단기 자금의 구성비를 보면 수시 입출금식 저축 예금이 51.8%로 절반 이상을 차지하고, 그다음으로 요구불예금(24.6%), 현금 통화(9.9%)가 높은 비중을 차지하고 있다. 2000년 1월에서 2020년 6월 통계로 분석해보면 단기 부동자금이 1% 증가했을 때, 코스피는 0.9% 상승한 것으로 나타났다. 주가 상승이 기대되면 단기 부동자금 가운데 일부가 증권 투자 예탁금으로 들어와 주식을 사기 때문이다. 2020년 6월 현재 단기 부동자금에서 예탁금이 차지하는 비중이 3.7%로 2019년 말(2.6%)에 비해 1.1%p 상승했다. 금액으로 보면 같은 기간에 예탁금이 18조 원 늘었다.

2021년에도 유동성이 더 늘어날 가능성이 높다. 2020년 2분기 현재 GDP 갭률(실제와 잠재 GDP의 % 차이)이 -4%에 이를 정도로 디플레이션 압력이 높다. 2020년 소비자물가 상승률도 0.4% 안팎에 그쳐 한국은행이 통화 정책 목표로 설정한 2%를 훨씬 밑돌 전망이다. 2021년에 경제가 회복될지라도 여전히 실제 GDP가 잠재수준을 밑돌고 소비자물가 상승률도 2% 이하일 것이다. 이 말은 곧, 한국은행이 통화 정책을 긴축적으로 운용할 가능성이 낮다는 이야기다.

▌기업의 배당 성향 증가도 주가 상승 요인

한국의 주식시장에서 주가수익비율(PER=주가/주당 순이익)은 다른 나라보다 낮은 10 안팎에서 움직였다. 그 이유 중 하나를 낮은 배당 성향에서 찾을 수 있다. 배당 성향이란 기업들이 순이익 중 배당금을 책정하는 비율이다. 이론적으로 주가는 '배당금/(1+금리-기업 이익 증가율)'로 표시된다. 이 식에서 알 수 있는 것처럼 금리와 기업 이익 증가율이 일정하다고 가정하면 배당금이 증가하는 만큼 주가는 상승한다.

코스피 시장의 2008~2018년 배당 성향은 연평균 17.0%로 낮은 편이다. 그러나 2019년에는 배당 성향이 32.7%로 크게 향상되었고, 2020년에도 이 수준을 유지할 것으로 추정된다.

한국 기업들의 배당 성향이 증가하는 것은 정부의 정책에도 일부 기인한다. 국민총소득GNI이 발생하면 개인, 기업, 정부 등 각 경제 주체가 나눠 갖는다. 그런데 1997년 외환위기, 2008년 글로벌 금융 위기를 겪으면서 국민총소득 중 개인 비중은 줄었고, 기업 비중은 늘었다. 예를 들면 1990~1997년 국민총소득 가운데 개인 몫이 70.6%였으나 2008년 이후로는 60.6%로 10%p 감소했다. 같은 기간에 기업 비중은 16.9%에서 26.5%로 증가했다. 이런 통계를 보고 정책 당국이 기업 소득을 가계 소득으로 이전하는 정책을 펼치고 있다. 정부가 기업에게 근로자의 임금 상승과 고용 및 투자 확대뿐 아니라 배당금을 더 줄 것을 요구하고 있다. 한국 배당 성향이 아직도 미국 39.3%, 일본 44.4%, 독일 48.1%, 영국 58.7%(이상 2020년 7월 기준) 등에 미치지 못하지만, 계속해서 증가할 것이다.

한국경제가 구조적으로 저성과·저물가 국면으로 접어들면서 금리는 계속해서 하락하고 있다. 이와는 달리 기업의 배당 성향이 높아지면서 2018년부터 배당 수익률이 은행의 저축성 예금 금리를 넘어서기 시작했다. 2019년 코스피 배당 수익률이 2.02%였고, 저축성 예금 금리는 1.75%였다. 2020년 6월부터 예금 금리가 1% 이하로 낮아진 만큼 그 격차는 더 확대되었을 것이고, 이러한 추세는 장기적으로 지속될 가능성이 높다. 2020년 3월 현재 우리 가계의 금융 자산 중 46.5%가 현금 및 예금이고 주식 비중은 16.3%다. 예금 비중을 다소 줄이고 배당 투자 형태의 주식 비중을 늘리는 것이 바람직해 보인다.

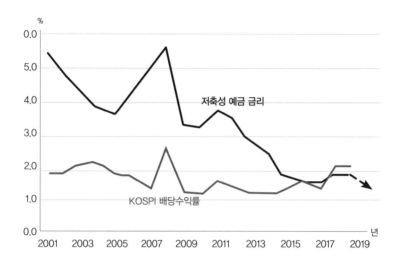

[도표 4-6] 배당 수익률과 은행 예금 금리 격차

저축성 예금 금리

KOSPI 배당수익률

자료: 한국은행, 한국거래소

| 2021년 주목해야 할 세 가지 경제 리스크

2020년 주가 변동성(3월 1,439 → 8월 2,458)이 크게 확대된 것처럼 2021년에도 코로나와 미중 패권 전쟁 등의 전개 방향에 따라 주식 시장은 여전히 높은 변동성을 보일 전망이다. 명목 GDP로 추정해 보면 2021년 코스피의 적정 수준은 2,285 정도다. 주 변동 범위는 적정 주가의 15% 내외(1,942~2,628)일 것으로 전망된다.

그러나 주식시장 참여자들은 세 가지 중요한 리스크를 점검해 가면서 대응해야 한다. 첫 번째는 코로나의 2차 확산 여부다. 과거 스페인 독감 등 주요 사례를 보면 대부분 2차 확산기가 있었고, 그 피해가 1차와 비슷했거나 더 컸다. 두 번째는 미중 패권 전쟁의 전개 방향이다. 이미 무역 전쟁에서 기술 전쟁으로 확산되었고 나아가서는 금융 전쟁(극단적으로는 무력 전쟁)으로까지 확산될 수 있다. 마지막으로 미국의 인플레이션이다. 2021년에 인플레이션이 현실화할 가능성은 낮지만, 물가가 불안해지면 연방준비제도가 금리를 인상하고 각국의 부채에 의한 성장의 한계가 드러나면서 세계 경제가 이전보다 더 큰 진통을 겪을 가능성도 배제할 수 없기 때문이다.

3 달러의 위상은
   건재한가

코로나 패닉과 학습 효과

2020년의 외환시장도 코로나 패닉의 소용돌이에 휘말렸다. 하지만 강력한 소용돌이가 굵고 짧게 마무리되면서 외환시장의 혼돈은 빠르게 진정되었다. 시장의 빠른 안정화에는 2008년 금융 위기의 학습 효과가 크게 작용했다.

2020년 초 미중 양국이 1차 무역 합의문에 서명하면서 2018년 7월 미국의 대중 관세 폭탄으로 시작된 무역 전쟁이 휴전에 돌입했고, 미국 경기의 상대적 우위가 부각되며 달러화는 완만한 상승 흐름을 나타냈다. 하지만 코로나가 2월부터 중국 내에서 본격적으로

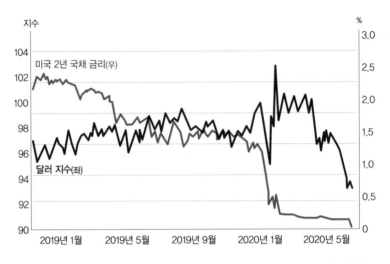

[도표 4-7] 달러 지수와 미국 2년 국채 금리

자료: 블룸버그

확산되고, 3월 들어 팬데믹 양상이 뚜렷해지면서 달러 가치가 급
등락했다.

　3월 초 미국 연준은 금리 인하 단행을 시작으로 단기 달러 자
금 경색을 막기 위해 금융 기관에 대규모 유동성을 공급하는 조치
를 잇달아 내놓았고, 같은 달 23일에는 무제한 양적완화와 더불어
민간에 대한 자금 지원책을 내놓아 실물경제 경색에 대한 방어 의
지를 강하게 내보였다. 연준의 적극적인 금리 인하로 가파르게 하
락하던 달러 가치는 코로나로 인해 금융 시장이 패닉에 빠지자 3년
내 최고치로 급등했다. 그러나 다행히도 금융과 실물경제 안정을
위한 강력한 대책이 빠르게 가동되자 빠르게 떨어졌다. 금융 위기

당시 신용 경색에 대한 우려가 풀리기까지 9개월 가까이 소요되었던 데 반해 연준은 단기간 내 모든 대책을 총동원함으로써 금융 시스템 정상화에 소요되는 시간을 거의 1개월 내로 단축시켰다.

이번 위기는 코로나로 인한 실물경제 중단이 금융 시스템으로 전이되는 양상을 띠고 있었고, 금융 위기를 경험한 연준은 금융 시스템을 안전하게 보호하기 위한 조치들을 주저 없이 단행할 수 있었다. 일례로 전 세계에 급증하는 달러 유동성 필요에 대응해 기존 선진국 외에 한국, 멕시코, 브라질 등 아홉 개 나라와 3월 19일에 300~600억 달러 규모의 통화 스와프 계약을 체결했고, 3월 31일에는 세계 각국 중앙은행이 보유한 미국 국채를 담보로 달러를 빌려주는 기구를 설치하기도 했다. 물론 전 세계 달러 유동성 부족이 미국 국채 매각으로 이어질 경우 국채 금리가 급등할 것을 우려해 글로벌 유동성 공급자를 서둘러 자처했지만, 미국의 통화 정책이 글로벌 금융 시장 안정에 결정적인 기여를 한 것은 부인할 수 없다.

| 예상치 못한 외화 수요와 검증된 한국 외환 건전성

원화 역시 글로벌 신용 위험 급등 및 달러 자금 경색에 의한 달러 급등이라는 거대한 파도를 피할 수 없었다. 원-달러 환율은 2010년 이후 처음으로 1,250원을 돌파해 3월 19일 1,296원까지 급등했다. 외국인은 3월 한 달 동안 11조 원이 넘는 주식을 팔았

고, 국내 외화 자금 사정도 매우 빠듯해졌다. 환율 급등 과정에서 특기할 만한 것은, 금융 위기 당시에는 외국인이 단기 외화 대출금을 만기 연장해주지 않고 회수하면서 외화 자금 수급이 악화되었던 반면, 이번에는 국내에서 외화 자금 수요가 급증해 외화 유동성 여건이 악화되었다는 점이다.

코로나로 인해 해외 지수를 기초 자산으로 하는 파생 결합 증권을 헤지hedge하는 과정에서 외화 자금 수요가 일시에 몰렸는데, 이것이 글로벌 금융 시장 패닉과 맞물려 원화 환율 급등의 원인이 되었다. 이러한 이유로 2020년 3월에 국내 단기 외화 차입금이 크게 늘어나기도 했다. 한미 통화 스와프를 계기로 떨어지기 시작한 환율은 4월 이후 빠르게 하향 안정화되며, 여타 신흥국과 뚜렷이 차별화되는 모습을 보였다.

원화는 금융 위기 이후 신흥국 통화들과는 상당히 다른 길을 걸어왔다. 금융 위기는 선진국 금융 시스템의 취약성을 깨닫게 했을 뿐 아니라 주요국의 재정 여건을 크게 악화시켰다. 반면 한국은 금융 위기를 반면교사 삼아 대외 건전성을 높이는 데 상당한 노력을 기울였고, 정부의 부채 규모는 선진국과 비교해 매우 양호한 수준을 유지했다. 여기에 더해 국내에서 축적된 자본 중 많은 부분이 해외 투자로 집행돼 2020년 3월 말 해외 금융 자산 규모가 1조 6,700억 달러를 넘어섰다. 대외 의존적 경제 구조상 환율이 외부 상황에 따라 출렁일 수밖에 없지만 상당히 큰 대외 충격에도 환율이 비교적 빠르게 정상화된 것은 금융 위기 이후 확연히 달라진

[도표 4-8] 달러 대비 원화 가치와 신흥국 통화 지수

지수
(2011.1.2.=100)

JP모건
신흥국 통화 지수

달러 대비
원화 가치

년

자료: 블룸버그

한국의 대외 건전성을 반영한 것으로 볼 수 있다.

│ 손상된 달러의 위상, 대체할 자 누구인가?

미국 달러는 금융 위기 당시 혼란기를 거쳐 2011년 이후 줄곧 상승 추세를 유지해왔다. 특히 2014년, 양적완화 축소를 준비하는 미국과 달리 유로존이 무제한 양적완화를 선언하면서 가파르게 상승한 달러는 2017년을 제외하고 매년 상승하는 흐름을 유지했다(2017년은 중국과 유로존의 빠른 경제 회복을 반영해 달러가 약세를 나타냄). 미국은 금융 위기 이후 가계부채를 빠르게 축소했고, 셰일오일 개발 붐과 IT 기업들의 기술 선도 등으로 가장 먼저 경제 정상화를 꾀한 반면 유로존은 남유럽 중심의 재정 위기를 겪고, 금리를 마이너스로 낮췄음에도 저성장의 늪에서 빠져나오지 못해 미국 경제의 상대적 우위가 달러화 강세를 지지했다. 가파른 속도로 성장하며 미국을 위협하던 중국이 2015년 대규모 자본 유출 사태를 겪으면서 실물경제와 금융 시장 안정에 총력을 기울여야 하는 입장에 놓였던 점 역시 달러 지위를 공고히 했다.

금융 위기 이후 확장기를 이어온 미국경제의 침체 우려가 꾸준히 제기되었으나 트럼프 행정부의 감세 정책은 2020년 2월 코로나로 공식 침체 진입이 선언되기까지 128개월이라는 제2차 세계 대전 이후 최장 확장 기록을 가능하게 했다.

하지만 코로나 사태는 미국과 달러의 위상에 의문을 더하는 계기로 작용하고 있다. 우선 미국의 의료 시스템 및 위기관리 능력이 알려진 것보다 훨씬 취약함을 일깨웠다. 의료 시스템의 취약성은 미국뿐 아니라 선진국 전반의 이슈로 부각되기는 했지만, 확진자 숫자가 대변하듯 미국 행정부와 국민들의 위기관리 의식은 어떤 서구 선진국보다 한참 뒤처지는 모습으로 비춰지기에 충분했다. 코로나에 대한 미온적이고 부적절한 대응은 그만큼 피해 복구 규모가 커지고, 소요 자금이 늘어나 재정 적자가 더 큰 폭으로 늘어나는 것을 의미한다.

단기적인 경제 여건은 코로나 확산을 비교적 잘 통제하고, 유로화 통합 이후 20여 년 만에 재정 통합을 향한 첫 발걸음을 내디 딘 유로존이 미국보다 나아 보인다(7월 말, 유럽연합 정상들은 회원국 연대책임으로 유럽연합 채권을 발행해 코로나 회복 기금을 마련키로 했다). 미 국은 상대적으로 높은 실업률과 원유 생산국이라 저유가 수혜가 제한적이며, 피해가 훨씬 심각해 그만큼 복구 비용이 많이 들 수 밖에 없다.

하지만 중장기 및 정책적 여건은 단순하게 판단할 문제가 아니 다. 코로나로 손상된 미국의 위상을 되돌릴 정부의 정책 추진력과 연준의 강력한 금융 지원, 그리고 기업의 높은 기술력 등이 있기 때문이다. 유로존이 코로나 회복 기금과 관련해 공동 채권 발행에 합의했지만, 앞으로 성장 전략을 꾀하는 데 있어서도 공동의 자금 을 투입하게 될지는 미지수고, 그렇게 된다 하더라도 그 과정이 험 난할 것이다. 유로존 국가 간의 이해관계가 첨예하게 부딪힐 것이 기 때문이다. 유로존이 관광 의존도가 높다는 점도 경기 회복의 장 벽을 높이는 요인이다.

반면 미국은 중앙은행이 무제한 양적완화를 통해 장기 국채 금 리를 안정화시키면서 정부가 적극적인 성장 정책을 모색할 수 있 다. 기축통화로서의 이점을 위기 극복의 중요한 수단으로 사용할 수 있는 셈이다. 미국은 2000년 이후 신규 투자가 감소해온 '인프 라 투자'에, 유로존은 '그린딜'에 초점을 맞추고 있는데, 어느 방향 이 생산력을 더 높일 수 있을지 의견이 분분한 상황이다.

점차 과격해지는 중국과의 패권 전쟁도 환율에는 중요한 변수다. 미중 양국은 무역뿐 아니라 기술 전쟁, 나아가 체제와 가치라는 더 큰 경쟁에서 점점 더 치열해지고 있다. 특히 코로나 사태는 미국의 중국에 대한 전략을 양자 간 대결에서 경제, 이념, 안보 등 진영 대결로 변화시키고 있다. 2020년 7월 미국이 휴스턴의 중국 총영사관을 폐쇄하자 중국은 우한의 미국 총영사관 폐쇄로 맞서는 등 미국의 대선 정국과 맞물려 양국의 긴장이 더욱 높아지고 있다. 원래는 재선이 확실한 것으로 평가받았던 트럼프는 코로나 사태에 직격탄을 맞고 재집권을 장담할 수 없는 상황을 맞았다. 어느 당이 집권하든 대중국 강경 노선 자체는 달라지지 않겠지만, 급부상하는 중국에 대해 어떤 전략으로 접근하느냐에 따라 달러 가치에 큰 영향을 미칠 수 있다. 다자주의, 국제주의를 깨고 동맹을 무시하는 트럼프의 전략은 미국의 입지를 더욱 좁게 만들 가능성이 높다.

민주당은 트럼프의 공화당보다 예측 가능한 외교 정책을 펴고, 동맹국과의 관계 회복을 꾀할 가능성이 높다는 점에서 중장기적인 달러 신인도에는 긍정적인 영향을 줄 것으로 보인다. 조세 정책에서도 공화당의 감세 기조가 코로나 이전에 미국의 성장률을 높이는 재료로 작용했던 것과 달리 이미 악화된 재정 상태에서는 재정 건전성 및 정책의 지속가능성 면에서 달러를 위태롭게 만들 수 있다.

기본적으로 미국의 달러화 패권이 단시일 내에 크게 흔들릴 가능성은 낮다. 세계 무역 및 금융에 있어서 달러가 차지하고 있는

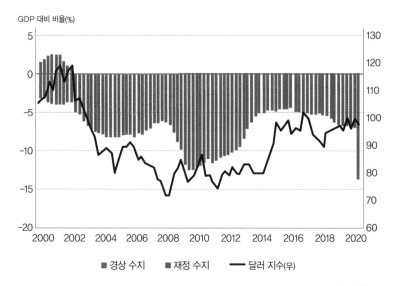

[도표 4-9] 경상·재정 수지 변화와 달러 지수 변동

GDP 대비 비율(%)

■ 경상 수지   ■ 재정 수지   ── 달러 지수(우)

자료: 블룸버그

확고한 지위를 대체할 강력한 대항마로 유로화나 위안화는 아직 한계가 뚜렷하기 때문이다. 유로화는 통합 재정의 첫발을 내딛기는 했으나 위기 봉합 이후 성장 전략을 추구하는 과정에서 회원국 간 불협 화음이 재발할 가능성이 높고, 유로존 재정 위기 이후 낮아진 잠재 성장률을 높일 돌파구를 찾아야 하는 숙제를 안고 있다. 위안화는 실물경제의 비중과 달리 금융 부문에서는 아직 초기 발전 단계이며, 금융 시장 개방과 중앙집권적 통치 체제의 모순을 극복해야 한다.

달러의 위상이 도전받았던 2000년대 초반과 비교해도 당장 달러화가 가파른 약세를 나타낼 가능성은 낮다는 판단이다. 당시는 유로화가 대안 통화로 급부상했고, 미국의 재정 적자가 두드러졌으며, 중국, 브라질, 인도 등 신흥국이 가파른 성장세를 구가하면서 달러 가치가 크게 하락했다. 하지만 현재는 주요 선진국의 재정 상황이 공히 악화된 가운데, 신흥국은 세계화의 후퇴 속에 새로운 성장 동력을 기대하기도 어려운 상황이기 때문이다.

이러한 상황에서 앞으로 미국의 정책 추진 방향이 달러화에 가장 중요한 변수로 작용할 것이다. 현재 미국은 기축통화의 이점을 활용해 중앙은행의 강력한 지원을 받아 성장 동력을 마련하는 데 유리한 위치에 있다. 이를 활용해 동맹국과 우호적인 관계를 이어가고 적절한 성장 정책을 실행해가는 것이 중요 관전 포인트가 될 것이다.

▎복잡다단한 대외 환경과 타이트한 외환 수급

글로벌 저성장과 공급망 재편, 여기에 미중 간 헤게모니 경쟁 격화 등 복잡다단한 대외 환경으로 인해 원-달러 환율도 갈피를 잡기 힘들 듯하다. 기본적으로는 달러화 향방을 따르겠지만, 선진국 통화 대비 가치를 반영하는 달러 지수와 미중 간 갈등 관계를 반영할 달러-위안 환율의 향방이 일치하지 않을 공산도 크다.

여기에 국내 외환 수급 상황도 어느 한 방향으로의 쏠림을 뒷받침하지 않는다. 특히 세계경제의 저성장과 자국 중심주의를 기반으로 한 글로벌 공급망의 재편이라는 환경으로 대규모 무역 흑자를 내기 어려운 가운데 내국인들의 해외 투자가 꾸준히 지속되면서 환율 지지 세력이 되고 있다.

국민연금을 비롯한 장기 투자 기관의 자산 포트폴리오 다변화뿐 아니라 개인들도 자산 운용을 다변화하고 있다. 개인의 해외 주식 직접 투자 등 다양한 해외 자산 투자 요구가 늘어나면서 2016년 이후 내국인의 해외 증권 투자 규모는 매년 600억 달러(70조원)를 넘나들고 있다. 그 결과 외환 보유액을 제외한 대외 금융 자산이 1조 3,000억 달러에 육박해 외국인이 보유하고 있는 원화 자산 규모를 넘어서게 되었다. 금융 위기 이전인 2007년 외환 보유액을 포함한 대외 금융 자산이 5,950억 달러에 불과했던 것과 비교해보면 엄청난 변화가 있었음을 체감할 수 있다. 이러한 대외 자산은 한국의 대외 건전성을 뒷받침하는 새롭고 강력한 변수임에 틀림없다. 다만 2020년 3월 환율 급등락에서 보았듯이 외국인 투자 자금 유출입 외에 내국인의 해외 투자 자금 관련 자금 흐름이 환율에 변동성을 야기할 수 있는 변수가 될 수 있음을 감안해야 한다.

한편 2020년 7월, 외국인이 보유한 원화 채권 잔액이 100조 원을 넘어선 지 7년 만에 150조 원을 돌파했다. 특히 코로나 사태로 신흥국 채권에서 투자금이 급격하게 빠져나가는 와중에 국내 채권으로는 선진국 채권과 같은 방향으로 자금이 꾸준하게 유입되었고, 중장기 채권에 대한 수요도 꾸준하다는 점에서 원화 자산에 대한 달라진 인식을 다시 확인할 수 있다.

한국도 코로나 위기를 극복하기 위해 반세기 만에 처음으로 4차 추경을 편성하고, 국채 발행 규모를 크게 늘려가면서 재정 수지 악화가 불가피한 상황이다. 하지만 재정 건전성보다 재정 여력에 초점이 맞춰질 투자자들의 판단에 비춰보면 원화 및 원화 자산에 대한 긍정적 인식은 지속될 가능성이 크며, 이에 따라 해외 금융 시장 불안에도 원화 환율은 상대적 안정성을 유지할 것으로 예상한다.

4 자산운용,
어떻게 해야 하나

▶▶ 송홍선(자본시장연구원 펀드연금실장)

┃ V자 주가 회복, 유동성과 상대적 펀더멘털 덕분

2020년 자산시장의 키워드는 V자 회복이다. 코로나로 실물경제는 대공황 이후 최대 폭의 역성장을 하고 있지만, 주식시장 등 위험 자산시장은 4~5개월 만에 전 고점을 회복하는 극적인 회복세를 보였다. 그러면서 한 해 내내 자산시장 버블 논란을 지속했다.

주식시장 V자 회복의 일등 공신은 충분하고 신속한 유동성 공급이다. 중앙은행의 금리 정책이나 유동성 정책은 전례 없이 전광석화와 같이 이루어졌다. 그러다 보니 주가는 약 한 달간의 급격한 폭락 이후 과거의 경제 위기와 달리 수개월째 강세를 이어가고 있다. 도표 4-10은 시중 유동성과 주가 관계를 나타내는 'M2 대비 시가총액(시총) 배율'의 추이를 보여준다. 코로나 이전 고점인 0.78배에서, 코로나 패닉이 극에 달하던 2020년 3월 말 0.46배로 폭락했다가 7월 말에 0.51배로 반등했다. 3월 말 이후 주가가 크게 회복되었지만, 시중에 풀린 금융 자산의 구매력을 나타내는 유동성 규모(M2)를 기준으로 상대적으로 평가하면 역사적 평균(0.66배)에는 아직 미치지 못하고 있다.[1]

물론 유동성만으로 주가의 V자 회복을 설명할 수는 없다. 투자

[도표 4-10] **국내 시중 유동성 대비 시가총액 배율**

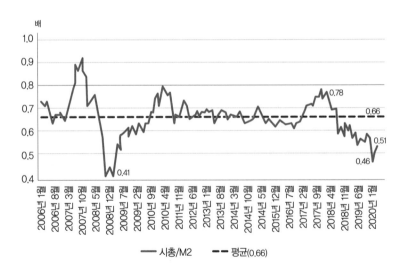

* 시총은 코스피+코스닥, 월말 기준.

자료: 한국은행

자들은 실물경제 사이클로 자산시장의 방향성을 가늠하고 투자 시기를 결정하기 때문이다. 이런 점에서 국내 실물경제의 상대적 성과는 자산시장의 상대적 성과의 밑바탕이 되고 있다. 상반기 동안의 역성장에도 불구하고 실물경제가 침체보다는 회복으로의 방향성을 분명하게 보여주고 있다는 점, 그리고 모범적인 방역정책으로 실물경제의 성과가 다른 나라에 비해 상대적으로 양호하다는 점 등이 글로벌 시장에서 한국 자산시장의 상대적 강세 요인으로 평가된다. 풍부한 유동성과 거시경제의 상대적 성과를 감안할 때 국내 주식의 강세는 급격한 2차 팬데믹 같은 외부 충격이 없는 한 약간의 조정을 거치며 2020년 내내 지속될 가능성이 있다.

당분간은 근로소득보다 자산소득 전망이 밝다

2021년 자산시장 역시 코로나가 모멘텀이 될 것이다. 2020년 8월 OECD는 2021년의 한국경제를 전망하면서 한국의 팬데믹 충격은 상대적으로 가장 크지 않고, 양호한 방역 정책과 위기 대응 정책에 힘입어 경제 회복 속도가 세계에서 가장 빠를 것으로 전망했다. 자산시장 관점에서 보면 한국의 자산시장 기대 수익률이 상대적으로 매우 양호할 것임을 시사한다. 자산시장은 상대적인 수익률 게임을 하는 시장이다. 다만 2차 팬데믹 상황에 따라 경제 회복 여부가 크게 달라질 것으로 보인다. 따라서 유동성에 힘입은 자산시장의 우호적인 추세는 도표 4-10에서 짐작할 수 있듯이 지속될 가능성이 있다.

그러나 유동성의 실물경제 유입은 그 정도가 제한적이고 유입의 효과도 점진적으로 나타날 것으로 보여, 실물경제와 주식시장 간 괴리는 지속될 전망이다. 실물경제는 이른바 나이키 로고 형태로 회복하는 데 비해 주식시장은 V자 회복세의 연장이 나타날 수 있다.

미국 의회예산처CBO는 2030년까지 장기 전망에서 미국 경제가 회복하는 데 10년이 걸릴 것으로 전망했다. 코로나 직전의 GDP 수준(21조 달러)까지 회복하는 데에는 2~3년이면 되지만, 코로나 이전의 경제의 장기 성장 추세로 복귀하는 데는 2008년 금융 위기 때처럼 10년이 걸린다는 것이다. 실물경제의 더딘 회복은 고용시장 충격의 더딘 회복과 그에 따른 근로소득의 더딘 회복을 의미한다[46]. 참고로 2008년 금융 위기 이후 미국은 실업률 회복에 10년이 걸렸고 대공황 때도 1933년 실업률 고점(25%)에서 5% 아래로 회복되는 데 10년 정도가 걸렸다. 한국도 정도의 차이는 있지만 이런 흐름에서 예외가 될 수 없을 것이다.

결국 소득 관점에서 보면 코로나 이후 세상은 근로소득보다 자산소득이 중요해지고 기대수익률도 자산소득이 더 높을 수 있다는 것이다. 앞으로 높게 유지될 실업률로 근로소득 향상이 어려운 상황에서는, 자산시장에서 그간 축적한 금융 자산을 통해 기회를 엿보는 자산소득 추구 경향이 경제 전반에 강화될 환경이 만들어

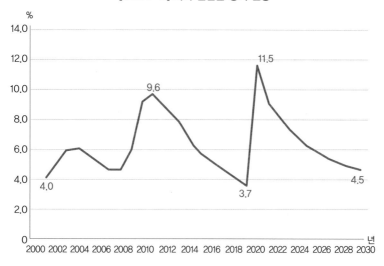

[도표 4-11] 미국 실업률 장기 전망

자료: 미국 CBO. 2020년 5월

지고 있음을 의미한다.

2021년, 어떤 자산에 투자할까?

그렇다면 어떤 자산에 투자해야 하는가. 지금까지 관찰하건대 2021년의 자산 포트폴리오 전략은 코로나 충격이 야기한 급작스러운 제로금리 환경과 급격한 산업 패러다임의 변화를 반영해 구성할 필요가 있다. 우선 제로금리의 급작스러운 도래를 고려해야한다. 한국은행이 기준금리를 0.5%로 낮추면서 사실상 명목금리는 제로금리, 실질금리는 마이너스가 되면서 기존 자산 배분의 틀이 지속 불가능하게 되었다. 예를 들어 실물에서 오랫동안 활용되던 60/40 배분 전략(주식 60%/채권 40%)의 효용성은 크게 약화되고 있다. 채권 금리나 1년짜리 예금 금리가 사실상 제로금리에 놓이면서 기존의 목표 수익률 달성을 위해서는 안전 자산을 40% 이하로 줄이고 위험 자산을 60% 이상 늘리거나, 여유 자금의 목표 수익률을 하향 조정해야 하는 상황이다.

둘째, 대체 투자로의 분산 투자 전략이 코로나 충격으로 주춤해질 가능성이 있다. 2020년 내내 전통 주식의 성과는 양호한 반면 대체 투자의 성과가 저조했던 이유는 대체 투자의 약점인 낮은 유동성과 관련이 있다. 똑같은 위험 자산임에도 코로나 충격에 대한 위험 자산 가치의 복원력에서의 차이가 전통 주식과 대체 투자 자산 간의 성과 차이로 나타났다.

도표 4-12에서 보듯 코로나의 충격과 회복 속도 면에서 위험 자산 간의 차이가 확인된다. 기초 자산이 주식, 부동산, 비상장 지분으로 구성된 상장 주식, 상장 리츠, 상장 사모펀드 중에서 주식의 충격이 제일 적고 복원력은 가장 높다. 대체 투자 중에서도 부동산이 비상장 지분보다 충격 흡수나 복원력 면에서 양호한 것이 확인된다. 경제 위기 국면에서는 유동성 프리미엄의 가치가 급등하기 때문에 전통 주식이 대체 투자보다 좋은 투자 대상일 수 있는 것이다. 대체 투자는 위험 분산과 비유동성 프리미엄 수취 목적으로 투자자들이 중장기적으로 비중을 확대해야 할 투자 자산인

[도표 4-12] **코로나와 위험 자산 성과 추이**

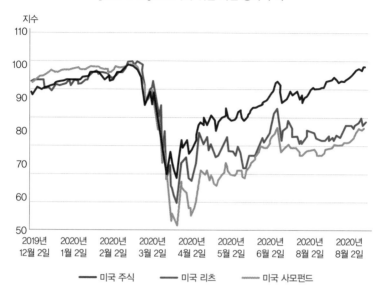

* 코로나 직전 고점 기준 지수화(2020.2.12.=100)함.
** 미국 주식은 S&P500. 미국 리츠는 Wilshire US REIT. 미국 사모펀드는 ProShares Global Listed
  Private Equity ETF 기준임.
*** 시계열은 2019년 12월 2일부터 8월 13일까지 일별 자료임.

자료: 야후 파이낸스(Yahoo Finance)

것은 분명하지만, 코로나 위기 국면에서는 앞으로의 실물경제 회복 속도와 지속성에 따라 대체 투자 시장의 흐름이 결정될 것으로 보인다. 경기가 회복하는 속도가 빨라지면 대체 투자는 다시 상승 동력을 얻을 것이고, 경기 회복이 지연되면 대체 투자 시장도 그만큼 회복이 지체될 것이다.

세 번째는 코로나가 가져온 산업 패러다임의 급속한 재편이다.

주력 산업의 코어가 된 바이오, 안전 소비 트렌드를 반영한 언택트 산업의 성장, 코로나 이면의 기후변화가 불러온 화석연료 산업의 쇠퇴 등은 이른바 PDR^{price-to-dream ratio}이라는 신조어를 만들어 자산시장의 흐름을 주도하고 있다. 도표 4-13은 한국에서도 코로나 이후 산업 패러다임의 변화가 얼마나 격렬하고 급진적으로 진행되고 있는지 보여준다. 코로나를 겪으면서 바이오, 언택트, 재생에너지를 대표하는 이른바 BBIG7(바이오·배터리·인터넷·게임 섹터의 7개의 대표 종목) 기업들이 코스피 시총 10대 기업 중 여섯 자리를 차

[도표 4-13] **코로나 전후 주식시장 구조 변화**

		코스피 시가총액 순위		시가총액 비중(코스피 전체의 %)	
		2020.8.18	2019년말	2020.8.18	2019년말
	삼성전자	1	1	22	23
BBIG7	삼성바이오로직스	3	5	3	2
	NAVER	4	4	3	2
	LG화학	5	9	3	1
	셀트리온	7	8	3	2
	카카오	9	23	2	1
	삼성SDI	10	19	2	1
	엔씨소프트	15	26	1	1
	BBIG7	–	–	17	10

자료: 한국거래소

지했다. 2019년 말 네 개에서 두 개 기업이 새로 진입했다. 그뿐만 아니라 BBIG7 기업의 시총 점유율은 같은 기간 10%에서 17%로 7%p 나 증가했다. 삼성전자가 같은 기간 1%p 증가한 것과 크게 대비된다. 10대 기업에 포함된 전통 산업군인 자동차, 화학 등이 뒤로 밀려났다. 금융 위기 이전인 2009년 기준으로 보면 BBIG7 기업들 중 10대 기업에 포함된 기업은 없었다. 격세지감을 느낄 만큼 산업 패러다임이 변화한 것이다.

마지막으로 이 같은 산업 패러다임 격변기에는 성장 기업이 주목을 받을 수밖에 없으므로, 투자자의 자산 배분은 시장보다는 섹터, 섹터보다는 개별 기업에 투자하려는 경향이 강하게 나타난다. 코로나 이후 펀드 시장이 위축되는 대신 개별 주식에 대한 투자가 증가하는 것은 이런 흐름을 반영한다. 또한 시장이나 섹터에 투자하는 펀드의 경우에도 액티브 펀드가 패시브 펀드보다는 선호될 수 있다. 시장 수익률 이상의 초과수익을 위한 기회가 위험-수익 관점에서 볼 때 열려 있기 때문이다. 시장보다는 섹터, 섹터보다는 개별 주식, 패시브 펀드보다는 액티브 펀드가 주목을 받는 자금 흐름은 2021년에도 지속될 가능성이 있다.

경계해야 할 2021년 조정 트리거

2021년 자산시장의 첫 번째 위험 요인은 두말할 필요 없이 2차 팬데믹이다. 다만 2차 팬데믹 가능성은 시장 참여자 누구나 예상 가능한 충격이라는 점, 백신 개발은 그 충격을 상당 정도 흡수 가능한 상쇄 요인이라는 점, 1차 팬데믹 대응 과정에서 위기 대응 경험이 축적되었다는 점에서 자산시장의 반응이 1차 때와는 다를 가능성이 있다. 다만 2020년 말부터 발표될 백신 개발 일정이 기대에 부합하지 않을 경우, 자산시장 조정 폭은 커질 수 있다.

2021년 시장 흐름에서 팬데믹만큼 관심을 두어야 할 변수는 미국 대통령 선거다. 2017년에 출범한 트럼프 정부는 초기의 상당한 불확실성을 극복했다. 그리고 트럼프 대통령의 친기업 마인드나 미국 우선주의가 자산시장에 긍정적으로 작용했다. 통화정책과 재정정책을 완화한다는 기조는 대선 결과와 상관없이 지속될 것으로 보이지만, 두 정책을 바라보는 공화당과 민주당의 기본적인 철학에는 차이가 있고, 중국과의 무역분쟁에 대한 대응 전략도 다른 만큼 자산시장도 여기에 반응할 가능성이 있다. 미국 대선이 코로나 이후 자산시장 흐름에 어떤 변화의 동력이 될지 지켜볼 일이다.

5 부동산 시장,
   안정될 것인가

▶▶ **장종회(매일경제 논설위원)**

▍ 한계에 도달한 주택 수요 억제

2020년 주택 시장은 한마디로 정부 당국의 부동산 수요 억제 정책이 가속 페달을 밟으면서 혼돈이 가중된 시기라고 할 수 있다. 7월까지 문재인 정부 3년여 동안 20차례가 넘는 부동산 정책이 융단폭격식으로 쏟아졌지만 당국이 목표로 하던 집값 안정은 이뤄지지 않았다. 당국이 공급을 일부 확충하는 조치를 취하기도 했지만 대체로 수요 억제에 초점을 맞추면서 그 한계가 여실히 드러난 해였다고 해도 과언이 아니다.

3기 신도시 건설이 추진되기도 했지만 실질적인 공급 확대에 무게를 둔 정책은 2020년 8월에 나온 이른바 '8·4 대책'이다. 서울에서 종전에 35층으로 묶여 있던 재건축 층수 규제를 공공 분양 도입 시에는 50층까지 허용하는 방향으로 용적률을 대폭 올리는 내용이 포함됐다. 도심 고밀도 개발로 부족한 핵심지 공급 물량을 확보하려는 계획이지만 예정대로 진행되더라도 실제 공급까지는 상당한 시간이 걸리는 데다 재건축 조합들이 90%에 달하는 초과 이익 환수에 거부감을 나타내면서 공급이 목표하는 만큼 이뤄지기는 어려울 것이란 평가가 많다.

이전에 나온 정부의 부동산 수요 억제 대책은 정책 의도와는 다른 결과를 냈다. 자연발생적으로 나오는 주택 수요를 틀어막을 수 없는 상태에서 위축된 공급이 불을 붙였고 거기에 당국이 대출 억제와 과세 강화로 주택 수요를 누르려고 했지만 공급 악화에 대한 불안 심리를 잠재우지 못하면서 사태는 한층 더 꼬였다.

그 결과 2020년 집값은 7월 말에 연초에 비해서는 물론이고 전달에 비해서도 적잖이 상승했다. 한국감정원이 추계한 전국 월간 주택매매 가격 지수는 2020년 1월 101.1(2017년 11월 100 기준)이었던 것이 7월에 103.5로 2.3% 상승했다. 2019년 말 12·16 대책 여파로 오름폭이 주춤했던 서울 아파트값은 풍선 효과가 나타나면서 다시 상승 압력이 커졌고, 인천과 경기 등 수도권도 하락 없이 상승세를 타는 모양새다. 주택 시장이 양극화하면서 2019년까지만 해도 어려움을 겪던 지방 집값 역시 제주도를 빼고 대부분 지역에서 상승세로 돌아섰다.

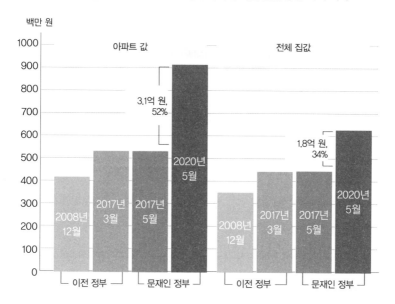

[도표 4-14] 문재인 정부와 이전 정부에서의 서울 집값 중위 가격 격차

백만 원

아파트 값

전체 집값

3.1억 원, 52%

1.8억 원, 34%

2008년 12월 | 2017년 3월 | 2017년 5월 | 2020년 5월

이전 정부 ㅡ 문재인 정부 ㅡ 이전 정부 ㅡ 문재인 정부

자료: 경제정의실천시민연합

[도표 4-15] 문재인 정부와 이명박·박근혜 정부의 주택 유형별 중위 가격 격차

(단위: 백만 원, 가구)

	이명박 · 박근혜 정부				문재인 정부				상승률 격차
	임기초 ('08.12)	임기말 ('17.03)	상승액	상승률	임기초 ('17.05)	현재 ('20.05)	상승액	상승률	
아파트	481	599	118	25%	606	920	314	52%	2.1배
단독	507	633	126	25%	635	736	101	16%	0.6배
연립	211	244	34	16%	245	267	23	9%	0.6배
전체[1)	426	527	101	24%	531	713	181	34%	1.4배

자료: 경제정의실천시민연합

┃ 집값 상승, 주택 공급 부족이 결정적

2020년 들어 당국이 주택 공급 부족 사태의 심각성을 깨닫고 뒤늦게 대응책 마련에 고심하기는 했지만 시기를 놓친 감이 없지 않다. 공급 부족의 원죄를 굳이 따지자면 문재인 정부 정책의 결과라기보다 박근혜 정부의 착각과 관련이 깊다. 다만 시장에서 공급 부족 가능성을 인지한 전문가들이 간간이 경고의 목소리를 냈는데도, 수요 억제에 매달리던 주택 당국이 정책 실패라는 비난을 피하려 애써 외면한 점도 있다.

문재인 정부에 앞서 집값이 급등했던 노무현 정부에서 주택 당국은 2기 신도시 구축 방안을 들고 나왔는데, 이 정책은 공급 시차로 이명박·박근혜 정부에서 부동산 시장 안정을 이끈 원동력이 됐다. 택지 개발과 건설이 이어지면서 입주가 늘어나기도 했지만 2008년 미국발 글로벌 금융 위기 파고가 덮쳐 수요가 위축된 것도 역시 적잖은 영향을 미쳤다. 공급만 보면 노무현 정부에서 입안한 2기 신도시 물량이 본격적으로 쏟아진 것은 박근혜 정부 때였다.

박근혜 정부 1~2년 차인 2013~2014년에 서울 주택 시장은 바닥을 형성했다. 공급이 지나치게 많아졌다는 생각이 들 정도로 물량이 쏟아지자 주택 당국이 더 이상 추가적인 공급이 필요하지 않다는 착각에 빠진 것이다. 그 결과 당국은 공공 임대 쪽으로 정책의 방향을 확 틀어 '행복주택' 공급에 열을 올렸다. 일반 분양 물량은 이미 충분히 공급됐다고 여겼기 때문이다. 철도차량 기지를 비롯한 도심 유휴지에 임대주택을 건설해 젊은 층에게 보급하는 방식을 강조했다. 하지만 임대에 방점을 찍으면서 보유용 분양 주택 공급이 소홀해진 것이 부작용을 냈다.

실제 주택 건설 인허가를 담당하는 서울시에서도 대규모 개발에 부정적 인식을 가졌던 박원순 전 시장의 집권 기간 동안 서울시내 재건축·재개발 규제를 한층 강화했다. 중앙 정부가 재건축 초과이익 환수제, 재건축 조합원 지위 양도 금지 등을 통해 재건축을 억제한 데다 서울시도 재건축 안전 진단을 강화해 공급을 제한했다. 전임 오세훈 시장 시절 뉴타운이란 이름으로 추진하던 정비사업지구의 절반 이상을 해제했다. 대규모 공급 계획을 뒤엎은 대신 도시재생 사업이 추진됐지만 추가적인 주택 건설이 사라진 만큼 서울시내 신규 공급 물량은 급감했고 수급 불안 사태에 기름을 부었다.

시장 변동 최대 변수가 된 '정책 요인'

2020년에는 주택 시장 수급 불균형이 한층 악화하면서 전월세 임대차 시장까지 불안해지고 전세살이를 하는 30대 세대주들까지 나서서 이른바 '영끌(영혼까지 끌어모은)' 주택 매수라는 비정상적 상황까지 이어졌다. 주택 당국이 7월에 7·10 대책을 통해 '생애 최초 주택 구매자' 인센티브를 도입해 실수요자 보듬기에 나서기는 했지만 이미 기름이 부어진 시장의 불안은 잠재워지지 않았다. 주택 당국은 신규 주택 공급까지는 시간이 많이 걸리는 것을 감안해 다 주택자들의 과세를 한층 강화하면서 기존 주택을 내놓도록 압박에 나섰다. 부동산 취득세, 등록세, 양도세 등 거래세를 모두 높이고 종합부동산세와 재산세 등 보유세도 같이 높이면서 임대주택 사업자에 대한 혜택도 대폭 축소했다. 세금 부담이 무서우면 매물을 내놓으라는 강한 신호를 준 셈이다. 세금을 물더라도 자녀나 친인척에게 집을 넘겨주는 사태가 벌어질 것을 우려해 증여세도 강화했다. 그러다 보니 가히 핵폭탄급 증세 패키지가 되어버린 모양새다.

2021년 5월 말까지 다주택자 중과세 부담을 피하려는 매물이 나오면 그 뒤에는 다시 공급이 제한될 것으로 예상된다. 2021년 6월부터는 어차피 세금 부담이 확 늘어난 뒤인 만큼 그 이전에 팔지 못했다면 시장에 매물이 추가로 나오지 않을 가능성이 높다는 관측이다. 주택 당국이 이런 상황을 감안해 다주택자 양도세 중과세를 한시적으로 유예한다면 매물이 쏟아질 가능성은 더 커진다. 그런 경우가 벌어지면 고가 주택 매물이 늘면서 2~3억 원에 달하는 가격 하락이 나타날 수도 있다. 그렇지 않다면 수급이 어느 방향으로 튈지 예단하기는 쉽지 않다. 어찌 됐든 지금의 주택 시장은 과거 어느 때보다도 정책 요인이 좌우하는 판으로 바뀐 상황이다.

주택 시장 등락에 영향을 끼치는 다양한 요인 가운데 주택 당국이 취하고 있는 정책 방향은 전반적으로 시장 하락을 가리킨다.

[도표 4-16] **주택 시장 변동 요인**

상승요인	하락요인
공급 부족(지역별 편차)	안정 기조 주택정책
유동성 급증(구매력 확대)	대출 규제(가계부채 억제)
저금리 기조 유지(금리 인하)	대출금리 상승
강한 매수심리(투자/실수요)	단기 가격급등 피로감
새집 수요 증가(청약 쏠림)	보유세(재산.종부세).거래세(취득.등록.양도세) 인상
인플레이션	경제침체 지속

자료: KB국민은행 부동산투자자문센터

대출 규제가 강화된 채 유지되고 있고, 보유세, 거래세 등 세금 부담도 대폭 늘린 상태이기 때문이다. 여기에 경기침체가 지속되고 집값이 단기에 급등한 만큼 주택 수요자들의 피로감이 높다. 금리도 더 이상 내려갈 자리가 없을 정도로 낮아진 만큼 변동성이 낮다. 지금과 같은 상황에서는 금리 변수를 크게 영향을 미치기 어려운 요소로 봐도 무방하다. 물론 당장 침체된 경기 때문에 인상까지 이뤄지진 않더라도 금리 상승 압력은 지속적으로 커질 것으로 예상되는 만큼 중장기적으로도 주택가격 하락 요인이 될 개연성이 크다. 다만 유동성이 급증해 주택 시장 상승의 불씨는 남아 있다.

주택 공급 확대는 불가피한 전략

시장에서 주택 공급을 늘리는 방법은 두 가지다. 신규로 아파트를 건설해 공급하는 것이 첫 번째인데 여기에는 3~5년이라는 오랜 시간이 걸린다는 한계가 있다. 시장에 바로 공급을 늘리는 방법은 기존 재고 주택 물량을 순환시키는 것인데 당국은 일단 다주택자들이 집을 팔도록 보유세를 대폭 올렸다. 이에 따라 이미 일부 부동산 보유에 연연할 이유가 없는 법인 보유 주택은 매물로 나오고 있는 상황이다.

아직 30~50대 인구에서 주택 공급이 부족하다는 인식이 강해 매수에 나설 가능성이 높은 만큼 주택가격 하향 안정을 예단하기는 이르다. 다주택 매물 증가를 유도하면서 '도심 고밀도 개발', '재건축·재개발 완화' '신도시 주택 추가 공급'을 동시다발적으로 쏟아내는 게 주택가격 하락에 유효할 것으로 보인다. 정부에서는 이미 다섯 곳에 건설하기로 한 3기 신도시 주택 공급 물량을 확대하는 쪽으로 가닥을 잡았다. 당초 17만 3,000가구를 들이기로 했던 것인데 용적률을 100%p 이상 올리고 과도하게 잡아둔 지식산업센터 용지를 줄여 택지로 활용하면 공급량을 10만 가구 이상 늘릴 수 있을 것이란 계산이 나온다.

문제는 신도시 건설을 통한 공급은 당장 몇 년 내에 눈앞에 펼쳐지는 현실이 아니라는 점이다. 토지 조성과 건설 계획을 거쳐 실제 공급으로 이어지기까지 최소 5년 이상이 걸리기 때문이다. 당장은 세금 부담 급증으로 인한 기존 주택 매물이 얼마나 늘어날 것인지가 관건이다. 대규모 공급이 대기하고 있다는 사실이 주택 수요자들의 조바심을 완화시키고 가수요를 눌러 시장에 안전판으로 작용할 가능성은 적지 않다. 당국의 공급 확대 신호가 제대로 시장에 전달된다면 2021년 주택 시장은 공급 물량이 급격하게 늘어나지 않더라도 하향 안정될 여지가 크다.

여기에 재건축·재개발을 활성화하기 위해 당국은 8·4 대책을 통해 용적률 상향이라는 인센티브를 주면서 공공 분양과 공공 임대 물량을 늘리는 전략도 도입했다. 관건은 8·4 대책의 공급 확대안이 '초과 이익의 90%를 회수하는 방식'으로 구성되어 있어 재건축을 추진하는 조합들을 공급 확대에 얼마나 참여시킬 수 있느냐하는 것이다. 조합들이 인센티브를 받고 재건축에 나서도록 설득할 수 있다면 서울 핵심지에서 공급이 꾸준히 이어질 것이란 신호와 함께 가수요가 줄면서 주택 시장은 안정을 찾게 되겠지만 그렇지 않으면 공급 증가가 이뤄지기 어려울 것이라는 기대를 형성하게 돼 오히려 악영향을 끼칠 가능성도 없지 않다. 다만 세금 인상의 여파가 지속적으로 미치는 만큼 기존 주택 매물이 시장에 어느 정도 풀리는 것은 불가피한 만큼 시간이 지날수록 공급 확대는 가시권에 접어들 전망이다.

서울 강남권의 어떤 아파트는 12억 원이던 가격이 최근 2~3년 만에 22억 원으로 10억 원 이상 올랐다. 발생하기 힘든 일이 벌어진 것이다. 시장에서도 아파트 값이 고평가된 버블 초기에 진입했다는 진단이 고개를 들었다. 기다리면 물량이 충분히 공급될 것이란 시장 기대가 형성되면 주택가격은 곧바로 안정될 가능성이 크다.

다만 전세난은 일정 부분 더 진행될 것으로 보인다. 임대차보호법 개정으로 '2+2 전월세 계약갱신제'가 2년 연장을 강제하면서 위축되는 임대차 시장에 땜질은 할 수 있겠지만, 그 기간이 지난 뒤에는 다시 불안해질 가능성이 적지 않다. 전세금 상승 압력은 여전하겠지만 당장 2021년에는 상승이 원천적으로 차단된 상태여서 신규 전월세 물량의 가격 상승 압력을 반영해 2020년보다 높은 가격에서 계약이 이뤄질 것으로 예상된다.

집값이 고공행진을 하는데도 주택 소비자들 사이에서는 가격이 더 오를 것이란 기대가 많다. 한국은행이 2020년 7월 소비자 동향을 조사한 결과 주택가격 전망 지수가 125로 전달에 비해 13이 상승했다. 100이 넘는 만큼 가격 상승을 예상하는 이들이 존재한다는 의미인데 역시 수급이 긴박하다는 인식이 영향을 미친 것으로 보인다. 그런 상황일수록 급매가 나타나면서 가격 하락 압력이 가시화하는 순간 방향이 반대로 바뀔 가능성도 크다. 8·4 대책

여파가 주택 매수 심리에 어떤 영향을 미치는지가 중요한 이유다.

수급 따라 움직일 지방 시장

지방의 주택 시장은 이미 정책과 무관하게 수급에 따라 변동하는 추세에 진입한 지 오래다. 주택 당국이 수요 억제를 위해 내놓은 많은 대책이 지방과는 무관하게 취해진 만큼 지방 시장은 공급량을 최대 변수로 보고 흐름을 살피면 크게 틀리지 않다. 분양권 전매제한도 서울·수도권과 5대 광역시에 국한되어 있고 다주택 취득세 중과나 3주택자 중과세 등도 고가 주택이 별로 없는 지방에는 큰 영향이 없을 것으로 예상된다. 지방 시장은 지난 2~3년간 이어졌던 양극화 여파에서 벗어나면서 서울·수도권과 마찬가지로 공급이 긴장된 상태에서 다소 상승세를 탈 가능성이 없지 않다. 2020년 시도별 주택 매매 가격 지수 흐름을 보더라도 제주도를 제외한 대부분 지역이 바닥을 치고 상승 반전하는 모습을 보였다. 2021년에도 그 흐름은 이어질 것으로 보인다.

서울·수도권과 5개 광역시를 중심으로 주택 매매가가 상승하는 가운데 지방도 제주와 강원, 전북 등 일부 지역을 제외하고는 2020년 상반기에 오름폭을 키워가는 추세를 보였다. 지방의 전세 가격도 제주와 전북을 빼면 대체로 상승세로 반전했다. 이런 흐름은 지난 수년간 지방에서 나타났던 주택 공급 과잉이 해소되는 과

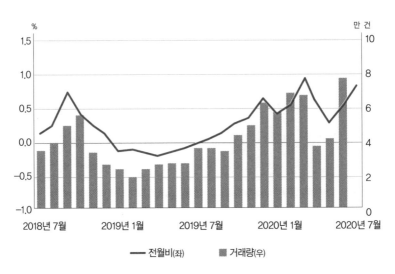

[도표 4-17] 수도권 주택 매매 거래량 및 가격 지수 변동률

자료: 한국감정원

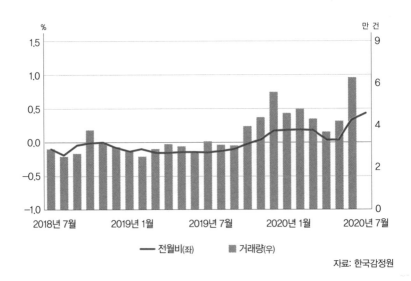

[도표 4-18] 지방 주택 매매 거래량 및 가격 지수 변동률

자료: 한국감정원

정에 들어선 것을 방증한다. 중국인 수요 위축 같은 특이점이 작용하는 제주를 제외하면 대체로 지방의 수급은 균형에 근접하고 있다고 봐도 무방하다.

시장 일각에서는 2020년 7월에 나온 7·10 대책으로 다주택자에 대한 증세가 전국적으로 적용되는 것이 지방에 대한 역차별이라고 울상이지만 실제로 적용 대상이 되는 경우는 제한적일 것으로 예상되는 만큼 우려할 수준은 아니다. 물론 2020년 6월 현재 상황을 보면 여전히 서울·수도권에 비해 지방 주택 시장이 취약한 것은 사실이다. 문재인 정부가 들어선 2017년 5월과 비교했을 때 서울 집값이 38.1% 상승했지만 지방은 10.3% 하락해 격차가 크다. 지방 시장이 바닥을 그리면서 상승세로 돌아서는 단계로 접어든 만큼 서울·수도권에 대한 규제 강화 여파가 본격적으로 나타나면 격차는 줄어들 가능성이 높다. 물론 '똘똘한 한 채' 붐이 재조명되면 양극화를 보정하기 위한 당국의 추가적인 개입이 이뤄질 가능성 역시 높다.

5부

미래 산업별
기회의 창

미래를 위한 산업 트렌드

▶▶ 김호원(서울대학교 치의학대학원 객원교수)

코로나가 전 세계적으로 확산되고 각국의 이동 제한 조치 등이 연장되면서 세계경제의 극심한 경기침체가 지속되고 있다. 다들 경기가 언제쯤 회복될 것인지에 대해 염려 섞인 기대를 하고 있다.

대공황(1929)이나 아시아 외환위기(1997) 등 과거의 대형 경제 위기는 그 영향이 단순히 경기 변동에 그치지 않고 경제 산업 전반에 구조적 변화를 초래한 바 있다. 코로나 이후 세계경제도 이전과는 다른 뉴노멀로 이행할 가능성이 커 보인다.

코로나 이후 예상되는 변화 중 우리 산업에 가장 크게 영향을 미칠 흐름은 탈세계화, 디지털 경제의 가속화, 저탄소 경제로의 이행이라 할 수 있다. 향후 10년 동안 이루어질 것으로 예상되던 이러한 변화는 코로나라는 촉진제를 통해 2~3년 안에 압축돼 이뤄질 가능성도 배제하기 어렵다.

5부에서는 이러한 혁명적 변화의 중심에 있는 콘텐츠 산업, 인공지능 산업, 모빌리티 산업, 그리고 수소 산업의 현황을 점검하고 미래 발전 방향과 정부 정책에 대해 살펴본다.

전 세계에 코로나가 확산되면서 '비대면 경제'가 키워드로 떠올랐다. 사람들의 여가활동도 홈코노미 중심으로 재편되면서 콘텐츠 산업에도 변화가 나타났다. 가장 큰 변화를 겪고 있는 곳은 드라마·영화 등 영상 콘텐츠 분야다. 변화를 이끌고 있는 것은 넷플릭스, 유튜브 등을 필두로 한 OTT^{Over the Top} 서비스다. OTT는 전파나 케이블이 아닌 인터넷으로 영상 콘텐츠를 제공하는 서비스로 개인 맞춤형 서비스가 비즈니스 성공의 핵심 요인이다. OTT의 확산으로 2020년 들어 불기 시작한 아시아 지역의 한국 드라마 열풍은 당분간 지속될 것으로 보인다. 가히 3차 한류라 할 만하다.

그리고 2021년은 인공지능의 진화가 본격적으로 시작되는 한 해가 될 전망이다. 지금까지의 인공지능 관련 기술은 누가 더 많이 개발하고 보유하고 있는지가 중요했었다면 앞으로는 인공지능 알고리즘 모델과 기술을 어디에 적용하고 사용할지가 관건이 될 것이다.

인공지능을 기반으로 한 안면 인식 기술은 금융권을 중심으로 생체인식^{biometrics} 결제 시스템에 적용되기 시작했고 인공지능 스피커는 스마트홈의 플랫폼으로 진화될 조짐이다. 단순 반복적이고 자동화가 가능한 업무를 맡아온 로봇은 비반복성 업무와 지식

노동형 업무를 처리할 수 있게 되어 과학자 로봇, 회계사 로봇 등이 속속 등장할 것으로 보인다.

이미 인공지능 패권을 차지하기 위한 글로벌 경쟁은 미국과 중국을 중심으로 시작되었지만 '한국판 뉴딜'을 추진하고 있는 한국도 D.N.A(데이터, 네트워크, AI) 생태계 강화에 더 한층 매진해나갈 계획이다.

교통·운송 산업은 사람과 화물의 단순한 장소 이동부터 다양한 운송 수단 기술의 발달과 관련 서비스의 변화를 포괄하는 모빌리티 시대로 패러다임이 전환되고 있다. 여객 분야에서는 최근 다양한 모빌리티 수단과 공유 교통 서비스가 생겨나면서 카 셰어링, 카풀 서비스 등 온라인 플랫폼을 이용한 수요 중심의 모빌리티 서비스 영역이 확대되고 있다. 화물 운송 및 보관 창고업 중심의 물류 산업도 플랫폼을 이용한 음식 배달, 새벽배송 등 새로운 비즈니스 모델의 라스트 마일 배송 서비스 시장이 빠르게 성장하고 있다.

2020년은 코로나로 일부 모빌리티 시장이 위축되기도 했으나 2021년에는 정부의 디지털 뉴딜 전략에 대한 기대감으로 퍼스널 모빌리티 서비스, 친환경 및 자율주행 차량을 중심으로 꾸준하게 성장할 것으로 예상된다. 다만 모빌리티 신기술에 대한 이용자의 신뢰성을 확보하고 사회적 수용성을 제고하는 일은 한국 사회가 해결해나가야 할 과제로 남아 있다.

2020년 7월 애플은 2030년까지 탄소 중립 실현을 선언했다. 이는 제품이 완성되는 전 과정에서 종합적 이산화탄소 배출량을 0으로 하겠다는 전략으로, 자사 공장뿐 아니라 모든 관계사에도 적용되는 개념이다. 2019년 12월 유럽연합 집행위원회는 2050년까지 유럽을 탄소 중립 대륙으로 만들겠다는 유럽 그린딜을 제시한 바 있다.

그린 스완green swan, 이상기후에 의한 궤멸적 경제 위기에 사전 대응하기 위한 유럽연합 그리고 애플과 같은 선도 기업의 전략은 순차적으로 글로벌 전 지역과 기업들에게 큰 영향을 미치게 될 것으로 보인다. 유럽연합의 탄소 중립 사회 실현 계획에서 흥미로운 점은 수소가 핵심적인 역할을 맡게 된다는 점이다. 2020년 7월 유럽연합 집행위원회는 수소 육성 전략을 발표한 바 있는데, 눈에 띄는 점은 대중교통 시스템을 수소연료전지에 기반을 둔 체계로 전환하겠다는 점이다.

유럽연합이 완전한 탄소 중립 사회 실현을 목표로 하는 2050년은 앞으로 30년 후로, 이 흐름은 미국·중국·일본 등 전 세계로 확산될 것이며 한국도 예외일 수 없다. 한국판 뉴딜의 일환으로 그린 뉴딜 계획을 발표한 바 있는 한국도 새로운 수소 경제 패러다임 전환에 적극 대응하고 있다.

2021년에는 반전의 모멘텀이 필요한 한국 산업이 코로나가 가져온 전 세계적 위기를 선제적으로 극복하고 새로운 도약을 이루는 한 해가 되기를 기대한다. 그러기 위해서는 제조업의 스마트화, 정보통신기술 서비스 중심의 산업 구조 개편, 친환경 생산 체제로의 전환을 중심으로 한 산업 전반의 구조 변화에 민·관이 협력하여 적극 대응해가야 할 것이다.

1 비대면 사회가 가져온 콘텐츠 산업의 변화

▶▶ **김윤지**(한국수출입은행 해외경제연구소 연구위원)

▎콘텐츠 산업, 비대면 경제 확산의 수혜자

전 세계에 코로나가 확산되면서 '비대면 경제'라는 키워드가 떠올랐다. 팬데믹으로 대규모 도시 봉쇄, 재택근무, 격리 등이 새로운 생활양식으로 자리 잡으며 산업도 이에 맞춰 변형되면서 나타난 결과다.

팬데믹이 산업에 미친 영향은 매우 다양하다. 이동이 줄면서 자동차는 판매 부진에 시달리고 있고, 석유 소비가 감소해 유가도 하락했다. 외식 감소로 음식점들은 울상이지만 재택근무 증가로 노트북, 컴퓨터 판매는 늘었다. 비대면 서비스 증가로 인터넷 접근이

늘어나 기업들은 서버 확충에 나섰고, 덕분에 반도체 산업은 반짝
호황을 누렸다.

특히 집에서 모든 활동을 하는 '홈코노미'가 확산되면서 산업의
구조 자체가 변화하는 분야도 생겨났다. 새벽배송, 로켓배송 등으
로 오프라인 유통이 변화를 겪는 가운데 온라인 유통은 코로나를
계기로 확실하게 자리를 잡았다. 원격 회의 증가로 관련 소프트웨
어가 늘어나면서, 페이스북 등 유수의 플랫폼 기업들도 다양한 원
격 서비스를 중심에 두기 시작했다.

여가 활동도 홈코노미 중심으로 재편되면서 콘텐츠 산업에도
변화가 나타났다. 게임 산업은 코로나 확산에도 국내외에서 사상
최대 실적을 기록했을 정도로 비대면 경제 확산의 수혜를 얻었다.
차세대 스포츠 산업을 이끌 것으로 예측되던 e스포츠도 2020년
상반기 비대면 관중이 30~60% 이상 늘어나면서 늦춰지는 프로
스포츠 리그를 대체하는 역할을 충분히 해냈다. 그리고 이런 변화
는 콘텐츠 산업 전반으로 확산되고 있다.

콘텐츠 산업은 지식정보, 광고, 방송, 출판, 캐릭터, 게임, 음
악, 영화, 애니메이션 등을 포괄하는 분야다. 프라이스워터하우스
쿠퍼스가 추정하는 2021년 콘텐츠 산업의 세계 시장 규모는 2조
7,000억 달러로 아세안 10개국의 연간 GDP 규모에 근접할 정도
로 크다. 분야별 비중은 지식정보, 광고 등이 가장 크지만 이 분야
는 안타깝게도 한국이 접근하기에는 제한이 많다. 금융·산업 정보
를 기업에 제공하는 지식정보 산업이나 서구 시장 비중이 높은 광

고 산업은 오래전부터 선진국 특화 영역이기 때문이다. 이외에 방송, 영화, 출판, 음악 등도 전통적으로 내수 시장이 크고 산업 규모를 키워온 영미 선진국들의 영향력이 막대한 분야다. 음악 시장 역시 클래식 분야의 규모가 커 선진국들의 비중이 크다. 분야별로 조금씩 틈새가 나타나고는 있지만 영어 문화권만이 누릴 수 있는 이점은 여전히 견고하다.

한국의 콘텐츠 산업 규모는 2019년 기준 약 125조 원이고, 수출액은 104억 달러(12조 원)다. 최근 K팝, K드라마 등의 호조로 수출액은 최근 5년간 연평균 16% 이상씩 증가해 2018년에는 처음으로 가전 수출액을 넘어섰다. 2019년 수출액 가운데 비중으로는 게임(67%)이 절반 이상으로 가장 크며, 캐릭터(8%), 지식정보(6%), 음악(6%), 방송(5%) 순이다. 이 밖에 출판, 콘텐츠 솔루션, 애니메이션, 광고, 영화, 만화 등이 나머지 8% 정도를 차지한다.

최근 한국 콘텐츠 산업은 전 세계에 한류 열풍을 일으키며 격변의 시기를 거쳐왔다. BTS 등 K팝 그룹이 세계적인 스타로 떠올랐고, 〈기생충〉 등 한국 영화가 아카데미상을 석권하는 신기원을 기록하기도 했다. 이런 변화는 몇 가지 시대적 변화가 맞물리면서 가능했다. 다양성 가치에 대한 관심 증가와 같은 사회문화적 변동, 디지털 기기와 SNS, OTT와 같은 플랫폼 확산 등 기술적 변동이 중요한 동력이었다. 다양한 문화에 대한 거부감이 적고 디지털 플랫폼에 익숙한 밀레니얼 세대가 세계 콘텐츠 시장의 주요 소비층으로 떠오르면서 변방에 있던 한국의 콘텐츠 상품들이 세계와 빠

[도표 5-1] 세계 콘텐츠 시장 규모 및 전망

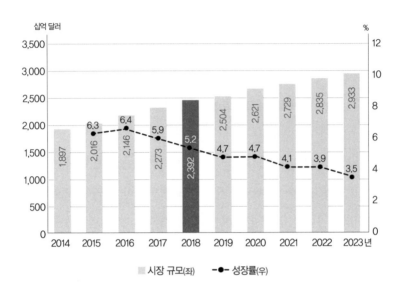

[도표 5-2] 한국 콘텐츠 수출액

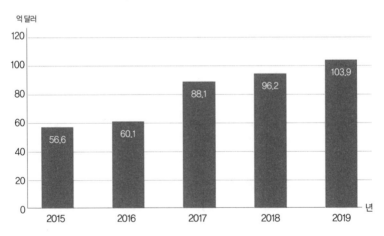

자료: PwC(2019), 한국콘텐츠진흥원

르게 조응할 수 있었던 것이다. 그리고 최근 코로나로 비대면 경제가 앞당겨지면서 이러한 변화는 더 가속화되고 있다.

▎영상 콘텐츠 산업 변화의 축 OTT 서비스

가장 큰 변화를 겪고 있는 곳은 드라마, 영화 등 영상 콘텐츠 분야다. 변화를 이끌고 있는 것은 넷플릭스, 유튜브, 구글TV 등을 필두로 한 OTTOver the Top 서비스다. OTT는 전파나 케이블이 아닌 인터넷으로 영상 콘텐츠를 제공하는 서비스다. Over the Top의 'Top'은 TV에 연결하는 셋톱박스를 의미하지만, OTT가 최근에는 셋톱박스의 유무와 상관없이 인터넷 기반으로 영화, 드라마, 동영상을 제공하는 모든 서비스를 일컫는다.

OTT 서비스는 2000년대 중후반 초고속 인터넷이 발달하면서 등장하기 시작했다. 이들은 10~20달러 안팎의 월정액만 내면 콘텐츠를 무제한으로 볼 수 있는 구독 서비스를 제공하면서 미국을 중심으로 빠르게 성장해왔다. 초기에는 상대적으로 저렴한 비용, 모바일에서 이용할 수 있는 편리함 등에 힘입어 시장을 확대했다. 최근에는 자체 제작 콘텐츠를 대폭 늘리면서 TV를 대체하는 수단으로까지 그 영역을 확대하고 있다.

OTT 서비스의 성장에는 기술적 변동이 큰 역할을 했다. 과거에는 방송사에서 불특정 대중을 대상으로 제작한 콘텐츠를 동시간대에 함께 보는 것 외에는 다른 선택지가 없었다. 전파는 고가의 유한한 자원이라 소수 방송사들만이 활용할 수 있었기 때문이다. 시청자들은 방송사가 제공하는 콘텐츠 안에서 골라 보는 수밖에 없었기 때문에 시청률 40%, 50%와 같은 기록들도 탄생할 수 있었다.

하지만 초고속 인터넷이 광범위하게 보급되면서 가정마다 깔린 인터넷망을 통해 많은 콘텐츠를 전달하는 것이 가능해졌다. 사람들은 방송사가 정해진 시간에 제공하는 콘텐츠만 보던 제약에서 벗어나 자기가 원하는 시간에 원하는 콘텐츠를 골라 볼 수 있게 되었다. 기술 진보로 제한된 콘텐츠에 사람을 맞추는 게 아니라 사람에게 콘텐츠를 맞추는 것이 가능해진 것이다.

OTT 서비스가 확산되면서 세계 영상 콘텐츠 산업은 현재 지각변동 중이다. 넷플릭스가 포문을 열었지만, 시장 성장세가 커지자 디즈니, 애플, 구글, HBO 등 다양한 방송, 디지털 사업자들이 모두 OTT 경쟁에 뛰어들었다. 더 많은 가입자를 유치하기 위한 사업자들의 콘텐츠 확보 경쟁도 함께 가속화되고 있다.

그런데 OTT 서비스가 원하는 콘텐츠는 기존의 방송, 영화관 사업자들이 원하던 콘텐츠와는 다소 차이점이 있다. 영화나 방송은 특정한 시간대, 기간에 대규모의 사람들을 끌어모으는 게 중요한 비즈니스다. 제한된 시간 안에 최대의 티켓 또는 광고 수익을 올려야 한다. 따라서 동시대 타깃층이 두루 공감할 수 있는 코드를 활용해 사람들을 크게 한판 모을 수 있는 콘텐츠를 개발하는 것이 중요하다.

하지만 OTT 서비스는 특정 시간대에 얽매일 필요가 없다. 좀 더 많은 구독자를 모아 서비스를 오래오래 이용하게 만드는 것이 더 중요하다. 이를 위해서는 개인에게 최대한 맞춰진 콘텐츠를 제공하는 것이 중요하다. 구독자가 매우 특이한 선호와 취향을 가졌다 하더라도 그 취향에 맞는 콘텐츠를 제공하면 된다. 한 콘텐츠에 여러 명을 모으는 것이 중요한 게 아니라, 한 가입자가 계속 보도록 하는 것이 중요하기 때문이다. 이른바 '개인화'가 비즈니스 성공의 핵심이라는 이야기다.

이런 특성 탓에 넷플릭스 등 글로벌 OTT들은 한국 콘텐츠에 관심이 많다. 한국 드라마는 이미 한국이라는 틀을 벗어나 아시아권에서 어느 정도 고정 고객층을 가지고 있는 분야다. 따라서 한국 드라마 콘텐츠를 확보하면 아시아권 시장 진출에 도움이 된다. 전 세계 모든 시청자를 사로잡을 수는 없지만 나라마다 확실한 고정 고객이 있다는 것이 OTT엔 매력적이다.

OTT 확산이 가져온 '3차 한류'

OTT의 확산은 한국 콘텐츠 업계에도 기회의 측면이 강하다. 한국은 과거에도 중국, 일본 등 아시아권을 대상으로 꾸준히 드라마 수출을 해왔다. 하지만 판매 전문 인력 부족, 국가별 판매선 확보

어려움 등으로 수출 편수에 비해 성과가 그리 높지는 못했다. 그러나 최근 넷플릭스를 비롯해 글로벌 OTT가 등장하면서 한 번 판매로 전 세계에 드라마를 소개할 수 있게 됨에 따라 수출 편이성이 크게 늘었다. 예전에는 판매를 위해 개별 소매점을 모두 상대해야 했다면, 이제는 거대한 도매상 하나와의 거래로 충분해졌다.

특히 2020년 코로나가 전 세계로 확산되면서 넷플릭스를 비롯한 OTT 서비스들은 특수를 누렸고, 덕분에 한국 드라마 시청도 크게 늘었다. 코로나로 재택 생활이 늘면서 온라인 중심으로 여가 생활이 전환됐기 때문이다. 2020년 4월 국내 넷플릭스 카드 결제액은 역대 최대치인 439억 원으로 추정되었다. 전년 4월의 185억 원보다 137% 이상 늘었고, 전달인 2020년 3월의 362억 원보다도 21%나 증가한 수치다. 이런 현상은 한국뿐 아니라 세계에서 동일하게 발생했다.

이 과정에서 많은 아시아인들이 넷플릭스를 통해 한국 드라마를 더 많이 보기 시작했다. 드라마 〈사랑의 불시착〉, 〈이태원 클라쓰〉 등이 일본에서 큰 인기를 끈 것을 비롯해 베트남, 말레이시아, 필리핀, 인도네시아, 싱가포르, 태국, 대만, 홍콩 등 아시아 전 지역에서 한국 드라마 인기가 치솟았다. 2000년대 초 〈겨울연가〉 열풍을 1차 한류, 2010년대 동방신기 등이 주축이 된 K팝 열풍을 2차 한류라 할 때 2020년 코로나와 함께 등장한 한국 드라마 열풍을 '3차 한류'로 정의할 만하다는 평가다.

과거에도 한국 드라마가 아시아에서 높은 인기를 끈 적은 있었

국가	프로그램 제목(순위)	편수
베트남	사이코지만 괜찮아(1위) 쌍갑포차(2위) 더 킹: 영원의 군주(3위) 도깨비(5위) 슬기로운 의사생활(6위) 투게더(7위) 응답하라 1988(8위) 사랑의 불시착(9위)	8편
태국	사이코지만 괜찮아(1위) 쌍갑포차(2위) 도깨비(3위) 더 킹: 영원의 군주(4위) 투게더(7위) 닥터 프리즈너(8위)	6편
대만	사이코지만 괜찮아(1위) 쌍갑포차(2위) 투게더(3위) 슬기로운 의사생활(4위) 더 킹: 영원의 군주(5위) 사랑의 불시착(9위)	6편
필리핀	사이코지만 괜찮아(1위) 더 킹: 영원의 군주(4위) 쌍갑포차(6위) 사랑의 불시착(7위) 응답하라 1998(8위) 투게더(9위)	6편
홍콩	사이코지만 괜찮아(1위) 쌍갑포차(2위) 투게더(3위) 더 킹: 영원의 군주(5위) 사랑의 불시착(6위)	5편
싱가포르	사이코지만 괜찮아(1위) 투게더(2위) 쌍갑포차(3위) 더 킹: 영원의 군주(5위) 슬기로운 의사생활(10위)	5편
일본	사랑의 불시착(1위) 이태원 클라쓰(2위) 사이코지만 괜찮아(3위) 더 킹: 영원의 군주(10위)	4편

자료: 넷플릭스(2020. 6. 29. 기준)

다. 하지만 이번처럼 여러 드라마가 한꺼번에 돌풍을 일으킨 적은 없었다. 〈쌍갑포차〉, 〈더 킹: 영원의 군주〉, 〈사이코지만 괜찮아〉 같은 2020년 최신 드라마부터 〈도깨비〉, 〈응답하라 1988〉, 〈조선로코-녹두전〉, 〈닥터 프리즈너〉 등 다소 시간이 지난 과거 드라마에까지 3차 한류 바람이 모두 미쳤다. 아시아 각 국가별 넷플릭스 톱 10 프로그램에 한국 드라마가 5~8편씩 자리를 차지하기도 했다. 모두 넷플릭스 특유의 추천 시스템 덕에 연관 드라마를 연달아 시청하면서 나타난 현상이었다.

하지만 패러다임의 변화에는 긍정적 측면뿐 아니라 부정적 측면도 늘 존재한다. 한국에서는 지상파와 종합편성채널 등에서 한 해에 총 200편 내외의 드라마를 제작한다. 이 중 넷플릭스에 판매하는 드라마는 연간 20편 내외다. 드라마 제작 구조상 넷플릭스에 판매되는 드라마들은 제작비 조달이 수월해진다. 자본력을 보강한 덕에 아주 제한된 흥행 작가, 배우 등을 선점할 수 있게 되고, 쏠림 현상도 커진다.

OTT에 영향력을 뺏긴 방송사의 위상 하락도 이런 현상을 더 가속화한다. 해마다 TV 의존도는 떨어지고 스마트폰 등 여타 디지털 기기 의존도는 높아지고 있다. 이에 따라 공중파 방송의 시청률은 하락하고 연쇄적으로 광고 수익은 감소한다. 광고 수익 감소는 방송사가 드라마 제작사에 제공할 편성료 감소로 이어진다. OTT 드라마를 보면서 시청자들의 눈높이는 높아지는데, 대부분의 제작사들은 과거보다 낮은 제작비로 드라마를 만들어야 하는 악순환이 발생하게 되었다. 콘텐츠 제작 산업 생태계 차원에서는 부정적 여파도 크다.

이런 현상에 대응하기 위해 국내 기업들이 연합해 만든 토종 플랫폼 웨이브wavve, 티빙TVING 등을 통해 국내 드라마들의 유통을 활성화하려는 움직임도 있다. 넷플릭스에 대항하기 위해 국내 플랫폼이 연합해 덩치를 키워 경쟁력을 높이자는 의견도 많다. 하지만 단지 토종이라는 점만 가지고 싸움을 해나가는 것이 만만치 않다. 글로벌 경쟁력이 있는 소수의 드라마는 넷플릭스에 판매되는

데, 그 외의 드라마들로만 승부해야 하기 때문이다. 이런 상황에서 KT 등 국내 인터넷 서비스 제공업자는 TV에서 바로 넷플릭스를 볼 수 있는 계약을 맺기도 했다. 통신 사업자와 콘텐츠 사업자 모두 넷플릭스의 움직임에 따라 영원한 적도, 동지도 없는 치열한 눈치 싸움을 하고 있는 셈이다.

결국 이런 상황에서 중요한 것은 자본력이다. 하지만 오랜 기간을 꾸준히 기다리며 투자해줄 자본은 늘 희귀하다. 이미 동남아시아 3대 OTT로 불리던 아이플릭스, 훅 등도 자본 고갈로 어려움을 겪으며 중국 텐센트 등에 인수됐다.

영화관, 특화된 '경험의 질'로 승부해야

비대면 경제가 확산되면서 콘텐츠 산업에서 나타난 또 하나의 중요한 변화 가운데 하나는 영화관, 공연 산업의 위기다. 코로나라는 특수한 상황은 조만간 복구되겠지만, OTT 확산 등으로 영화관이 과거의 영광을 계속 누릴 수 있을 것인가는 미지수다. 한국 영화 산업에서 극장 매출이 차지하는 비중은 약 70~80%로, 영화관의 운명은 영화 산업의 미래와도 바로 직결된다.

세계적으로 영화관 산업은 1950년대 TV 등장기, 1970년대 비디오 등장기에도 모두 위기를 겪은 바 있다. 두 시기 모두 영화관은 첨단기술 개발을 통해 TV보다 품질 좋은 영화 제작, 비용 절감

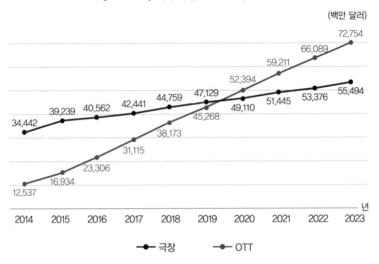

[도표 5-4] 세계 극장·OTT 시장 규모

(백만 달러)

	극장	OTT
2014	34,442	12,537
2015	39,239	16,934
2016	40,562	23,306
2017	42,441	31,115
2018	44,759	38,173
2019	47,129	45,268
2020	49,110	52,394
2021	51,445	59,211
2022	53,376	66,089
2023	55,494	72,754

자료: PwC(2019), 영화진흥위원회 재인용

을 통한 낮은 요금 유지 등으로 위기를 극복했다.

하지만 이런 대응이 가능했턴 것은 영화관이 가진 독보적 지위인 개봉 영화 '홀드백' 기능 덕이 컸다. 홀드백은 영화사에서 영화를 만들면 먼저 극장에서 개봉한 뒤 2~3주 이상의 유예 기간을 거쳐야만 VOD 등 스트리밍 서비스에 공개하는 것을 뜻한다. 홀드백은 힘의 우위를 가진 영화관이 영화사들과 맺은 신사협정이었다.

하지만 최근 코로나 확산, 스트리밍 서비스 확대 등으로 영화관의 독보적 지위에 균열이 가해지면서 홀드백이 무너지고 있다. 영화관 상영 없이 넷플릭스에서 개봉하거나, 아예 영화관에서 상영하지 않는 OTT 오리지널 영화가 제공되기 시작한 것이다. 그리고 전염병의 시대, 사람들은 영화관에 가지 않고도 오랜 시간을 버틸 수 있었다.

이에 대해 영화관만이 지니는 관람 경험을 극대화하는 것이 영화관 생존의 핵심이라는 주장이 많다. 사람들이 영화관에 가는 것은 단지 영화를 보기 위해서만이 아니다. 영화 관람이라는 활동은 극장에서 영화를 보는 것 외에 식사도 하며 쇼핑도 하고 가족, 친구와 함께 시간을 보내는 다양한 활동 경험을 포함한다. 이런 사회적 경험은 단순히 영화를 보는 것과는 다르며, 영화관은 이런 활동 경험을 더 풍부하게 할 수 있는 서비스 개발로 생명력을 유지할 수 있다는 것이다. OTT 서비스가 디지털 알고리즘으로 '개인화'에 다가선 것처럼, 영화관도 방문자 데이터를 활용해 더 알찬 경험을 제공할 수 있어야 한다. 기존의 기술 개발이 영화 자체를 위한 것이었다면, 이제는 영화관 방문객들이 '경험의 질'을 높이는 기술 개발이 더 절실해졌다.

비대면 경제의 확산 속에 콘텐츠 산업은 기회와 위기를 모두 접하고 있다. 변화의 핵심 축은 OTT 서비스다. OTT의 등장으로 드라마 수출에서는 더 많은 기회가 창출될 가능성이 높다. 하지만 그 과정에서 국내 산업 생태계가 양극화되는 위험을 줄여야 하는 과제가 있다. 영화관 중심으로 유지되었던 영화 산업 역시 '영화 보러 가는 경험'을 높이는 것이 중요해졌다. 코로나로 인해 콘텐츠 산업의 미래는 더 빨리 다가오고 있다.

2 인공지능의 무한한 가능성

▶▶ 이장우(한국인공지능포럼 회장)

인공지능은 컴퓨터 프로그램에 인간의 학습 능력과 추론 능력, 지각 능력, 언어의 이해력 등을 실현시키기 위한 기술이다. 사회와 문화 모든 것을 변화시킬 것이란 기대감과 함께 그 사회에서 인간이 도태될 수 있다는 두려움을 갖게 한 인공지능 산업은 기술 개발 단계에서 한발 더 나아가 사회 전반에 다양한 형태로 보급되고 있다. 인간이 미처 하지 못하는 부분을 인공지능이 대신하고 있는 상황에서 우리는 다시 새로운 국면에 처하게 되었다. 아울러 전 세계적으로 코로나로 인해 다시금 새로운 변화가 일어나고 있고, 인공지능을 통해 소비자가 원하는 바도 달라지고 있다.

다양한 산업에서 활용되는 인공지능

안면 인식은 비대면 서비스를 원하는 사람들에게 가장 적절한 기술이다. 안면 인식은 인공지능을 기반으로 얼굴의 특징적인 모습을 인식하는 생체인식 기술 중 하나로 신원 식별을 가능하게 하는 기술이기 때문이다. 즉 어떤 접촉 없이도 유일하며 복제될 수 없는 신원 감별 용도로 활용이 가능하다. 최근에는 지문, 홍채, 망막에 이어 안면 인식 기술이 다양한 산업에 활용되며 광범위한 분야로 확대되고 있다.

코로나 방역에서도 안면 인식이 활용되었다. 국내 인공지능 벤처기업인 알체라Alchera는 안면 인식 기술을 활용한 클라우드 기반 코로나 방역 솔루션 'AIIR'을 미국에 수출하기도 했다. 또한 알체라의 안면 인식 기술은 국내에서는 신한카드의 안면 인식 결제시스템인 페이스페이 서비스를 상용화시키기도 했다. 얼굴 등록이 가능한 은행에서 카드와 얼굴 정보를 1회 등록 후 페이스페이 가맹점에서 안면 인식만으로 결제를 할 수 있다. 이러한 생체인식 결제 시스템은 편리하면서도 사기를 방지할 수 있다는 이점을 가지고 있다.

비대면 소비 문화가 확산됨에 따라 매장에서 접촉 없이 결제를 할 수 있다는 장점도 있다. 이런 이유로 이미 미국과 캐나다에서는 마스터카드와 알리페이가 안면 인식 기반 서비스를 도입한 바 있다. 앞으로 안면 인식을 활용한 결제 시스템은 더욱 확대될 것이다. 또한 마케팅 면에서도 안면 인식 시스템은 충분한 가능성을 가지고 있다. 외부 광고나 디스플레이를 보는 사람의 성별과 연령대를 구분하고 광고를 시청한 시간을 파악해 이를 데이터화하는 것이다. 이런 데이터를 바탕으로 소비층에 맞는 광고를 보여준다면 좀 더 세밀한 타깃 마케팅이 가능해질 것이다.

코로나로 사람들이 집에 머무는 시간이 늘어나면서, 주춤했던 인공지능 스피커의 경쟁도 다시 치열해졌다. 비대면 문화와 더불어 비접촉 인터페이스에 대한 수요가 커지면서 인공지능 스피커에 대한 관심도 높아진 것이다.

인공지능 스피커는 2014년 아마존이 자사 AI인 알렉사Alexa를 기반으로 출시한 '에코Echo'가 그 시작이다. 이후 세계적으로 시장이 성장했고, 국내에서도 통신사, 포털, 전자제품 제조사, SNS 업체들이 적극적으로 뛰어들었다. 하지만 초기의 인공지능 스피커는 음성인식 능력이 부족했고 데이터도 부족해 소비자들의 관심에서 멀어져갔다.

음악 감상 외의 검색 기능이 부족했던 인공지능 스피커는 여러 기능을 업그레이드하면서 좀 더 다양한 정보와 서비스를 제공하는 플랫폼 역할을 할 수 있게 되었다. 또한 다른 기기를 컨트롤할 수 있는 기능이나 음성 검색을 넘어 이커머스까지 활용 분야가 확대되면서 더 많은 관심을 받게 되었다. 사물인터넷 기능이 없는 일반 가전제품에도 음성으로 제어할 수 있는 기능이 추가되며 만족도가 높아지고 있다. 또한 음성으로 명령해 음악 듣기나 검색, 앱 실행을 간단하게 할 수 있어 멀티태스킹이 가능해진 것도 긍정적으로 작용했다.

인공지능 스피커 시장은 앞으로 더욱 발전할 것이다. 인공지능 스피커를 새로운 형태의 플랫폼으로 바라보았을 때, 상업적 성패는 그 속에서 다양하게 활용될 애플리케이션에 달려 있다. 스마트폰이 등장한 지 얼마 지나지 않아 애플리케이션 시장이 다양하고 치열해진 것과 같이 인공지능 스피커의 애플리케이션 역시 다양해질 것이다. 아울러 이 경쟁은 더욱 확대돼 직접 문자를 입력해야 하는 번거로움을 가진 스마트폰과, 음성을 텍스트로 전환하는 언어 관련 인공지능 기술의 발전으로 진화할 인공지능 스피커 사이의 경쟁으로도 이어질 것이다.

디지털 전환의 중심에 로봇이 있다

단순히 기계로 인식되어온 로봇은 사람과 비슷하게 움직이는 휴머노이드humanoid로 급격히 발전하고 있다. 여기에 인공지능 기술이 결합되면서 생활 속에서 로봇이 담당하는 일이 더욱 다양해지고 있다.

인간을 대신해 일을 할 수 있는 사무직 로봇 어밀리아Amelia는 2014년 뉴욕 맨해튼 남쪽에 본사를 둔 IP소프트에서 개발해 지금까지 버전 6으로 업그레이드됐다. 365일 24시간 먹지도 자지도 않으면서 일을 하며 월급은 1,800달러(약 22만 원)면 되는 이 로봇은 글로벌 기업 500여 곳에 스카우트가 될 정도로 인기를 끌었다. 30대 중 후반의 금발에 푸른 눈을 가진 백인 여성의 모습을 하고 있는 어밀리아는 업계 경력이 20년 이상인 베테랑들을 넘어 인간의 능력을 초월한 역량을 지녔다. 30초 안에 300쪽에 달하는 매뉴얼을 숙지하고 영어와 프랑스어 등 20개국 언어에 능통하다. 동시에 수천 통의 전화를 처리하고, 한 번 통화한 고객과의 통화 내용을 기억해 답변할 수 있다. 이러한 업무 역량으로 처음에는 영수증 처리 같은 간단한 자동화 업무를 맡았던 것에서 이제는 고객 대면 서비스를 할 수 있게 되었다.

단순히 반복적이고 자동화가 가능한 업무를 맡아온 로봇은 앞으로 비반복성 업무와 지식노동형 업무를 처리할 수 있게 진화할 것이다. 머지않아 더욱 전문적인 일들을 처리할 수 있는 보험설계사 로봇, 회계사 로봇 등을 만날 수 있다.

과학 연구 분야에도 사람을 대신해 24시간 실험만 하는 과학자 로봇이 존재한다. 영국 리버풀 대학교의 화학과 앤드루 쿠퍼 Andrew Cooper 교수 연구진이 개발한 이 로봇은 실험실을 돌아다니며 연구를 한다. 이 로봇은 8일 만에 6,500번가량 장비를 조작하고 688가지 실험을 할 수 있다. 사람보다 100배나 빨리 실험을 할 수 있는 능력을 가졌다. 하루 평균 2시간 30분의 배터리 충전 시간을 제외한 나머지 21시간 30분을 일한다. 코로나로 실험실을 떠난 연구자들을 대신하는 로봇이다.

비대면이 중요해지면서 사람을 대신해 자신의 몫을 해내는 인공지능 로봇들도 있다. 호텔에서 투숙객이 객실 내에서 객실 용품을 요청하면 인공지능 로봇이 가져다주고, 룸서비스를 주문하면 배달을 해주기도 한다. 배달의민족을 서비스하는 우아한형제들은 서빙을 하는 로봇 딜리플레이트와 실외 전용 배달 로봇 딜리드라이브, 실내용 배달 로봇 딜리타워를 개발했다. 모두 자율주행 로봇들로 사람을 대신해 서빙과 배달을 한다.

딜리플레이트는 손님이 식당에 앉아 테이블에 놓인 QR코드로 메뉴를 주문하면 음식을 가져다준다. 손님이 직접 딜리플레이트에서 음식을 집어 옮기면 "수령 후 확인을 눌러주세요"라는 문구가 나온다. 버튼을 누르면 로봇은 다시 주문된 음식을 서빙하기 위해 주방으로 이동한다. 이 모든 과정이 물 흐르듯 자연스럽고 거리낌 없이 진행된다. 딜리타워는 우아한형제들 본사 사옥에서 시범 운행을 하고 있는데, 엘리베이터로 이동을 할 경우 센서로 자신이 탈 수 있는지를 확인한다. 엘리베이터 안에는 딜리타워 자리가 표시되어 있는데 그곳에 사람이 서 있는 것으로 확인이 되면 다음에 타겠다는 신호음과 함께 이동하지 않고 머문다.

로봇이 자유롭게 엘리베이터를 타고 건물 내에서 배달을 하는 것도, 실외에서 무인 배달의 수단으로 활용되는 것도 모두 고객과 배달 인력이 마주치지 않는 비대면 안정성을 충족해준다. 그렇기 때문에 앞으로 자율주행 인공지능 로봇은 좀 더 다양한 방향으로 확대될 것이고 그 활용도도 더욱 높아질 것으로 예상한다. 단순히 인력을 대체하는 로봇에서 사람과 함께하며 그 시너지를 높일 수 있는 협동 로봇에 대한 관심이 높아지는 것도 그 일환이다. 협동 로봇collaborative robot은 말 그대로 인간과 함께 작업하는 로봇이다. 인간을 대체하는 역할보다는 보완하는 역할을 하며 작업의 효율을 높인다. 협동 로봇은 산업 현장에서 활용하고 있는 기존의 산업 로봇을 대체해가고 있다. 산업 로봇은 주변을 인식하지 않은 채 반복적으로 주어진 일만 하기 때문에 인간의 안전을 위해 반드시 보호용 펜스를 설치해야 한다. 그러나 협동 로봇은 앞선 배달 로봇처럼 센서를 통해 주변 환경을 인식할 수 있다. 사람과 같은 공간에 존재해도 안전하게 일을 할 수 있는 것이다. 따라서 앞으로는 물류에서 활용도가 높은 로봇이 이를 관리할 수 있는 사람과 함께 어우러져 협동할 수 있는 형태로 발전할 것으로 기대된다.

▌ 인공지능 분야의 패권은 누가 차지할까?

과거에는 인공지능 연구에서 누가 더 복잡하고 어려운 기술을 보유하고 있는지를 두고 경쟁했다면, 지금은 각 연구자들이 알고리즘 모델을 공유하기 시작했다. 앞으로는 인공지능 알고리즘 모델과 기술을 어디에 적용하고 사용할지가 관건인 사회가 될 것이다. 기술 개발 단계에서 기술 응용 단계로 진화하는 것이다. 마찬가지로 인공지능 산업도 기술보다는 비즈니스 모델이 더욱 중요한 시기가 되었다. 그렇기 때문에 인공지능을 얼마나 잘 만드는지보다 어디에 인공지능을 활용할지가 중요하다. 때문에 협력하고도우며 인공지능 분야를 선점하기 위한 국내 업체 간의 움직임이빠르게 나타나고 있다.

이미 이동통신사와 포털, 전자 업체 등 국내 주요 기업들이 업종을 뛰어넘어 연합 전선을 구축했다. 이 연합 전선은 크게 세 개의 세력으로 나뉜다. 하나는 SK텔레콤과 삼성전자, 카카오가 주축이 되는 그룹이다. 이들은 인공지능 분야 전반에서 협력하기로 상호 합의하고 사회안전망에 인공지능을 활용하는 방안과 의료 부분에서의 연구개발 등을 공동으로 추진 중이다.

또 하나는 KT가 주도하고 LG전자, LG유플러스, 한국전자통신연구원, 현대중공업, 한국투자증권, 카이스트, 한양대가 함께 하는'AI 원팀'이다. 이들은 상호 협력을 통해 제품, 서비스, 솔루션 분야에서 경쟁력을 강화한다는 방침을 가지고 있다. 특히 가전 분야에서 시너지 효과가 기대된다.

마지막으로 독자 노선을 이어가고 있는 네이버가 있다. 이미 개방되어 있는 인공지능 플랫폼인 클로바를 기반으로 어느 누구와도 자유롭게 협력을 하겠다는 전략이다. 네이버는 연구개발 강화에 초점을 두고 아시아와 유럽을 잇는 글로벌 인공지능 연구 벨트 구축에 주력한다. 이제 시작점에 있는 세 그룹 중 앞으로 누가먼저 글로벌 수준의 경쟁력을 확보하게 될지 눈여겨볼 만하다.

세계적으로 보면 인공지능 패권을 차지하기 위한 글로벌 경쟁은 이미 시작되었다. GAFAM(구글, 아마존, 페이스북, 애플, 마이크로소프트)을 주축으로 하는 미국과 BAT(바이두, 알리바바, 텐센트)를 주축으로 하는 중국이 있다. 미국이 앞서나가고 있었는데 중국이 이를 맹추격하는 모습이다. 그리고 두 국가는 조금 다른 모습으로 인공지능에 대한 경쟁력을 키우고 있다.

중국은 1980년대 이전에는 학문적이고 이론적인 부분에만 중점을 두고 있었다. 2015년 '중국 제조 2025' 계획을 발표하며 첨단산업의 기술 자급력 70%를 달성해 2049년까지 글로벌 시장의 리더가 되겠다는 목표를 세웠다. 여기서 인공지능은 중요한 역할을 한다. 아울러 2017년에는 '차세대 AI 개발 계획'을 발표하며 2030년까지 인공지능 분야의 세계 리더가 될 계획을 밝혔다. 그 첫 단계로 2020년까지 인공지능 기술과 응용 분야에서 미국을 따라잡겠다는 목표를 세웠다. 중국은 이처럼 공격적이고 적극적으로 인공지능에 투자하고 있는데, 주체가 중국 정부이기에 가능한 일이다. 중국 정부는 인공지능 관련 기업들에 개인 데이터를 과감히 제공하면서 산업을 키우는 동시에 인공지능 서비스를 가장 많이 활용한다.

이에 반해 미국은 2019년 트럼프 대통령이 '인공지능 국가로서의 리더십을 가속화하기 위한 AI 이니셔티브에 대한 행정명령'에 서명했다. 이를 통해 미국은 인공지능 연구개발 투자를 확대하고, 인공지능 학계와 산업계 종사자들을 대상으로 데이터 인프라를 개방한다. 그리고 인공지능 인재 양성을 위해 투자하고 자국의 가치와 이익에 부합하는 인공지능 시장 개방을 강조했다. 2020년에는 인공지능 애플리케이션 규제에 관한 가이드를 발표하며 인공지능의 기술 발전과 혁신 성장을 우선으로 하고, 개발과 활용을 저해하는 규제 장벽을 줄이는 방향으로 접근할 것을 강조했다.

미국과 중국은 모두 정부와 학계, 기업과 학계 간의 협력을 활성화하고 중요하게 여긴다. 이를 통해 인공지능 기술뿐 아니라 활용에도 초점을 두고, 인재 양성에도 큰 비중을 싣고 있다.

앞으로도 미국과 중국이 인공지능 분야에서 큰 흐름을 이끌어가겠지만 한국도 끌려다니지는 않을 것이다. 2020년 7월 14일 한국 경제와 사회를 새롭게 변화시키겠다는 약속으로 '한국판 뉴딜'이 등장했다. 디지털 뉴딜과 그린 뉴딜 두 개의 축으로 추진되는데, 우리가 주목해야 할 디지털 뉴딜은 D.N.A(데이터, 네트워크, AI) 생태계 강화를 중점으로 두고 있다. 1~3차 전 사업에 5G 전국망과 인공지능의 융합이 확산될 수 있도록 하겠다는 것이다. 이를 위해 국민 생활과 밀접한 분야 데이터를 수집하고, 가공, 거래, 활용 방안을 강화해 데이터 경제를 가속화하겠다는 것이 정부의 전략이다.

인공지능 산업에서 가장 중요한 요소, 데이터

이제 시작될 디지털 뉴딜과 더 나아가 글로벌 인공지능 경쟁에서 가장 필요한 것은 데이터다. 인공지능에서 데이터는 알고리즘을 가지고 학습하며 특정 분야에서 뛰어난 능력을 보여준다. 진정한 인공지능 시대를 위해서 양질의 데이터가 필요한 이유다. 데이터는 '21세기의 석유'라고 불릴 만큼 매우 중요하다. 글로벌 IT 기업들이 시장 경쟁력을 가질 수 있는 것도 무한한 데이터를 보유하고 있기 때문이다. 인공지능에 있어서도 데이터는 사회 전반에서 주목을 받는 계기가 되었다.

우리는 인공지능 시대의 진화를 위해 가공·정제된 데이터, 즉 인공지능 학습용 데이터에 주목해야 한다. 인공지능 학습용 데이터란 인공지능이 스스로 학습할 수 있는 형태로 가공된 데이터를 의미한다. 인공지능은 처음 어떤 사물을 보았을 때 그것이 무엇인지 알 수 없다. 학습을 통해 데이터를 축적해 사물을 식별할 수 있는 능력을 가지게 된다. 이때 필요한 것이 인공지능 학습 데이터인데 이 데이터에는 하나하나 라벨링을 해야 한다. 라벨링은 각각의 사진에 하나하나 이름을 넣는 것으로, 이 일을 하는 사람을 라벨러라고 한다. 중국의 경우 이미 인공지능 데이터 라벨러를 통해 대량의 일자리 창출과 인공지능 산업 육성이라는 두 마리 토끼를 잡는 쾌거를 이루었다. 중국이 인공지능 분야에서 앞서나가는 것도 여기에 바탕을 두고 있다.

한국도 과학기술정보통신부가 인공지능 개발에 필수적인 양질의 데이터를 대규모로 구축하고 개방하는 내용의 사업 과제 20개를 발표했다. 그 일환으로 데이터 라벨링 일자리가 국내에서도 더 많이 늘어날 것으로 보인다. 물론 인공지능 산업에서는 데이터 라벨러 외에도 더 많은 관련 인재들이 필요하다. 이를 위해서 인공지능 인재 양성에 대한 지원과 노력이 더욱 요구된다.

지금도 지원과 노력을 하고 있지만 이제는 전 국민이 인공지능에 대한 기본 소양을 함양해야 하고, 전문 인재들에게는 세계적 수준의 맞춤형 미래 교육이 필요하다. 미국과 중국 등이 인공지능 교육에 엄청난 투자를 하고 있는 이유는 지금보다 미래의 경쟁에서 더 큰 경쟁력을 확보하기 위해서다. 2021년은 기업 간의 협력과 관련 일자리를 창출하는 것만큼 인공지능 교육에 대한 정책과 시스템이 제대로 구축되는, 인공지능의 진화가 시작되는 해가 될 것이다.

3 운송을 넘어
모빌리티의 시대로

▎ 운송 산업의 패러다임이 바뀌고 있다

교통의 발달은 사람과 화물의 대량 운송을 가능하게 하고 이동 시간을 단축시킨다. 국제 운송 수단 및 기술의 발달은 내수 경제 활동의 지역 범위를 확대시키며 국제 무역을 활성화하고 경제 성장을 촉진하는 역할을 한다. 이처럼 과거의 운송(교통)은 사람이나 화물의 이동 또는 대량 수송을 강조했다. 그런데 최근에는 이동성을 강조하는 모빌리티mobility 용어를 사용하며 다양한 운송 수단 기술의 발달 및 서비스의 변화를 표현하고 있다.

모빌리티 트렌드의 키워드는 친환경, 공유 교통, 수요맞춤형(온

2021 한국경제 대전망

304

디맨드), 연결성, 자율주행 등으로 요약할 수 있다. 자가용 승용차로 대표되는 운송 수단의 기술적 진화는 우선 에너지원이 휘발유, 경유 등 화석연료에서 전기, 수소(연료전지) 등 친환경 에너지로 변하고 있으며, GPS, 센서, 카메라 등을 이용한 차량 제어 기술이 빠르게 발전해 자율주행 수준이 향상되고 있다.

전동 스쿠터, 전기 자전거, 공유 자전거 등을 의미하는 퍼스널 모빌리티personal mobility 혹은 마이크로 모빌리티 수단도 다양해졌다. 그뿐만 아니라 IT 기술을 접목한 차량 통신 기술과 모바일 정보통신 기술의 발전으로 공유형 수요맞춤 서비스도 빠르게 발달하고 있다.[1]

이러한 트렌드를 통해서 모빌리티 산업이 제조에서 서비스 중심으로 변화하고 있으며, 모빌리티의 소유에서 공유 중심으로 패러다임 전환이 이루어지고 있음을 알 수 있다. 전 세계적인 모빌리티 패러다임 전환은 차량 및 정보통신기술의 발전, 안전·편의에 대한 소비자 요구 증대 등에 따른 필연적인 추세다.

모빌리티 산업은 차량을 비롯한 다양한 모빌리티 수단의 제조와 모빌리티 수단을 활용한 서비스로 구분할 수 있다. 글로벌 컨설팅 업체 맥킨지는 자동차 제조와 신규 모빌리티 서비스를 포함한 전체 모빌리티 산업 규모가 2015년 3조 5,000억 달러에서 2030년에는 6조 7,000억 달러(7,873조 원)로 성장할 것으로 전망했다. 특히 전통적인 자동차 제조·판매 비중은 78.6%에서 59.7%로 낮아지는 반면, 서비스 비중이 2015년 0.86%에서 2030년까지 22.4%로 빠

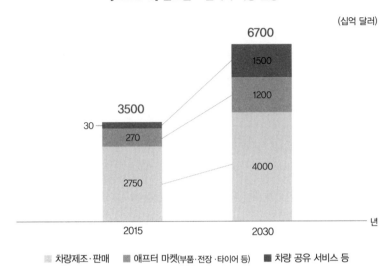

[도표 5-5] 글로벌 모빌리티 시장 전망

(십억 달러)

6700

1500

1200

4000

3500

30

270

2750

2015   2030   년

■ 차량제조·판매   ■ 애프터 마켓(부품·전장·타이어 등)   ■ 차량 공유 서비스 등

자료: 맥킨지 컨설팅(2016), "Monetizing car data"

르게 증가할 것으로 예측했다.

한국 시장만 보면, 자율주행차 시장 규모는 2018년 1,187억 원에서 2023년 2조 4,283억 원으로 확대(연평균 82.88% 성장)되고, 퍼스널 모빌리티 시장도 2016년 6만 대에서 2022년 20만 대로 확대(연평균 12.8% 성장)될 것으로 전망됐다.

| 다양한 모빌리티 비즈니스 모델의 등장과 소멸

여객 운송 분야에서는 최근 다양한 모빌리티 수단과 공유 교통

서비스가 생겨나면서 온라인 플랫폼을 이용한 수요맞춤형 모빌리티 서비스 영역이 확대되고 있다. 차량 이용 관련 모빌리티 서비스로는 카셰어링(쏘카, 그린카 등), 카풀 서비스, 버스(셔틀) 공유, 승합차량 호출(타다, 파파 등), 공항 픽업 서비스, 주차 예약 서비스, O2O 세차 서비스, 주유 및 충전 등 다양한 비즈니스 모델로 확장되었다. 차량의 사용 주기 차원에서 보면 신차 서비스, O2O 정비 서비스, 중고차 거래 플랫폼, O2O 폐차 서비스 등 다양한 비즈니스 모델이 있다.

화물 운송 및 보관(창고업) 중심의 물류 산업도 플랫폼을 이용한 음식 배달, 새벽배송 등 새로운 비즈니스 모델의 라스트 마일(최종 구간) 배송 서비스 시장이 빠르게 성장하고 있다. 쇼핑 트렌드가 온라인 쇼핑으로 전환되면서 기업-소비자 거래B2C와 소비자 간 거래C2C의 비중이 빠르게 증가하고 있다.[2] 택배 물동량을 살펴보면, 2019년 27억 9,000만 개(박스)로 국민 1인당 택배 이용 횟수가 연 53.8회에 달한다. 2020년에는 30억 6,000만 개에 이를 것으로 예상되는데 2015년 이후 매년 10% 내외로 증가하고 있다(한국통합물류협회).

새로운 모빌리티 비즈니스 모델이 기존 서비스(버스 또는 택시) 공급자와의 갈등 속에 시장에 정착하지 못하고 사라지는 사건도 있었다. 대표적으로 글로벌 승차 공유 서비스인 우버가 국내 시장 진입에 실패했다. 그리고 국내 창업 모빌리티 스타트업 중에도 제도의 한계로 시장에 자리 잡지 못한 사례가 많다. 예를 들어 승합차 호출 서비스를 제공하던 타다, 카풀 서비스인 풀러스, 버스 공유 서비스인 콜버스 등이 사업을 중단하거나 비즈니스 모델을 변경해 운영하고 있다. 2020년 3월 플랫폼 운수 사업을 여객자동차 운수업의 한 종류로 제도화한 여객자동차운수사업법 개정안이 통과되면서 타다 서비스를 제공하던 VCNC는 타다 베이직 서비스를 종료해야 했다.

그럼에도 모빌리티 혁신을 위한 다양한 시도가 진행되고 있다. 청각장애인 등 취약 계층을 고용한 운송 서비스(코액터스), 교통 약자 특화 모빌리티 플랫폼(파파모빌리티), 자율주행 배달 로봇(언맨드솔루션), 자율주행 순찰 로봇(만도), 앱 기반 자발적 동승 택시(코나투스, 반반택시), 탑승 전 선결제 택시(스타릭스) 등 모빌리티 혁신 플랫폼 서비스들이 정보통신기술 규제 샌드박스 실증 특례를 부여받거나 지정 조건 변경 승인, 임시 허가 승인 등을 받았다. 이처럼 다양한 모빌리티 플랫폼 서비스는 단순히 모바일 정보통신 분야 신기술의 적용에 그치지 않고, 새로운 기회 영역을 만들기 위해 노력하고 있다.

정부(국토교통부)도 여객자동차운수사업법 개정안의 후속 조치로 '모빌리티 혁신위원회'를 운영하며 관련 정책 및 세부 제도화 방안을 논의하고 업계 의견 청취 및 이견 조정 기능을 수행하려 하고 있다.

코로나 시대, 모빌리티 산업의 혁신은 계속된다

매년 1월 미국 라스베이거스에서 개최되는 가전박람회 CES 는 세계 최대 규모의 전자·정보통신기술ICT 박람회로 알려져 있다. 그런데 최근에는 모빌리티 관련 전시가 핵심 이슈가 되고 있다. CES 2020의 핵심 키워드도 주요 자동차 제조사들의 다양한 자율주행 차량과 스마트카 관련 기술, 플라잉 카와 자율주행 셔틀을 연동하는 스마트 시티, 차세대 통신 기술 및 차량용 전기전자 및 소프트웨어 기술 등으로 요약된다. 모빌리티 산업에 대한 긍정적인 전망과 기대 속에 시장이 빠르게 성장할 것으로 기대되었으나 2020년은 코로나로 산업과 시장의 위축이 불가피했다.

교통의 발달로 가능해진 지역 간, 국가 간의 자유로운 이동은 역설적으로 연초부터 시작된 코로나의 빠른 확산에도 기여했다. 코로나가 확산되면서 휴교, 재택근무, 사회적 거리두기에 따른 모임 자제 등으로 사람들의 이동 및 교통량이 감소하면서 지하철과 시내버스, 고속버스 등 대중교통과 국제 항공운송 서비스를 중심으로 한 운송 산업과 관광 산업에 부정적인 영향을 주었다.

정부는 코로나로 인한 경기침체 위기를 극복하기 위한 국가 전략으로 '한국판 뉴딜' 전략을 제시했는데, 여기서 '친환경 미래 모빌리티'는 10대 대표 과제로 선정되어 20조 3,000억 원을 투자해 일자리 15만 1,000개 창출을 목표로 하고 있다. 과제 내용은 온실가스·미세먼지 감축 및 글로벌 미래차 시장 선점을 위해 전기·수소차 보급 및 노후 경유차·선박의 친환경 전환 가속화다.

정부의 모빌리티 국가 전략에 따른 기대감으로 2021년에도 모빌리티 시장은 퍼스널 모빌리티 서비스, 친환경 차량 및 자율주행 차량을 중심으로 꾸준하게 성장할 것으로 예상된다. 그리고 모노레일, 개인용 급행 대중교통PRT, 하이퍼 루프(초고속 열차), 수송용 드론, 플라잉 카, 배송 로봇 등 다양한 첨단 교통수단에 대한 연구와 시범사업이 계속 진행될 것이다.

예를 들면 대형 온라인 유통 업체와 배달 서비스 업체는 드론, 자율주행차, 배송 로봇 등을 활용한 무인 배송 사업을 시범적으로 시행할 것이다. 또한 현재 제한된 지역에서 운행되는 자율주행 셔틀버스도 서비스 지역을 확대해나갈 것으로 예상된다. 그리고 국토부가 2025년 상용 서비스를 목표로 발표했던 도심 항공 모빌리티UAM 사업도 로드맵에 따라 진행될 것이다.

또한 하나의 앱으로 자전거, 시내버스, 고속·시외버스, 지하철, 택시 호출, 차량 공유 등 통합 교통서비스를 의미하는 MaaSmobility as a service에 대한 논의도 본격적으로 진행될 것으로 전망된다.

이처럼 2021년 모빌리티 산업은 기본적으로 새로운 모빌리티 수단을 활용하기 위한 인프라 구축과 더불어 새로운 서비스 비즈니스 모델을 다양하게 결합하는 시도를 해나갈 것이다. 즉 여객 모빌리티 및 화물 운송 산업 자체가 거대한 플랫폼 사업으로 계속해서 진화해갈 것이다.

모빌리티 산업 혁신 성공을 위한 과제

4차 산업혁명위원회는 2019년 이른바 4차 산업혁명으로 불리는 기술 변혁에 따른 산업 환경의 변화에 전략적으로 대응할 것을 정부에 권고안으로 제시했다. 모빌리티 분야와 관련해서도 모빌리티 신기술에 대한 신뢰성 확보와 사회적 수용성 제고를 위한 노력 등을 권고했다.[3]

모빌리티 신기술에 대한 신뢰성 확보를 위해서는 우선 이용자의 안전 문제가 해결되어야 한다. 예를 들어 퍼스널 모빌리티 수단의 경우 차도 이용 가능 여부, 헬멧 착용 문제 등의 안전 문제를 제도적으로 어떻게 접근할 것인지 논의되어야 한다. MaaS의 도입을 위해서는 버스와 지하철 등 대중교통 서비스와 카셰어링, 카풀 서비스, 라스트 마일 모빌리티 등 다양한 공공 또는 민간의 모빌리티 서비스를 하나의 플랫폼으로 통합하는 문제, 교통 정보 데이터 공유 문제, 요금 정산 문제 등을 먼저 해결해야 한다.

새로운 모빌리티 비즈니스 모델과 기술 혁신을 수용하는 과정에서 사회적 갈등과 혼란이 발생할 수 있다. 혁신적인 모빌리티 신기술은 이용자 및 다양한 사회적 편익 증가, 새로운 시장 창출 및 연관 산업의 일자리 창출 등 새로운 기회를 만들어내지만, 한편으로는 기존 서비스 시장의 위축 및 일자리 감소 등 위기를 불러온다. 이에 따라 새로운 모빌리티 기술과 비즈니스 모델을 수용할 수 있도록 규제를 둘러싼 사회적 갈등 해소 능력이 혁신의 성공을 결정하는 중요한 요소가 되고 있다.

그러므로 서비스 혁신의 장애 요인으로 지적되는 모빌리티 산업 관련 제도를 재검토해 실질적인 규제 및 제도가 개선되도록 이끌어나가야 한다. 또한 기존 방식의 서비스 사업자가 시장 변화에 대응해 경쟁력을 확보할 수 있도록 요금, 서비스 방식 등에 대한 규제도 개선되어야 한다. 더 나아가 모빌리티 서비스를 구성하는 서비스 개발자, 수요자, 공급자(벤처·스타트업) 등 다양한 경제 주체가 창의적으로 서비스를 개발, 적용, 활용할 수 있는 모빌리티 혁신 서비스 생태계를 조성해야 한다.

모빌리티 산업은 이제 단순한 운송 산업이 아니다. 급격하게 변해가는 산업 환경과 혁신 기술이 실생활에서 어떻게 활용되는지 이용자들이 바로 체감하고 평가하는 산업이다. 따라서 현재가 아닌 미래를 염두에 두고 모빌리티 혁신을 통해 얻을 수 있는 기회와 가치를 극대화하려는 구체적인 전략을 마련해 대응해나가야 한다.

4 수소 산업,
새로운 기회의 창[4]

▶▶ **우경봉**(한국방송통신대학교 무역학과 교수)

한국에서는 상대적으로 주목을 덜 받고 있지만 탄소 저감 움직임이 글로벌 산업계에서는 격변을 예고하고 있다. 2020년 7월, 글로벌 IT 산업의 선도 기업 애플이 2030년까지 탄소 중립 실현을 선언했다. 탄소 중립이란 개인, 기업, 정부 등 경제 주체가 특정 작업 과정에서 이산화탄소를 배출했다면, 그만큼을 다시 흡수하는 대책을 실행해 종합적인 이산화탄소 배출량을 0으로 만드는 개념이다. 이산화탄소를 재흡수하는 행동에는 숲 조성, 재생에너지 사용, 탄소배출권 거래 등이 포함되며, 이런 까닭에 탄소 중립은 종종 넷 제로net zero라는 영어 표현과 함께 사용된다.

중요한 것은 애플의 탄소 중립 선언 범위가 단순히 자사 공장

가동에 의한 직접적인 탄소 배출에 국한되지 않는다는 점이다. 애플은 원재료에서 부품의 제작 및 조립, 운송 등 제품이 완성되기까지의 모든 발자취에서 발생하는 간접적 탄소배출까지 탄소 중립 선언의 범위에 포함하고 있다. 이것은 한국 산업계에 중대한 의미를 가진다. 10년 후인 2030년에도 삼성전자의 반도체, LG전자의 디스플레이가 애플 제품에 사용되기 위해서는 탄소 중립을 실현해야 하기 때문이다.

애플의 이러한 결정은 글로벌 선도 기업으로서의 위상에 어울리는 지구온난화 문제 대응이라고 할 수 있지만, 유럽연합 등의 강력한 환경 정책에 대한 대응책이라는 측면도 간과할 수 없다.

▍EU의 탄소 중립 선언과 그린 스완

독일의 우르줄라 폰데어라이엔Ursula von der Leyen을 집행위원장으로 해 2019년 12월 새롭게 출범한 유럽연합 집행부는 2050년까지 유럽연합을 탄소 중립 대륙으로 만들겠다는 목표를 제시했으며, 폴란드를 제외한 회원국 정상들의 합의를 통해 유럽 그린딜European Green Deal을 이끌어냈다.

유럽 그린딜은 지구온난화 등에 대한 적극적인 환경 정책으로도 이해할 수 있지만, 한편으로는 그린 스완(이상기후에 의한 궤멸적 경제 위기)을 회피하기 위한 사전 대응 및 미중 무역 갈등의 혼란 속에서 유럽연합의 통상 주도권 실현을 위한 노력으로도 해석할 수 있다. 이상기후로 농산물, 천연자원 등의 가격에 급격한 변동이 발생하거나 폭염, 폭풍, 홍수 등의 자연재해로 막대한 경제적 타격이 발생하는 상황에 대해 그린 스완이라는 표현이 사용되고 있다.

그린 스완은 미국의 경영학자 나심 탈레브Nassim Taleb가 제시한 '불확실한 위험'을 의미하는 블랙 스완 개념을 변형한 것으로 국제결제은행BIS이 2019년 12월 보고서에서 사용한 용어다. 탈레브는 블랙 스완의 특징으로 일반적 방식으로 예측이 어렵고, 발생하면 시장에 막대한 영향을 미치며, 사전 예측이 어려워 사건 발생 후에만 설명할 수 있는 점 등을 들었다. 국제결제은행은 그린 스완은 블랙 스완과 유사한 개념이지만, 미래 실현의 예측이 가능하며, 다른 경제 위기 등과는 비교하기 어려울 정도로 시장에 큰 영향을 미치게 될 것이라는 점에서 차이가 있다고 설명했다.

현재 유럽 그린딜을 바탕으로 유럽연합의 주요 환경 및 통상 정책들이 수립되고 있는데, 핵심 정책 중 하나는 탄소국경세carbon border tax다. 이 정책은 다른 국가 및 지역이 유럽연합과의 국제 무역을 희망하는 경우 유럽연합이 정한 탄소 배출 규정에 적합한 것만 가능하며, 이에 부적합한 재화 및 서비스의 경우에는 관세가 부과된다는 것을 주요 내용으로 한다.

탄소국경세는 대내적으로 다른 지역에 비해 높은 환경 분담 비용을 지불하는 역내 기업에 대한 경쟁력 보호의 의미를, 대외적으로는 지구온난화 문제 대응 및 친환경 기술 개발 등에서 주도권 유지의 의미를 가진다고 할 수 있다. 탄소국경세 규정에 의하면 타 지역에서 생산 및 조립되어 유럽연합의 탄소 배출 규정을 지키지 못한 중간 부품 및 완성 제품은 비용 상승을 피할 수 없게 된다. 이에 대한 사전 대비가 없다면, 탄소국경세는 한국 기업에 장기적으로 심대한 타격을 주는 '그린 스완'이 될 가능성이 있으므로 철저한 대비가 필요하다.

| 수소, 탄소 중립사회 실현을 앞당기기 위한 EU의 선택

세계 주요 국가의 환경 정책뿐 아니라 통상·산업 정책에도 큰 영향을 미칠 유럽연합의 탄소 중립 사회 실현 계획에서 흥미로운 점은 수소가 핵심적인 역할을 맡게 된다는 점이다. 2020년 7월 유럽연합 집행위원회는 앞으로 10년간 현재 기준 70배 규모로 수소 산업을 육성하겠다는 계획을 담은 수소 육성 전략을 발표했다. 수소 육성 전략에서 특히 눈에 띄는 점은 대중교통 시스템을 수소 연료 전지에 기반을 둔 체계로 전환하겠다는 내용이며, 이를 위해 유럽연합은 수소 생산 및 충전 인프라에 대한 투자에 적극적으로 나서겠다는 의지를 표명했다.

유럽연합이 탄소 중립 사회 실현을 앞당기기 위해 수소를 선택한 이유는 다음 두 가지로 정리해볼 수 있다.

1. 역내에서 재생에너지 공급이 본 궤도에 오른 점
2. 재생에너지의 단점을 보완할 수 있는 수소의 에너지 저장, 운송 능력

유럽연합은 지속가능한 친환경 에너지원을 개발하기 위해 풍력, 수력, 태양광 등의 재생에너지 개발에 많은 투자를 지속해왔다. 그 결과 재생에너지를 통한 전력 생산 비용이 석탄, 석유 등의 화석연료뿐 아니라 원자력 발전 비용보다도 낮은 수준을 달성해 그리드 패리티grid parity(화석연료 발전 단가와 신재생 에너지 발전 단가가 동일해지는 균형점)를 실현했다. 이를 기반으로 유럽연합의 주요 국가에서 전체 전력에서 재생에너지 사용 비율이 40%를 넘어서고 있으며, 대표 주자 독일의 경우 2030년에 65% 달성을 목표로 하고 있다.

수소를 획득하는 과정은 여러 가지가 있으나 천연가스를 분해해서 생산하는 방식(개질)은 중간에 이산화탄소를 발생시킨다. 그로 인해 수소 에너지의 친환경성에 대한 문제 제기가 끊이지 않았다. 하지만 풍력, 수력, 지열 등을 통해 지속적으로 전력이 공급된다면, 이를 사용해 물의 전기분해를 통해 청정 수소를 안정적으로 얻을 수 있다.

두 번째 이유 역시 재생에너지와 관련이 깊다. 재생에너지는 자연력을 활용하므로 친환경성이라는 장점을 가지지만, 유연성 부족과 간헐성이라는 큰 문제점을 안고 있다. 유연성이란 전력 수급의 균형을 유지하기 위해 효과적으로 발전과 부하를 조절하는 능

력을 말하며, 간헐성이란 태양광과 풍력의 경우 발전량이 일조량과 풍량에 좌우되는 문제를 가리킨다. 이런 문제점으로 독일의 경우 사용되지 못하고 버려지는 재생에너지 규모가 2019년 한해에만 5억 유로(약 7,000억 원)에 달한다는 보고가 있다. 유럽연합은 이러한 재생에너지의 문제점을 보완할 수 있는 솔루션이 수소라고 판단했다.

유럽연합의 수소 육성 전략에 따르면 점진적으로 수소 생산 및 충전 인프라 확충과 관련해 현재 1GW(기가와트) 수준인 수소 생산 설비를 2024년까지 6GW, 2030년까지 40GW까지 증설할 계획이다. 1GW 수준의 수소 생산 설비가 의미하는 것은 원자력 발전소 1기 분량의 전력으로 물을 전기분해해 수소를 생산한다는 것이다. 이 계획이 실행되면 2030년까지 유럽연합의 수소 생산 능력은 연간 1,000만 톤 이상으로 향상되며, 이를 바탕으로 2050년까지 유럽연합 전역에 수소 연료 전지 보급에 박차를 가해 화석연료를 사용하지 않는 '탄소 중립 지역'을 실현한다는 것이다.

또한 유럽연합 집행위원회가 2019년 2월에 발표한 수소 로드맵의 수송 부문 계획을 보면, 2030년까지 승용차 370만 대, 경형상용차 50만 대, 트럭 4만 5,000대, 열차 570대가 수소 연료 전지를 장착하고 주행하게 된다. 한국 자동차 기업인 현대자동차그룹의 유럽 지역 내 점유율은 2019년 말 기준 약 7%다. 하지만 수소차 관련해 세계 최고 수준의 기술을 축적하고 있고, 협력 업체들 역시 높은 수준의 수소차 부품 생산 능력을 갖추고 있어, 수소차 부문에서의 현대차그룹의 점유율은 이보다 높아질 것으로 예상된다.

수소 육성 전략 실행을 통해 2020년 현재 20억 유로(2조 8,000억 원) 규모의 유럽연합 수소 산업이 2030년까지 1,400억 유로(196조 원) 규모로 성장하게 된다. 실행력을 가진 집행위원회의 발표치라는 점에서 의미가 더욱 크다고 할 수 있으며, 글로벌 환경 정책을 선도하는 유럽연합의 정책 목표는 순차적으로 전 세계 수많은 글로벌 기업들의 생산 활동에 영향을 미칠 것으로 보인다.

┃ 미국, 중국, 일본의 동향

2050년까지 2조 5,000억 달러(2,938조 원) 규모로 성장할 것으로 예상되는 글로벌 수소 산업에 대해 미국, 중국, 일본도 대응을 서두르고 있다. 미국은 비록 트럼프 행정부를 거치면서 진행에 차질을 빚고 있지만 이미 2002년에 2030년 및 그 이후의 수소 사회로의 전환 계획을 담은 로드맵을 발표했다. 로드맵은 1단계(2000~2015) 수소 기술 개발, 2단계(2010~2025) 초기 시장 침투, 3단계(2015~2035) 시장 확대 및 인프라 정비, 4단계(2025년~) 수소 경제 실현으로 구분하고 있다. 로드맵의 실현을 위해 캘리포니아주는 2030년까지 단계적으로 수소 충전소 1,000개소, 수소차 100만 대 보급을 계획하고 있다.

2020년 11월의 대통령 선거에서 민주당 정권이 탄생한다면 재생에너지 관련 산업 및 수소 산업에 대한 미국 내 정책 수요는 폭증할 것으로 예상된다. 트럼프 대통령이 재선에 성공한다고 해도, 민주당 정권 탄생에 비해 속도는 느릴 수 있겠지만 글로벌 탄소 중립 실현의 큰 흐름은 거스르기 어려울 것이다.

중국 역시 강력한 행정력을 바탕으로 수소 산업에 대한 준비를 서두르고 있다. 2016년 차세대 첨단 산업 육성 계획인 '중국제조 2025'를 통해 연료전지 기술 개발, 수소차 산업 육성 촉진, 수소 에너지 기술 개발 등에 힘을 기울 것을 발표했으며, 2019년에 수소 산업 관련 로드맵을 제시했다. 이 로드맵에 의하면 2025년(확산 단계)까지 수소차 5만 대 및 수소 충전소 350개소, 2030년(대규모 운용)까지 수소차 100만 대 및 수소 충전소 1,000개소가 보급될 예정이다. 이 로드맵의 실현을 위해 톈진, 상하이, 산둥 등의 지방 정부가 잇따라 연료전지 개발 및 수소차 보급 계획을 발표해 중국 전역에서 수소 산업 육성의 구체안이 마련되고 있다.

중국의 수소차 보급 계획에서 특히 눈에 띄는 것은 버스, 트럭 등의 고출력 상용차 보급에 집중한다는 점이다. 배터리 전기차와 수소차의 경쟁력을 비교할 때 양쪽의 장단점이 교차해 선뜻 판단을 내리기 어렵지만, 강력한 출력이 필요한 상황에 있어서는 수소차가 전기차에 비해 훨씬 큰 경쟁력을 가진다는 점에 대해서는 이견이 거의 없다. 중국 정부는 이 점에 주목해 현 시점에 있어 수소차가 가지는 강점을 최대한 활용하는 전략을 취한 것으로 보인다.

일본은 지리적 조건이 변수다. 국토가 남북으로 약 3,000킬로미터에 달하는 길쭉한 형태이며 수많은 섬으로 구성된다. 그로 인해 중심부로부터 멀리 떨어진 외딴곳에 전력을 안정적으로 공급하는 것이 국가 에너지 관리에서 핵심적인 과제가 된다. 이에 친환경성과 지속가능성을 동시에 달성할 수 있는 수소 에너지에 대해 이른 시기부터 관심을 보였다. 2019년에 일본 정부가 발표한 수소 연료 전지 전략 로드맵에 따르면 2030년까지 수소차 80만 대 및 수소 충전소 900개소, 가정용(발전용) 연료 전지 530만 개를 공급할 계획이다.

일본 기업은 수소차 산업에서 한국 기업과 글로벌 주도권을 놓고 가장 치열한 경쟁을 벌일 것으로 예상된다. 2019년 글로벌 수소 전기차 판매량은 약 8,000대 수준으로 이 중 현대차 넥쏘가 약 4,800대로 1위이며, 도요타의 미라이가 약 2,400대로 2위, 혼다의 클래리티가 약 350대로 3위다. 하지만 일본 자동차 산업은 한국의 내수 시장(약 150만 대)에 비해 훨씬 큰 규모의 시장(약 510만 대)을 가지고 있으며, 협력 업체들의 부품 생산 능력도 세계 최고 수준으로 평가된다. 여기에 일본 내의 수소차 보급 정책과 맞물려 급속도로 수소차가 보급될 가능성을 배제할 수 없으며, 이를 바탕으로 한 일본 수소차의 글로벌 경쟁력이 급성장할 수 있음을 경계해야 한다.

이 밖에 호주는 태양광을 중심으로 하는 풍부한 재생에너지 생산 능력을 바탕으로 글로벌 청정 수소 공급의 중추 역할을 목표로 하고 있다. 재생에너지 산업 기반 정립에 다소 시간이 걸릴 것으로 생각되는 한국 기업의 입장에서 호주에 수소 공급 거점을 마련하는 방안을 고려할 필요가 있다.

▎ 새로운 기회의 창, 수소 산업

유럽연합이 완전한 탄소 중립 사회 실현을 목표로 하는 2050년 은 앞으로 30년 후로, 이 흐름은 미국, 중국, 일본 등 전 세계에 확산될 것이며 한국도 예외일 수 없다. 지난 30년을 되돌아보면 1990년에서 2020년 현재까지 한국경제 전체에 있어 가장 큰 변화와 발전의 동력은 2000년을 전후로 한 IT 산업에 대한 집중 투자와 산업 기반 조성이었다고 할 수 있다. 특히 ISDN, ADSL, 광통신망으로 조속히 이행해 세계 최고 수준의 통신망 설치를 가능케 한 산업 인프라에 대한 정책적 지원은 IMF 외환위기 조기 극복뿐 아니라 삼성전자, LG전자, 하이닉스 등 글로벌 기업의 탄생과 지속적 1인당 GDP 상승 등의 경제 성장으로 이어졌다.

2020년 현재 글로벌 산업계에는 탄소 저감이라는 새로운 혁신이 요구되고 있으며 이것은 언젠가는 다가올 미래가 아닌 바로 지금 대처해야 할 긴급 과제가 되었다. 이와 같은 글로벌 산업 동향 속에서 정부의 한국판 뉴딜 계획에 따르면 정부는 2025년까지 저탄소·분산형 에너지를 확산시키는 데 35조 8,000억 원을 투입하고, 총 20만 대의 수소차 보급과 450개소의 수소 충전소를 보급할 계획이다. 2019년 말까지 약 5,000대가 보급된 수소차는 한 대당 최대 4,250만 원의 보조금이 지급되고 있으며, 2020년 중에 1만 대 보급이 실현될 것으로 예상되고 있다.

예산 규모 등에 있어 유럽연합 등 글로벌 수소 산업 선도 지역의 계획에 비해 다소 아쉬움은 남지만, 한국판 뉴딜 계획은 탄소 저감 격변기를 앞둔 상황에서 매우 시의적절한 정책 발표였던 것으로 판단된다. 무엇보다 그린 뉴딜의 예산이 재생에너지 생산 설비 확충, 수소 충전소 신속 보급, 수소 에너지 관련 전문 인력 양성 등 수소 산업 관련 인프라 확충 및 산업 인력 확보에 안정적 재원으로 활용되기를 기대한다. 글로벌 수소 산업 성장에 적극적으로 대응하는 과정은 현재 한국의 지속적 경제 성장, 고용 확대, 중소기업의 글로벌 가치사슬 결합을 통한 대기업과 중소기업의 상생 및 사회 양극화 문제 등을 해결할 수 있는 절호의 기회를 제공할 것으로 보인다.

추격경제학 분야 일련의 연구에 따르면 새로운 기술 패러다임이 열리고, 거대 수요가 탄생하며, 이와 부합하는 정부 정책이 함께할 때 후발 국가가 선발 국가를 일거에 따라잡는 캐치업catch up 현상이 일어나곤 했다. 수소 산업이라는 새로운 기술 경제 패러다임이 출현했고, 거대한 글로벌 수요의 탄생이 예고되고 있다. 정부의 체계적인 정책과 기업의 혁신 노력이 조화를 이루어 한국 산업과 경제가 새로운 차원으로 도약하기를 기대한다.

1부 코로나 이후 경제와 삶의 변화

1 안재광, "집밖은 위험하고 운동은 해야겠고… 홈트레이닝 열풍에 아령·워킹 머신 판매↑", 《한국경제TV》, 2020.04.07..

2 백주원, "새롭게 뜨는 'O4O 서비스'", 《서울경제》, 2020.05.07..

3 최민영, "직장인들 '코로나19 확산으로 근무 형태 변하고 임금 줄었다'", 《한겨레》, 2020.04.01..

4 최윤정, "재택 화상회의. 출퇴근 제각각… 코로나19로 달라진 근무 형태", 《연합뉴스》, 2020.02.27..

5 Editor J, "포스트 코로나, 근무 형태 딕셔너리", KCC Design Blog, 2020.06. 08., https://kcccolorndesign.com/entry/Lifestyle-%E2%8E%AE-%ED%8 F%AC%EC%8A%A4%ED%8A%B8-%EC%BD%94%EB%A1%9C%EB%82% 98%EA%B7%BC%EB%AC%B4-%ED%98%95%ED%83%9C%EC%9D%98- %EB%B3%80%ED%99%94%EB%8A%94.

6 고용노동부, 일·생활 균형 캠페인, http://www.worklife.kr/website/index/ m1/suggest_why.asp.

7 ILO, "COVID-19 and the world of work: Impact and policy responses", 2020.03.18. https://www.ilo.org/wcmsp5/groups/public/---dgreports /---dcomm/documents/briefingnote/wcms_738753.pdf.

8 이진백, "'플랫폼 노동' 관심 일으킨 코로나19의 가르침", 《라이프인》, 2020. 03.29..

9 이병희, "코로나19 대응 고용정책 모색", 《고용·노동브리프》 제95호, 한국노동연구원, 2020.04.14..

10 한경닷컴 뉴스룸, "'코로나19 긴급 고용안정지원금' 108만 6000건 신청… 1인당 150만원 지급", 《한국경제》, 2020.07.02..

11 Banco Bilbao Vizcaya Argentaria. 1857년 설립된 스페인 은행으로, 2007년 부터 과감한 디지털 전환을 시행한 이후 고객 수가 연평균 19% 성장했다. 전통 금융 회사의 성공적인 디지털 전환 사례로 일컬어진다.

12 구글이 개발한 클라우드 컴퓨팅 기반 생산성 및 협업 증대 B2B^{business-to-}

business 솔루션으로 이메일, 화상회의, 메신저, 일정관리, 캘린더의 애플리케이션이 제공된다.

13 과거에는 사람이 직접 하던 업무 전반을 디지털로 전환함으로써 기존 문제를 해결하는 것으로, 프로세스뿐 아니라 비즈니스 모델의 전환까지 아우르는 개념이다.

14 핀테크 기업 및 은행들이 표준 API 방식으로 모든 은행의 자금 이체 및 조회 기능을 자체 제공할 수 있는 시스템으로, 은행이 보유한 결제 기능 및 고객 데이터를 오픈 API 방식으로 제3자에게 제공하는 것을 말한다.

15 은행 계좌 정보나 신용카드 이용 내역 등 금융 데이터의 주인을 금융회사가 아닌 개인으로 정의하는 개념으로, 국내는 데이터 3법(개인정보보호법, 신용정보법, 정보통신망법) 개정을 통해 2020년 8월부터 효력을 가진다. 마이데이터 사업자는 개인의 신용정보를 은행, 카드, 증권 등 여러 금융 기관으로부터 수집, 활용하는 것을 주 사업으로 한다.

16 2018년 유럽연합 집행위원회에 의해 시행된 지시 명령으로, 기존 금융 회사는 고객의 동의를 받은 제3의 지급지시전달업자PISP, payment initiation service provider 또는 본인 계좌 정보 관리업자AISP, account information service provider에게 금융 서비스 시스템과 데이터를 개방하도록 강제하는 제도다.

17 로봇robot과 투자 상담사financial advisor의 합성어로 사람 대신 인공지능 알고리즘이 탑재된 기계가 투자 상담을 해주는 시스템을 말한다.

18 2009년 아이슬란드에서 설립된 디지털 뱅킹 솔루션 개발 및 판매 기업. 직접 개인 금융 자산관리PFM 서비스를 제공하고 있으며, 이는 유럽 최초의 PFM 사례다. 현재 영국, 스웨덴, 폴란드에 진출해 있다.

19 PFMpersonal financial management. 디지털 기술과 온라인 채널에 기반해 고객의 금융 생활을 돕는 서비스를 제공하는 앱 또는 웹 사업자를 의미한다.

20 PLCCprivate label credit card. 카드 회사가 아닌 제조 또는 서비스 기업이 카드 회사에 자사만을 위한 카드 상품의 제작과 운영을 위탁해 만든 상품으로, 상품의 판매와 마케팅 외에 모든 프로세스는 금융사인 카드 회사가 대신하며, 상품의 로고나 브랜드도 금융 회사가 아닌 제조 또는 서비스 기업의 것

을 사용하는 상품을 말한다.

21 금융 서비스에 필요한 아키텍처를 지닌 하드웨어 및 소프트웨어를 금융 상품이나 서비스의 단위로 구축·판매하는 것을 전문으로 하는 기업.

22 클라우드 환경에서 운영되는 애플리케이션 서비스. SaaS 업체는 인터넷을 통해 소프트웨어 및 애플리케이션을 제공한다. SaaS를 이용하는 고객 기업은 소프트웨어를 구독하고 웹 또는 SaaS 기업의 API를 통해 소프트웨어를 이용한다.

23 System, Application, and Products. 독일에서 시작한 다국적 IT 기업으로, 약 180개국, 43만 개 기업의 고객을 대상으로 예산 관리, 생산 시설 운영 등 기업 전용 운영 시스템을 주 사업 영역으로 하고 있다.

24 2009년 독일에서 시작한 인터넷 전문은행. 2016년 프랑스의 거대 금융 그룹 Groupe BPCE가 인수했으며, Fidor Solutions라는 별도 브랜드를 만들어 BaaS 사업을 추진 중이다.

25 LG경제연구원, 2020년 국내외 경제전망, 2020.08.07..

26 소비자심리지수는 경제 지표와의 상관성 및 선행성이 우수한 6개 주요 구성 지수(현재 생활 형편, 생활 형편 전망, 가계 수입 전망, 소비 지출 전망, 현재 경기 판단, 향후 경기 전망)를 합성한 지수임.

27 통계설명자료, https://meta.narastat.kr.

28 신한카드 빅데이터연구소, "언택트 기반의 예상치 못한 소비 변화 발생", 「SHOCK」, 2020.05.19..

29 CJ대한통운, 일상생활 리포트 PLUS, 2020.

30 통계청, http://kostat.go.kr.

31 최봉·오승훈, "2/4분기 서울시 소비자 체감경기와 비대면 경제", 《정책리포트》 303호, 서울연구원, 2020.06.29..

32 더스쿠프, http://www.thescoop.co.kr.

33 조윤주, "'등산·캠핑에 빠진 MZ세대'…G마켓, 2030세대 '등산·캠핑·골프' 소비 ↑", 《파이낸셜뉴스》, 2020.07.21..

34 신한카드 빅데이터연구소, "포스트 코로나 시대 주목할 소비 트렌드 S.H.O.C.K", 2020.05.14., https://www.shinhancardblog.com/996.

1 1918년부터 1919년까지 지속되었던 스페인독감 팬데믹 위기가 유사한 사례로 꼽을 수 있으나, 스페인독감은 그 경제적 시사점을 제1차 세계대전의 영향과 분리해 평가하기가 쉽지 않다.

2 Piger, Jeremy Max and Chauvet, Marcelle, Smoothed U.S. Recession Probabilities [RECPROUSM156N], retrieved from FRED, Federal Reserve Bank of St. Louis, 2020.10.06., https://fred.stlouisfed.org/series/RECPROUSM156N.

3 각 국가의 PCT 국제 특허 출원 건수(*Patent*)가 R&D 연구자 수($N_{R\&D}$), R&D 지출 금액($E_{R\&D}$) 및 기술혁신 생산성($A_{R\&D}$)에 따라 좌우된다고 가정하고($Patent = A_{R\&D} \cdot \int (N_{R\&D}, E_{R\&D})$), 구조적 추정 모델structural estimation model을 통해 기술혁신 생산성($A_{R\&D}$)을 추정함.

4 소수 지분 투자.

5 U.S. Securities and Exchange Commission, Public Statement on the Vital Role of Audit Quality and Regulatory Access to Audit and Other Information Internationally—Discussion of Current Information Access Challenges with Respect to U.S.-listed Companies with Significant Operations in China, 2018.12.07., https://www.sec.gov/news/public-statement/statement-vital-role-audit-quality-and-regulatory-access-audit-and-other.

6 Bloomberg, "China's Got a New Plan to Overtake the U.S. in Tech.", 2020.05.21..

7 IMF, World Economic Outlook, October 2019, 2019.10.; World Economic Outlook, April 2020, 2020.04..

8 2010년 GDP 기준 상위 100개국 중 2019~2020년 추격지수 상위 15개국을 추림.

9 2020년 국제통화기금의 국민소득 성장률로 계산한 경상국민소득과 1인당 국민소득 추정치를 사용함.

3부 **커진 정부, 믿어도 되나**

1   재정 트릴레마에 대한 자세한 논의는 《2019 한국경제 대전망》 150쪽에 설명되어 있다.
2   이 글은 기본소득에 대한 필자의 논문과 발표자료에 근거한다. 모든 자료는 https://sites.google.com/site/hansoochoi11/에서 찾아볼 수 있다.

4부 **금융자산 시장, 변수는 무엇인가**

1   2019년 M2의 증가액은 213조 원이었는데, 2020년 들어서는 7월까지 170조 원이 증가하며 잔액이 3,084조 원을 기록했다. 특히 코로나 공포가 극심했던 2월에만 55조 원이 증가했다.

5부 **미래 산업별 기회의 창**

1   모빌리티 산업계에서는 이러한 트렌드를 C.A.S.E(connected-연결성, autonomous-자율주행, electrification-전동화, shared-공유) 혹은 M^{mobility}.E.C.A라 부르기도 한다.
2   그러나 물류 산업 전체 규모에서 여전히 기업 간 거래^{B2B} 비중이 90%로 매우 높다.
3   권고안의 자세한 내용은 4차 산업혁명위원회, "4차 산업혁명 대정부 권고안 - 권고문", 2019.10.25., https://www.4th-ir.go.kr/article/detail/914 참조.
4   이 글은 유럽연합 집행위원회의 보고서 A hydrogen strategy for a climate - neutral Europe를 참고했다.

| 대표편저자

이근

현 서울대학교 경제학부 교수 겸 비교경제연구센터장이다. 그 외 경제추격연구소장, 국민경제자문회의 위원, 한국국제경제학회장, 서울이코노미스트클럽 회장을 맡고 있다. 캘리포니아 주립대학교(버클리)에서 경제학 박사학위를 취득했고, 국제슘페터학회장(ISS), UN본부 개발정책위원, 서울대학교 경제연구소장, 세계경제포럼(WEF) Council 멤버 등을 역임했다. 비서구권 대학 소속 교수로는 최초로 슘페터(Schumpeter)상을 수상했고, 그 외 경암상, 학술원상 및 유럽진화경제학회(EAEPE)의 Kapp상을 수상했다. 기술혁신 분야 최고 학술지인 《리서치 폴리시(Research Policy)》의 공동편집장이다.

류덕현

현 중앙대학교 경제학부 교수이자 동 대학교 교무처장으로 재직하고 있다. 미국 라이스대학교에서 경제학 박사학위를 취득했고, 한국조세연구원(KIPF)의 전문연구위원 및 세수추계팀장을 역임했다. 2012년 한국재정학상을 수상했으며 현재 한국사회과학회 회장으로 활동하고 있다. 재정정책 및 시계열 응용 계량경제학 연구를 주로 하고 있다.

송홍선

현 자본시장연구원 펀드연금실장. 서울대학교에서 경제학 박사학위를 취득했고, 자산운용, 연금제도, 기업 지배구조, 금융규제를 연구하고 있다. 행정안전부 주식백지신탁 심사위원, 국민연금 성과평가보상 전문위원을 역임했으며 기획재정부 기금운용평가단, 공적자금관리위원회 매각소위원회 위원으로 활동하고 있다. 저서로 《스튜어드십 코드와 기관투자자 주주권 행사》, 《인구구조 변화와 주식시장》, 《금융중개의 발전과 사모펀드의 역할》, 《연금사회와 자산운용산업 미래》 등이 있다.

최영기

현 한림대학교 경영학부 객원교수이자 서울대학교 경제연구소 객원연구원이다. 경제사회발전노사정위원회 상임위원, 한국노동연구원 7·8대 원장, 한국고용노사관계학회 회장을 역임했다. 미국 텍사스대학교(오스틴)에서 경제학 박사학위를 취득하고 1988년 이후 한국노동연구원에서 노사관계와 고용정책 연구 활동에 매진했으며, 1996년 이후 정부의 노동개혁 정책을 지원하기 위하여 청와대 비서실과 노사정위원회 등에 파견근무하며 정책 개발에 참여한 바 있다.

김주형

현 서울대학교 경제학부 객원교수이자 LG경제연구원 고문이다. 미국 위스콘신대학교(매디슨)에서 경제학 박사학위를 취득하였고, 산업연구원 책임연구원, NH투자증권 리서치센터장, LG경제연구원 원장 등을 역임했다. 디지털 혁신이 산업과 경제에 끼친, 그리고 끼칠 영향에 대해 연구하고 있다.

김호원

현 서울대학교 치의학대학원 객원교수이자 경제추격연구소 이사장이다. 23회 행정고시 합격 후 산업자원부와 국무총리실에서 산업정책국장, 미래생활산업본부장, 규제개혁실장, 국정운영2실장을 거쳐 제22대 특허청장을 역임했다. 퇴직 후에는 경제자유구역위원회 부위원장, 한국창의성학회 부회장, 벤처정책자문단 자문위원 등으로 활동 중이며, '한국경제의 새로운 성공방정식'을 화두로 신산업 정책의 방향과 방법론 등에 대해 연구하고 있다.

| 개별 저자

김영익 _서강대학교 경제대학원 교수

김윤지 _한국수출입은행 해외경제연구소 연구위원

김준연 _소프트웨어정책연구소 책임연구원

김천곤 _산업연구원 연구위원

김형우 _어번대학교 경제학과 교수

송원진 _경제추격연구소 기획조정실장

송의영 _서강대학교 경제학부 교수

연원호 _대외경제정책연구원 중국경제실 부연구위원

옥경영 _숙명여자대학교 소비자경제학과 교수

우경봉 _한국방송통신대학교 무역학과 교수

이강국 _리쓰메이칸대학 경제학부 교수

이장우 _한국인공지능포럼 회장

이주호 _KDI국제정책대학원 교수

임지선 _육군사관학교 경제법학과 조교수

장종회 _매일경제 논설위원

정미영 _삼성선물 리서치센터장

조영무 _LG경제연구원 연구위원

조영서 _신한DS 부사장

최병권 _서울대학교 선임연구원

최한수 _경북대학교 경제통상학부 교수

하준경 _한양대학교 ERICA 경제학부 교수

홍석철 _서울대학교 경제학부 교수

KI신서 9397

2021 한국경제 대전망

1판 1쇄 발행 2020년 10월 21일
1판 3쇄 발행 2020년 11월 19일

지은이 이근·류덕현 외 경제추격연구소, 서울대 비교경제연구센터
펴낸이 김영곤
펴낸곳 ㈜북이십일 21세기북스

정보개발본부장 최연순
정보개발1팀 이종배 이정실
마케팅팀 강인경 한경화 박화인
영업본부장 한충희
출판영업팀 김한성 이광호 오서영
제작팀 이영민 권경민
디자인 두리반

출판등록 2000년 5월 6일 제406-2003-061호
주소 (우 10881) 경기도 파주시 회동길 201(문발동)
대표전화 031-955-2100   **팩스** 031-955-2151   **이메일** book21@book21.co.kr

㈜북이십일 경계를 허무는 콘텐츠 리더

21세기북스 채널에서 도서 정보와 다양한 영상자료, 이벤트를 만나세요!
페이스북 facebook.com/21cbooks   포스트 post.naver.com/21c_editors
인스타그램 instagram.com/book_twentyone   홈페이지 www.book21.com
유튜브 youtube.com/book21pub   카카오1boon 1boon.kakao.com/whatisthis

서울대 가지 않아도 들을 수 있는 명강의! 〈서가명강〉
유튜브, 네이버, 팟빵, 팟캐스트에서 '서가명강'을 검색해보세요!

ISBN 978-89-509-9239-2 03320